东亚地区主义发展路径

过程中的政府间合作

麻陆东 著

中国社会科学出版社

图书在版编目（CIP）数据

东亚地区主义发展路径：过程中的政府间合作／麻陆东著．—北京：中国社会科学出版社，2018.9

ISBN 978-7-5203-3310-8

Ⅰ.①东… Ⅱ.①麻… Ⅲ.①区域经济合作—国际合作—研究—东亚 Ⅳ.①F114.46

中国版本图书馆 CIP 数据核字（2018）第 235774 号

出版人	赵剑英
责任编辑	陈雅慧
责任校对	王 斐
责任印制	戴 宽
出 版	中国社会科学出版社
社 址	北京鼓楼西大街甲 158 号
邮 编	100720
网 址	http://www.csspw.cn
发行部	010-84083685
门市部	010-84029450
经 销	新华书店及其他书店
印 刷	北京明恒达印务有限公司
装 订	廊坊市广阳区广增装订厂
版 次	2018 年 9 月第 1 版
印 次	2018 年 9 月第 1 次印刷
开 本	710×1000 1/16
印 张	14.75
插 页	2
字 数	205 千字
定 价	66.00 元

凡购买中国社会科学出版社图书，如有质量问题请与本社营销中心联系调换
电话：010-84083683
版权所有　侵权必究

目 录

导 论 ………………………………………………………………（1）
  第一节　问题的提出及其研究意义 …………………………（1）
    一　问题的提出：为什么要研究东亚地区主义发展路径 ………（1）
    二　研究目标与选题意义 ……………………………………（4）
  第二节　国内外研究综述 ……………………………………（6）
    一　国外研究现状 ……………………………………………（6）
    二　国内研究现状 ……………………………………………（16）
    三　既有研究评述 ……………………………………………（20）
  第三节　研究思路、架构与方法 ……………………………（22）
    一　研究思路 …………………………………………………（22）
    二　本书基本架构 ……………………………………………（22）
    三　研究方法 …………………………………………………（23）

第一章　东亚地区主义路径塑造的变量因素
      及理论假定 ………………………………………………（24）
  第一节　相关概念界定 ………………………………………（24）
    一　东亚 ………………………………………………………（24）
    二　地区化 ……………………………………………………（26）
    三　地区主义 …………………………………………………（28）
  第二节　东亚地区主义发展进程及其特征 …………………（30）

一　亚洲金融危机：东亚地区主义进程得以开启的催化剂 …… (30)
　　二　提振区域经济：东亚地区主义发展的强劲动力 ………… (34)
　　三　多元利益分化：东亚地区主义发展遭遇挫折 …………… (38)
　　四　国际金融危机：东亚地区主义发展出现转机的诱发器 …… (40)
第三节　主流理论视野下的东亚地区主义发展路径 …………… (42)
　　一　主流理论视野下的东亚地区主义发展路径 ……………… (42)
　　二　主流理论视野下发展路径阐释的缺失 …………………… (66)
第四节　东亚地区主义路径塑造的变量因素及理论假定 ……… (75)
　　一　东亚地区主义路径塑造的影响变量 ……………………… (76)
　　二　东亚地区主义路径塑造的理论假定 ……………………… (81)

第二章　东亚地区主义路径塑造：动力因素 ……………………… (83)

第一节　经济上的相互依赖与地区主义发展 …………………… (83)
　　一　东亚地区内贸易的持续增长与依存度的增强 …………… (84)
　　二　东亚地区内商业与生产网络的形成 ……………………… (87)
第二节　地区外多重压力与地区主义发展 ……………………… (89)
　　一　域外国家及国际组织对待亚洲金融危机的态度 ………… (90)
　　二　域内国家对其他地区封闭性地区集团的担忧 …………… (91)
　　三　世界贸易组织第三届部长级会议谈判的失败 …………… (92)
第三节　地区认同力量与地区主义发展 ………………………… (95)
　　一　作为地区认同意识认知基础的东亚历史文化的传承 …… (96)
　　二　作为地区认同意识孕育基础的东亚概念的塑造 ………… (98)
第四节　地区权力平衡与地区主义发展 ……………………… (100)
　　一　大国平衡战略与东亚地区合作 ………………………… (100)
　　二　影响力平衡战略与东亚地区合作 ……………………… (102)

第三章　东亚地区主义路径塑造：制约因素 …………………… (104)

第一节　核心主导力量与地区主义发展 ……………………… (104)

一　东亚地区权力结构特点 …………………………………（105）
　　二　东亚地区主义主导权问题 ……………………………（108）
　第二节　地区凝聚力与地区主义发展 …………………………（110）
　　一　东亚国家间政治制度差异 ……………………………（110）
　　二　东亚国家间民族、宗教和文化差异 …………………（112）
　　三　东亚国家间长期存在的历史宿怨 ……………………（113）
　　四　东亚国家间经济竞争日趋激烈 ………………………（115）
　第三节　经济发展水平与地区主义发展 ………………………（117）
　　一　经济发展水平与合作意向上的差异 …………………（117）
　　二　经济发展水平与合作面向上的差异 …………………（127）
　第四节　美国因素与地区主义发展 ……………………………（129）
　　一　美国作为多数地区国家资金技术主要来源国的地位 …（129）
　　二　美国作为唯一在东亚地区驻军的域外国家的地位 ……（131）
　　三　美国对东亚国家的意识形态影响依然根深蒂固 ……（134）
　　四　美国对东亚地区主义的基本立场 ……………………（138）

第四章　东亚地区主义路径塑造：目标因素 ………………（141）
　第一节　经济成长目标定位与地区主义发展 …………………（141）
　　一　问题导向的务实目标定位 ……………………………（142）
　　二　价值导向的理想目标定位 ……………………………（143）
　第二节　权力平衡目标定位与地区主义发展 …………………（147）
　　一　均势思维导向的泛化目标定位 ………………………（147）
　　二　权益思维导向的差异化目标定位 ……………………（149）

第五章　东亚地区主义路径塑造：机制因素 ………………（151）
　第一节　东盟与中日韩"10＋3"机制与地区主义发展 ………（151）
　　一　东盟与中日韩"10＋3"政府层面对话机制 …………（153）
　　二　东盟与中日韩"10＋3"框架内民间层次对话机制 ……（153）

第二节 东盟与中日韩"10+1"机制与地区主义发展 …………… (154)
　　一　中国与东盟"10+1"机制 ……………………………… (155)
　　二　日本与东盟"10+1"机制 ……………………………… (156)
　　三　韩国与东盟"10+1"机制 ……………………………… (157)

第三节 东盟机制与地区主义发展 ………………………………… (159)
　　一　东盟秘书处 ……………………………………………… (159)
　　二　东盟首脑会议 …………………………………………… (161)
　　三　东盟外长会议及其他部长级会议 ……………………… (164)

第四节 中日韩对话机制与地区主义发展 ………………………… (168)
　　一　中日韩领导人会议 ……………………………………… (168)
　　二　中日韩部长级会议 ……………………………………… (170)

第六章　多变量交互作用与东亚地区主义路径形塑 …………… (173)

第一节 东亚地区主义核心特征：政府主导 ……………………… (173)
　　一　以政府为主导的地区化进程 …………………………… (174)
　　二　以政府间合作为核心内容的地区主义进程 …………… (179)

第二节 东亚地区主义核心特征：过程中展开 …………………… (187)
　　一　以秩序构建为导向的过程 ……………………………… (187)
　　二　以孕育合作为导向的过程 ……………………………… (189)

第三节 东亚地区主义发展路径：过程中的政府间合作 ………… (190)
　　一　多元动力：东亚地区主义发展路径形塑的助推器 …… (191)
　　二　复合干扰：东亚地区主义发展路径形塑的制动器 …… (195)
　　三　目标定位：东亚地区主义路径形塑的导航仪 ………… (198)
　　四　机制创设：东亚地区主义路径形塑的方向盘 ………… (200)

结　论 ……………………………………………………………… (204)

参考文献 …………………………………………………………… (209)

导　　论

第一节　问题的提出及其研究意义

一　问题的提出：为什么要研究东亚地区主义发展路径

众所周知，欧洲一体化的成功实践是20世纪伟大的事件之一，引发了世界范围的示范效应，出现了一批类似的地区合作组织。这些合作组织试图效仿欧盟，通过拓展地区国家间合作范围与深化彼此合作领域，逐步实现地区国家经济社会的共同发展与繁荣。东亚地区主义正是在这样的时代背景下萌发的。相较于其他地区，由于诸多历史及现实的原因，东亚地区主义发展步伐相对缓慢。一般认为，真正意义上的东亚地区主义只是在20世纪90年代以后才逐步进入人们的视野。

1997—1998年的亚洲金融危机是东亚地区主义进程得以开启的关键诱因。在这次亚洲金融危机中，东亚地区国家，尤其是东盟成员国在经济上遭受了沉重打击，普遍出现经济衰退的严峻形势。深受危机困扰的东亚国家为了摆脱危机，最初大都寄希望于以美国为首的西方国家以及在美国主导下的国际货币基金组织等能够给予及时的资金援助，使它们能够早日走出金融危机阴霾。然而事与愿违，西方国家以及国际货币基金组织等不仅没有能够在金融危机中发挥预期的积极作用，而且还致使危机进一步恶化。这种做法给深受危机困扰的东亚各国民众以深刻教训，也使他们对西方国家及国际货币基金组织产生了较为深刻的负面印象。相较于西方国家与国际货币基金组织的冷漠态度，中国、日本以及其他东亚国家在亚洲金融危机发生后，采取了较为积极的态度去支持和帮助遭受危机重创的地区国家。尽管面对强大的经济压力，中国政府仍然庄严承诺人民币不贬值，凸显出一个负责任的大国形象与敢于担当的气度。此外，同样作为东亚国家的日本也给受危机重创的地区国家以宝贵的支持和援助，这对于遭受金融危机困扰的东亚各国早日走出金融危机阴霾发挥了非常积极的作用。

这场亚洲金融危机促使东亚国家日益认识到加强地区国家合作的重要性，以及其对于整个东亚地区发展与繁荣所具有的战略意义。因此，东亚一些国家先前对地区多边合作所固有的消极态度和立场开始发生变化，谋求地区多边合作的热情也逐步高涨。正是顺应这一形势发展，东盟与中、日、韩不失时机地开启了以东盟为主导的"10＋3"合作机制，这成为东亚范围地区性合作的重要起点，标志着东亚地区主义进程的正式开启。

东亚地区主义进程的开启，引发国内外学者的广泛关注，学者们纷纷从东亚地区经济合作与地区经济一体化、金融与货币合作、安全合作、地区认同以及地区机制建设等多个层面与角度探究东亚正在发展与演进中的地区主义，涌现出了一大批相关研究成果，成为了解与研究东亚地区主义的重要文献基础。通过对既有研究成果的梳理，笔者将其归纳为4个方面：一是运用已有的国际关系主流理论来阐释东亚地区主义现象，诸如将新现实主义、新自由制度主义、功能主义与新功能主义、政府间主义与自由政府间主义以及建构主义等国际关系理论运用到东亚地区主义及其发展路径的阐释中去。这些研究成果在很大程度上丰富与发展了东亚地区主义研究，不仅使人们对于东亚正在演进中的地区主义有了更为清晰的认识，也为进一步深入探究起到重要的理论铺垫作用。二是运用国际政治经济学理论分析东亚地区合作，特别是将经济学的相关理论运用于探讨东亚地区经济一体化进程，尤其是对地区性金融合作的关注与探究。三是对地区主义发展中出现的具体现象与问题的分析探究，主要以具体问题为导向，挖掘其内在成因以及对东亚地区主义发展所产生的影响。四是对东亚地区主义发展进程的历史研究。这些研究成果数量比较多,主要是基于历史视角审视地区主义发展历程及其特点。当然,对任何现象与问题的研究都存在一个不断拓展与深入的过程,对东亚地区主义研究也不例外,尽管已有相关研究成果较为丰富,但截止到目前,学界仍然更多地停留在运用现有的理论去解释东亚地区主义现象,以及基于该理论提出解决与应对方案。但问题在于,这些既有的用来阐释东亚地区主义的理论及方案都是特定地区经验的总结,难免存在一个已有理论与特定地区实践的适用性问题。虽然这种来自欧洲或其他地区主义实践的地区主义理论在一定程度上能够解释东亚地区主义发展进程中的某些现象,但基于各自理论实践环境与条件的差异,这些理论很难有效地揭示东亚地区主义的本质特征,因此也无法提供一个契合东亚地区实际的理论分析框架。

毋庸置疑,每一种理论都有其产生的时代背景与社会环境,尤其是一些地区主义理论是特定地区发展经验的归纳与总结,必然与各个地区发展的普遍性与差异性特点密切关联。这就要求对地区主义的研究不仅要看到地区发展的普遍性,更要探究不同地区之间的差异性,这样才能够较为科学、完整与准确地阐释特定地区以及在该地区合作基础上产生的地区主义的发展规律。毋庸置疑,不同地区的差异以及由此形成的地区主义发展上的差异,最为显著地表现为不同地区主义发展路径上的差异性。一般而言,地区主义路径的差异性与特定地区的地区主义发展的动力、制约因素、发展目标及合作机制等都存在密切关联。诸如在欧洲地区主义发展过程中,德国与法国实现和解是欧洲地区主义得以开启的关键动力,而地区内一系列制度框架的确立等则塑造了欧洲地区主义及其发展的基本走向。虽然欧洲地区主义发展过程中出现过发展目标定位上的理念冲突,但其总体目标是清晰和具体的,这是欧洲地区主义得以逐步推进与成功的基本保证。在这一过程中,欧洲地区主义发展的动力、制约因素、发展目标和合作机制之间的交互作用,塑造了欧洲地区主义发展路径。作为同样致力于实现地区一体化的东亚地区，也必然存在类似的内在逻辑，地区主义得以发展的动力、影响地区主义发展的因素以及地区主义目标设定和合作机制等对于地区主义发展进程的引领等，共同塑造了具有东亚特色的地区主义发展路径。

二 研究目标与选题意义

（一）研究目标

国内外学者在地区主义的认识上存在一个基本共识，即地区主义不仅是一个地理概念，也是一个集中包含了经济、政治和社会文化联系的动态过程。地区主义的概念与国家或政府紧密关联，它涉及地区国家制定的正式的地区机制以及地区内功能性合作，具体表现为地理上接近的国家为追求共同利益而进行政府间合作。因此，地区主义是一种由国家行为体诉求的地区范围的政治规划，是由政府参与和推动的自上而下的过程，其最终的结果是地区国家间正式合作机制的构建。

尽管受制于地区结构性矛盾，但在地区各国的共同推动下，东亚地区主义从无到有，经历了一个较快的发展过程，不仅创设了地区合作框架，而且在一些具体领域进行了切实有效的合作，也取得了一些标志性的成果。东亚地区主义的成功实践引发国内外学者的广泛关注，涌现出一批研究成果，尤其是不少学者选择运用已有的国际关系理论认识和把握正在演进中的东亚地区主义。这些研究成果，一方面为研究东亚地区主义打下良好基础，另一方面，也在一定程度上凸显了已有理论与东亚地区实践脱节的问题。无论是国际政治的宏大理论还是一些具体的地区主义理论都不具备普适性的特点，都是对具体领域或具体层面的一种解读。但每一个地区都有各自不同的特点，各国不同的文化、宗教、历史、政治、经济等都会影响到特定地区的地区主义的发展进程。因此，如何基于东亚视角解读与诠释地区主义，科学、准确地把握与呈现东亚地区主义路径，不仅是推进东亚地区主义发展进程的重要抓手,也是构建基于东亚视角的地区主义理论的前提与基础。

(二) 选题意义

作为地区主义理论构建的核心变量,地区主义发展路径对于提出与构建地区主义理论具有非常重要的意义,是推进东亚地区视角下的地区主义理论构建的重要步骤。根据笔者对相关文献资料的梳理与把握,国内学者基于东亚视角对地区主义发展路径进行全面与系统分析的研究成果较为鲜见。因此,笔者认为,将东亚地区主义发展路径作为研究选题具有非常重要的理论价值与现实意义。

首先在理论上,通过对东亚地区主义路径的探究,可以挖掘与分析东亚地区主义发展的内在逻辑,能够为构建一种基于东亚地区特点的地区主义理论奠定基础。因为,只有对东亚地区主义发展路径有了科学与准确的把握,才能够有针对性地提出一个地区性解决方案。众所周知,东亚地区情况复杂,不仅在政治制度上存在巨大差异,而且各国经济发展水平悬殊,再加上各国丰富多彩的文化宗教现象等,都是东亚地区不同于欧洲及其他地区的现实环境。因此,东亚地区的特殊性也必然造就东亚地区主义不同于其他地区的地区主义的内在逻辑特征。历史以及现实表明,东亚与欧洲在地区合作发展上面临的环境差异是明显的、深刻的,而且这种差异性是不同地区主义发展路径选择的基础与源泉。欧洲地区合作发展的历史背景以及现实纠葛塑造了具有欧洲特色的地区主义路径与理论分析框架,同样,东亚独有的历史发展道路以及现实矛盾也必然塑造一个东亚特色的地区主义发展路径。因此,对东亚特色的地区主义发展路径的研究是建构一个基于东亚视角的地区主义理论的前提与基础。这种研究的尝试回应了理论探究的客观需要,而且在一定程度上有助于突破现有的地区主义理论分析框架所面临的困境,为东亚地区主义理论的建构奠定基础。

其次,这一研究也具有非常重要的现实意义。理论研究总是来源于现实的需要,对地区主义发展路径的探究也不例外。中国作为东亚地区发展中的大国，地区范围内的和谐与发展是中国追求的目标与方向。一个合作的、共同繁荣与发展的东亚不仅有利于地区稳定秩序的建立，也有利于地区持久的和平与安全。在这样一个全球化与地区化共存的时代，有效地利用全球化与地区化的契机，营造一个和谐的发展环境和稳定的地区秩序成为中国战略定位的不二选择。在这样的大背景下，中国涌现出一大批从事东亚地区主义研究的学者和具体参与东亚地区合作实践的外交官员，他们分别从理论以及实践的层面为中国打造地区战略提供了非常有益的思路，对于推动中国参与与谋划地区合作发挥了积极作用。然而，在这一过程中，中国的地区战略也遇到一定的困难，这在一定程度上制约了中国参与地区合作程度的扩大与深化。诸如朝鲜半岛核问题、中日钓鱼岛争端、南海问题、台湾问题以及一些历史问题等，都妨碍了每一个有重要意义的地区范围的整体规划。如何更好地打造一个合东亚历史与现实的地区多边合作平台成为解决地区问题的关键，这也是本书的重要现实价值所在。通过对东亚地区主义发展路径的研究，一定程度上可以更加准确地阐释东亚地区主义发展的现实及未来动向，不仅有助于党政决策机关把握地区合作的机遇以及洞察地区合作的内在逻辑，而且也能够为中国地区多边外交战略的构建以及推动东亚地区合作的深化和发展提供有益思路。

第二节　国内外研究综述

一　国外研究现状

长期以来，东亚地区主义研究一直没有获得国外学者的足够关注，尤其是从事国际制度研究的学者，他们将东亚地区视为地区协调与制度化建设的盲区，他们普遍认为在东亚地区由政府主导的地区主义的发展似乎不太可能。在约翰·鲁杰（John Gerard Ruggie）主编的《多边主义的重要意义：一项制度形式的理论与实践》（*Multilateralism Matters：the theory and praxis of an institutional form*）一书中，几乎找不到任何有关亚洲机制的章节，而且导论中对亚洲地区机制的提及不超过一段。① 作为新自由制度主义的著名学者罗伯特·基欧汉也坦承自己研究中的"美国中心主义"，亚洲或东亚地区主义显然不在其研究范围内。

进入20世纪90年代以后，随着东亚地区经济合作的不断发展，国家间相互依赖程度日益加深。一些国外学者开始尝试分析和探究东亚地区合作，但由于其认知上的西方中心主义，他们不自觉地从西方的理论背景出发来探究东亚地区主义的发生与发展。诸如从新现实主义、新自由制度主义、建构主义以及功能主义与新功能主义、政府间主义与自由政府间主义，以及开放的地区主义等主流理论视角探究东亚地区主义发展路径。当然，这些相关研究成果的撰写人也并非特定理论的代言人，只是在其相关论述中运用了某一种理论分析框架，或者在具体分析过程中不自觉地使用了特定理论的核心假定等。因此，为了研究需要，笔者根据掌握的国外相关研究的学者著述中的主要观点将这些研究成果进行了分类梳理。

首先，从新现实主义视角探究东亚地区主义的学者主要有约翰·米尔斯海默（John Mearsheimer）、巴里·布赞（Barry Buzan）、大卫·卡穆卢（David Camroux）、米歇尔·雷佛（Michael Leifer）、拉尔夫·艾莫斯（Ralf Emmers）、克里斯托弗·M. 登特（Christopher M. Dent）、约翰·莱文黑尔（John Ravenhill）、寺田隆（Takashi Terada）等。他们的相关研究成果主要基于权力政治视角分析东亚地区主义，凸显权力平衡（实力与制度上的平衡）、安全困境以及东亚地区结构性矛盾等，体现了新现实主义的基本原则与思想。虽然进入全球化时代，但主权民族国家仍是最主要的国际行为体，以此为基础，呈现了一条现实主义的地区主义发展路径。

其中，约翰·米尔斯海默对东亚地区主义的看法最为激进，是进攻

---

① V. K. Aggarwal, G. K. Min, A. Acharya, "Roundtable: Peter J. Katzenstein's Contributions to the Study of East Asian Regionalism", *Journal of East Asian Studies*, Vol. 7, No. 3, 2007, p. 378.

性现实主义在地区层面上的理论诠释。他认为，新兴的中国在东亚地区处于主导地位，东亚地区因此可能出现中国门罗主义，中国作为一支崛起的力量，正在努力成为地区霸主。而且中国将永远无法满足现状，"如果中国成为一个经济增长中心，它必然会把经济实力转化为军事能力并主宰东北亚。无论中国实行民主并深深融入全球经济体系还是成为专制和自给自足的国家，都无碍它的行为表现，因为民主国家与非民主国家一样在乎安全，况且霸权是任何国家确保自己生存的最佳手段"。[①] 他认为全球化实际上是加强国家认同、民族主义和国家的重要性，而不是模糊国界，推动世界走向一个更加统一的全球秩序。一个国家行为体增加与其他的文化和国家的接触只是强化它独特性的社会意识以及与外部世界的差异。米尔斯海默驳斥了日本在未来亚洲国际关系中的作用，他认为日本将由于人口结构老龄化而出现权力的衰弱。

相比米尔斯海默的进攻性现实主义的诠释，其他一些学者显得较为温和，他们在运用现实主义理论分析地区主义的同时，也将其他理论与研究方法引入到分析过程中。巴里·布赞就是其中具有典型代表性的学者。他从新现实主义出发探究东南亚地区主义的发展过程，一方面，他强调地区权力的分配，引入一个"复合安全"的概念，将地区安全划分为马来群岛复合安全和印支复合安全，这种划分明显基于权力彰显以及威胁感知。[②] 另一方面，巴里·布赞并没有停留在现实主义之上，他也吸收了新自由主义、建构主义等理论与研究方法，将安全议题视为社会建构的政治进程。

日本学者寺田隆认为中日之间存在权力竞争，日本在某些转折点会成为中国战略动向的追随者或反抗者。当日本保持强大的经济影响力时，它将在一个地区性或全球性的流动性的战略环境中，作为中国主导与威

---

① [美]约翰·米尔斯海默：《大国政治的悲剧》，王义桅、唐小松译，上海人民出版社2003年版，第4页。

② Barry Buzan, "The Southeast Asian Security Complex", *Contemporary Southeast Asia*, Vol. 10, No. 1, 1988.

胁地区安全的潜在平衡者。在他看来,日本倾向于认为中国与东盟的结合旨在打造一个经济上的同盟,为未来在东亚地区确立其领导地位而铺路。寺田隆认为,尽管在过去几十年中,日本在投资、援助、贸易、人力资源发展以及技术转让等方面与东南亚地区建立了密切的经济关系,但让日本领导人担心的是,中国的经济增长以及在东南亚更加积极的外交可能使中国抢夺日本在该地区的经济和商业利益,进而实现中国在政治战略上的主导。这一观点助长了日本对东亚共同体建设的热衷,尤其是通过与东盟的深度合作来推动东亚共同体的建设。①

米歇尔·雷佛则认为东南亚国家致力于推进东盟发展的行为主要目的在于防止在地区内出现一个霸权国家,它们试图通过结盟的方式平衡外部的威胁。其弟子拉尔夫·艾莫斯进一步发展了雷佛的思想,提出了权力平衡的两个维度,一是平衡思想的传统维度,强调实力的平衡,另一个是他自己提出的平衡思想的规范的维度,强调的是制度对大国霸权行为的制约作用。② 按照他的逻辑,正是地区国家权力平衡的思想助推了东盟一体化的发展。

现实主义者一般认为地区机制并没有稳定国际体系的作用,他们强调地区主义和民族国家利益之间的关系,更加关注民族国家如何在一个无政府体系中利用地区组织以促进它们的影响力和国家利益。③ 大卫·卡穆卢从一个含蓄的新现实主义的视角去分析东亚共同体观念的演变。他承认非国家行为体在国际关系中的作用,诸如太平洋贸易与发展会议(PAFTAD)、太平洋盆地经济理事会(PBEC)和太平洋经济合作理事会(PECC)等在亚太区域合作中发挥的作用。当然,他认为国家仍是国际社会的最主要行为体。根据他的观点,亚太经济合作组织(APEC)诞生

---

① Takashi Terada, "Forming an East Asian Community: A Site for Japan – China Power Struggles", *Japanese Studies*, Vol. 26, No. 1, 2006.

② Ralf Emmers, *Cooperative Security and Balance of Power in ASEAN and ARF*, Routledge Curzon, 2003, p. 52.

③ Amy Warren, *Honors Capstone Project*, *The Evolution of East Asian Regionalism*, Spring 2009, http://wrlcsun3-ge.wrlc.org/bitstream/1961/7894/1/Warren,%20Amy%202009S.pdf.

于美国支持下的澳大利亚和日本之间的联盟。日本最初提出这一建议的目的是想利用这个论坛进一步扩大其权力,谋求更大的国家利益;同时,这些地区内的小国也感觉到可以通过参与论坛保障它们各自的国家利益。这种相互需要是区域组织得以确立的根本原因。因此,他认为,这些地区机制仅仅是单个民族国家深化影响和实现国家利益的工具。诸如成立于1967年的东盟,其成立的初衷就是为了应对冷战和共产主义在地区内的蔓延,此后很多年,东盟一直被用于提高规模较小的东南亚国家在国际社会中的地位和影响力。即使在冷战结束后,这些规模较小的东南亚国家也是通过这一结盟战略,借助东盟来平衡中国与日本等地区大国。约翰·莱文黑尔和克里斯托弗·M.登特也持类似观点,约翰·莱文黑尔认为,不能简单地将"东盟+3"视为对地区内更深程度的相互依赖的回应,东亚地区的这种密切的政治合作并非由相互依赖而加深驱动的,而是各国对地区经济危机各有盘算的反映。① 而克里斯托弗·M.登特则强调中国和日本对地区主义的支持源于它们未来领导地区组织的愿望。

在现实主义权力平衡思维的基础上,澳洲国立大学教授吴翠玲(Evelyn Goh)针对东亚地区提出了一个"影响力平衡"(balance of influence)的概念,② 虽然吴翠玲倾向于建构主义的逻辑,但这一"影响力平衡"概念融合了新现实主义与建构主义观念,是现实主义思维在观念层面上的体现。"影响力平衡"中的"影响力"的实现途径超出了一般的军事和非军事手段,允许各国不仅可以使用物质资源也可以使用观念资源去制衡其他国家。她认为,中国与日本在东南亚地区影响力上的竞争,较好地推动了东亚地区化进程和东亚地区主义发展,并成为最重要的发展动力之一。

其次,从新自由制度主义视角探究东亚地区主义的学者主要集中探

---

① John Ravenhill, *APEC and the Construction of Pacific Rim Regionalism*, Cambridge: Cambridge University Press, 2001, p. 212.
② Evelyn Goh, "Great Powers and Hierarchical Order in Southeast Asia", *International Security*, Vol. 32, No. 3, Winter 2007.

究东亚地区经济一体化、地区货币与金融一体化。他们普遍认为，东亚地区经济、货币与金融领域的合作增强了各国的相互依赖，并在此基础上产生了规范东亚国家行为的合作机制，这是东亚地区得以实现较长时期和平与稳定的主要原因。基于这一视角研究的学者主要有秀隆吉松（Hidetaka Yoshimatsu）、神保谦（Jimbo Ken）、艾米·沃伦（Amy Warren）等。

秀隆吉松基于自由制度主义理论视角，从东亚地区各国经济联系的现状出发，认为全球化的到来，东亚各民族国家之间经济联系的急剧增多，已经深刻地影响了东亚地区主义的演变。为应对地区内贸易水平的提高以及市场竞争的压力，跨国企业都有减少交易成本和打破各国之间贸易壁垒的利益需求。因此，东亚地区跨国企业的领导人或"商业行为体"对国家主导的地区一体化给予了巨大的支持。这些跨国企业希望降低交易成本、统一规则以及建立能够解决争端的组织。秀隆吉松认为，东亚地区非正式的规范在诱导那些不情愿加入合作框架的国家，以及在缓解地区外国家反对的过程中起到了重要的催化作用。从成员之间非正式的合作转变为正式确立东盟与中日韩"10+3"合作框架，东亚地区合作得以维系并进一步发展。他肯定中国和日本在促进地区一体化倡议中所展示出来的政治领导能力以及发挥的重要作用，日本已经引领了金融和货币体系合作及其他合作机制的发展，而中国也已带头推动地区自由贸易协定签订、经济发展和印支国家一体化。两国对政治领导地位的竞争使它们正以值得肯定的博弈方式提供地区公共产品。①

神保谦认为，虽然东亚地区仍处于无政府状态，但东亚各国可以通过地区组织进行合作以创建稳定的秩序。如果每个国家行为体可以明确了解它的邻国的行为模式，道德风险和相互猜疑就能得到降低和缓解。

---

① Hidetaka Yoshimatsu, "Political Leadership, Common Norms, and the Development of East Asian Regionalism", The Graduate School of East Asian Studies Yamaguchi University Working Paper Series, Vol. 2004 – 03, http：//www.icsead.or.jp/7publication/workingpp/wp2004/2004 – 03.pdf.

1997年亚洲金融危机暴露了东亚地区缺乏阻止危机蔓延扩展的有效合作机制的缺陷。这场危机充当了变革的催化剂，迫使地区国家认识到，需要通过一个地区机制确保其货币市场和金融机构的安全。① 神保谦对东亚日益增强的相互依赖给予了很多关注，他认为中国两位数的经济增长率已经成为东亚地区合作框架创设的新的支持因素。

艾米·沃伦认为，尽管中日存在历史恩怨，而且在现实中民族主义情绪上升，但两国并没有卷入实际的冲突，也没有让民族主义失控而危及东亚地区合作进程。而且，这两个国家能够通过东盟与中日韩"10＋3"合作机制和东北亚自由贸易区合作机制等渠道寻求各自国家利益的实现。因此，在一个无政府状态的东亚国际体系中，国家间合作是可能的，而且东亚地区化进程不断深化，也使有利于国家间合作的因素持续增加。由于日本的东亚企业网络和华人商业与生产网络在东亚地区化进程中占有的重要地位并发挥重要作用，持续深刻影响东亚地区主义，东亚地区主义如果要深入发展，更大范围与更深程度的中日合作是必不可少的。②

最后，从建构主义视角来探究东亚地区主义的学者相对较多，而且大多是东亚国家学者，不仅取得的研究成果较多，而且造成的影响也较大一些。阿米塔夫·阿查亚（Amitav Acharya）、彼得·卡赞斯坦（Peter J. Katzenstein）、康灿雄（David Kang）、柳弦锡（Hyun-Seok Yu）、佩卡·高尔霍宁（Pekka Korhonen）等是其中具有一定代表性的学者。

阿米塔夫·阿查亚认为，国际体系并不注定是永恒的无政府状态，国家利益可以通过与邻国的互动而转变，共同的价值观、规范、信仰、思想、历史、文化和身份的形成对民族国家而言就像追求权力和财富一

---

① Jimbo Ken, "An Emerging East Asian Community?" in R. A. Cossa and A. Tanaka (eds.), *An East Asian Community and the United States*, Honolulu HI: Center for Strategic and International Studies, 2007, p. 15.

② Amy Warren, *The Evolution of East Asian Regionalism*, Honors Capstone Project, Spring 2009, http：//dspace.wrlc.org/bitstream/1961/7894/1/Warren,%20Amy%202009S.pdf.

样重要。① 现在之所以有越来越多的学者从建构主义视角研究亚洲国际关系，主要是源于学术界和商界领袖在次国家层面支持的"地区认同"的概念正在东亚民族国家中逐渐形成。阿米塔夫·阿查亚将东盟的形成归因于东南亚国家摆脱殖民统治后作为新独立国家的集体身份认同以及共同规范与文化信仰迅速发展。正如对一个地区的界定是不固定的一样，地区秩序的塑造、核心国家的认同和霸权社会化的耐久性也都有一定的时限，必然随着物质和观念的改变而更改。② 虽然作为一个常运用建构主义理论分析东亚地区问题的学者，阿查亚也支持现实主义和新自由制度主义的许多观点，他认为现实主义提供了一个理解亚洲国际关系的"起点"，但现实主义将东盟和其他地区集团排除在外，在他看来是错误的；同样，东亚国家之间还缺乏足够的相互依赖，使新自由制度主义在分析亚洲地区机制的本质上还存在不足。③

彼得·卡赞斯坦是第一个将亚洲地区主义的研究上升到严肃的理论层面的西方国际关系权威学者，他充分肯定了研究亚洲地区主义的重要性。卡赞斯坦对亚洲地区主义的研究综合了理性主义与建构主义方法，实现了政治经济和安全问题领域的跨越。卡赞斯坦认为，"地区"本身就包含有观念建构的意思，地区不只是在地图上能够准确描绘出来的有形空间，它更需要地区内单个行为体的认同，以及整个国际社会的认知，地区就是经由政治的一种社会建构。④ 芬兰学者佩卡·高尔霍宁将东亚地区的认同视为推动东亚地区主义发展的动力。佩卡·高尔霍宁认为，日本更积极、热情地发展与亚洲邻国的关系，明显地显示出它对东亚地区

---

① "Theoretical Perspectives on International Relations in Asia", in D. Shambaugh and M. Yahuda (eds.), *International Relations of Asia*, Lanham MD: Rowman & Littlefield Publishers, 2008, p. 69.

② V. K. Aggarwal, G. K. Min, A. Acharya, "Roundtable: Peter J. Katzenstein's Contributions to the Study of East Asian Regionalism", *Journal of East Asian Studies*, Vol. 7, No. 3, 2007, p. 378.

③ "Theoretical Perspectives on International Relations in Asia", in D. Shambaugh and M. Yahuda (eds.), *International Relations of Asia*, Lanham MD: Rowman & Littlefield Publishers, 2008, pp. 71–74.

④ Peter J. Katzenstein, "Regionalism and Asia", *New Political Economy*, Vol. 5, No. 3, p. 353.

的认同。①

美国韩裔学者康灿雄则从建构主义的视角出发,将新兴的中国与地区内其他国家的关系看作是一个类似于旧朝贡体系的经济交流和地缘政治规范的良性与稳定的地区秩序。康灿雄并不认为东亚的未来像现实主义者描述的那样黯淡,他支持运用儒家的稳定的规范去解释亚洲国际关系,在确保中国的崛起是和平的和良性的前提下,东亚国家可以选择"搭便车"(Bandwagoning)而非制衡中国。因此,亚洲的未来很可能会像它过去在前殖民地时期处于中国霸权和朝贡体系的贸易下那样稳定与繁荣。②但这一观点遭到阿查亚的坚决反对,他认为,一个回归亚洲等级秩序的想法是"混乱和危险的"。③ "搭便车"并不能自然而然地稳定地区内国家的关系,诸如主权和不干涉等才是亚洲国家稳定的关键。而且东南亚已经努力地通过东盟框架将中国融入其中并社会化,亚洲的未来将不会是它的过去。④ 韩国学者柳弦锡认为,目前用于阐释东亚地区主义的现实主义和自由主义理论,过分强调权力和利益的重要性,没有能够充分解释当前亚洲地区主义的发展趋势。东亚地区文化、身份、思想和观念等的作用是至关重要的。1997年亚洲金融危机是导致亚洲对现有美国主导的地区合作体制幻灭的重要事件,随之而来的是通常把美国排除在外的各种倡议。因此,新东亚地区主义的未来将受到亚太经合组织是否具有真正代表亚洲国家利益的能力的强烈影响。⑤

除了上面3种主要分析视角外,也有一些国外学者将功能主义、新

---

① Pekka Korhonen, "Japan and the Pacific Free Trade Area", 1994. 转引自 David Capie, *Rival Regions? East Asian Regionalism and its challenge to the Asia-Pacific*, http://www.alternative-regionalisms.org/wp-content/uploads/2009/07/capie_ rivalregions.pdf.

② Kang, David C., *China Rising: peace, power, and order in East Asia*, Columbia University Press, 2007, pp. 197–203.

③ Amitav Acharya, "Will Asia's Past Be Its Future?" *International Security*, Vol. 28, No. 3, 2009, p. 150.

④ Ibid..

⑤ Hyun-Seok Yu, "Explaining the emergence of new East Asian regionalism: beyond power and interested-based approaches", *Asian Perspective*, Vol. 27, No. 1, 2003, p. 285.

功能主义、政府间主义以及自由政府间主义、开放的地区主义等理论框架用于东亚地区主义的探究。最早尝试利用功能主义理论对东亚进行研究的是埃斯特利拉·德·绍里德姆（Estrella D. Solidum），她在《走向东南亚共同体》（*Towards A Southeast Asian Community*）中，考察了东盟之间的功能性合作是否产生了"外溢"效应，从而推动了东盟一体化进程，然而，研究的结果却得出了否定性的结论。① 而潘杰西（Jessie P. H. Poon）的看法与此相反，他认为，东亚政治机制的创设是亚洲国家经济一体化水平提升的自然产物。② 在他看来，地区经济一体化水平的提升，自然而然地会推动地区合作机制的创建。金善赫（Sunhyuk Kim）和菲利普·C. 施密特（Philippe C. Schmitter）认为，应将地区一体化视为一个过程，而不是结果。他们通过对欧洲经验的总结，提出了东北亚地区一体化需要解决的问题，主张通过新功能主义方法，推动东北亚地区一体化的深入发展。③ 木村坚田（Saori N. Katada）从政府间主义的视角出发，认为东亚地区的合作完全是政府间的合作。"毫无疑问，在过去的20年时间，东亚地区通过外来直接投资、地区生产和商业网络等非正式方式推进了地区一体化进程，但在地区主义发展进程中诸多经济事务领域的地区安排缺少经济地区化主角的积极介入"，"尽管涉及自身的利益，但中国较少地受制于这种利益需求的压力，可以更自由地并且有战略目的地选择是否加入或者多大程度地加入自由贸易区"。④ 将开放的地区主义理论运用于阐释东亚地区主义的主要代表人物是帕尔默（Norman D. Palmer），他认为，由市场全球化导致的相互依赖并没有使东亚地区主

---

① Eero Palmujoki, *Regionalism and Globalism in Southeast Asia*, New York: Palgrave, 2001, p. 6.
② Jessie P. H. Poon, "Regionalism in the Asia Pacific: is geography destiny?" *Area*, Vol. 33, No. 3, 2001, pp. 252 – 260.
③ Sunhyuk Kim and Philippe C. Schmitter, "The Experience of European Integration and Potential for Northeast Asian Integration", *Asian Perspective*, Vol. 29, No. 2, 2005, pp. 5 – 39.
④ Saori N. Katada, *Politics that Constrains: The Logic of Fragmented Regionalism in East Asia*, EAI Fellows Program Working Paper Series, No. 21 October 2009, http://www.eai.or.kr/data/bbs/eng_report/2009100716144126.pdf.

权民族国家淡化主权意识,它们反而更加强调维护国家主权,以及政府在经济发展中的作用。① 而马凯硕(Kishore Mabbubani)认为"亚太地区习惯于多样性,欧洲则不是"。他还指出,西欧的区域主义偏重于制度建设,而亚太地区的区域主义更注重意见一致,这使后者的发展将有更大优势,就好比双行道要胜过单行道一样。② 保罗·鲍尔斯(Paul Bowles)则强调新地区主义的最大特点是"开放性",因而新地区主义亦可称为"开放的地区主义"。它使各国在参加本区域经济活动的同时,还可以参与其他区域国际经贸合作,于是发展中国家的地区组织都积极地与地区外国家发展经贸关系。③ 莱谢克·布津斯基(Leszek Buszynski)认为新地区主义之所以得到认可,是因为主权国家和地区主义过去在本质与功能上受到限制而导致地区合作机能不全,不能满足后冷战时代增强了的政治与经济的需要。④ 这些学者的主张基本相似,并且着眼点都不局限于东亚地区,而是对整个亚太地区进行研究,他们普遍认为开放性是亚太地区主义的基本特点,即推崇国家间的合作不设合作目标、没有约束性的机制、完全开放性的地区合作模式。

二 国内研究现状

国内研究成果主要集中于两个方面:其一是对东亚地区经济一体化、金融与货币一体化的对策研究;其二是将主流国际关系理论(地区主义理论)用于阐释东亚地区主义。鉴于研究需要,笔者主要对第二个方面的国内研究成果进行梳理归纳。近些年来,国内有不少学者运用现有的国际关系理论(也包括地区主义理论),诸如现实主义、新自由制度主

---

① Norman D. Palmer, *The New Regionalism in Asia and the Pacific*, Mass: Lexington Books, 1991, pp. 8–9.

② Kishore Mabbubani, "The Pacific Way", *Foreign Affairs*, Vol. 74. No. 1, January-February 1995, pp. 100–111.

③ Paul Bowles, "ASEAN, AFTA and the New Regionalism", *Pacific Affairs*, Vol. 70, No. 2, Summer, 1997, pp. 219–231.

④ Leszek Buszynski, "ASEAN's New Challenges", *Pacific Affairs*, Vol. 70, No. 4, Winter 1997–98, pp. 555–556.

义、建构主义等去分析和阐释东亚地区主义。

东亚特殊的历史以及复杂的现实环境，使国内不少学者更倾向于采用现实主义的视角去探究和描述东亚地区主义。其中门洪华、查道炯、潘忠岐、唐小松等从结构现实主义的视角分析了东亚地区主义的特点及其原因。门洪华认为，东亚的权力结构趋于平衡，某种地区均势正在形塑之中，而且东亚的均势与其他地区不同，因为这一均势对大国产生了战略约束，或被视为未来进一步合作的前提条件。①潘忠岐则认为，"霸权干涉和大国对抗能否得到或者同步协调解决或者同步协调搁置是东亚地区安全未来的决定性因素"。②查道炯指出："在中日双边关系受制于结构性困难的情形下，中日共同行动创立新的（即脱离东盟主导的）地区合作机制的政治基础并不存在。""东盟主导、中国和日本都不使双边政治外交中的困难影响整个东亚都能接受的合作机制的运行，在东亚地区的国际关系格局没有发生根本性变化的情形下，将继续是区域合作的主流。"③东亚地区结构性矛盾仍是东亚地区主义发展无法逾越的障碍。也有研究者认为，东亚地区合作只是美国东亚霸权的附属产品，但美国东亚霸权目标和手段的内在矛盾性决定了美国对东亚地区合作的两面性，东亚地区正是充分利用这个两面性，促进了本地区的合作与整合，形成了一股具有内生变量的、不以美国东亚霸权志趣为转移的东亚地区整合的力量或态势。④而"东亚一体化的前途只能是中、美、日三强共治，由三国联合领导地区发展"。⑤

国内学者从建构主义视角探究东亚地区主义的相对比较多，这与东亚地区特有的文化与地域上的认同感有密切关系。从这一视角探究东亚

---

① 门洪华：《东亚秩序建构：一项研究议程》，载黄大慧主编《变化中的东亚与美国——东亚的崛起及其秩序建构》，社会科学文献出版社2010年版。

② 潘忠岐：《霸权干涉、大国对抗与东亚地区安全的构建》，《世界经济与政治》2006年第6期。

③ 查道炯：《中日关系与东亚合作》，《日本学刊》2005年第5期。

④ 范基荣：《东亚地区主义与美国东亚霸权》，《佳木斯大学社会科学学报》2008年第26卷第5期。

⑤ 唐小松：《三强共治：东亚区域一体化的必然选择》，《现代国际关系》2008年第2期。

地区主义的主要有秦亚青、魏玲、刘贞晔、牛海彬等,[①] 他们普遍认为东亚地区主义无论在概念内涵上,还是在集体认同以及现实的文化身份和物质利益考量上,都有鲜明的东亚地区特色。其中,秦亚青和魏玲的研究具有一定开创意义,对建构主义进行了改造和完善,提出了过程(进程)主导型建构主义,一定程度上实现了理论上的创新。"新现实主义不能做出令人满意的解释。在东亚地区不存在一个清晰的物质结构,因此也很难找出决定中国行为的结构性因素。新自由制度主义的解释也相当牵强。无论是东亚区域化的一般程序还是东亚峰会的特例都表明,东亚的制度化水平较低。在东亚峰会问题上,不存在迫使中国合作的制裁性制度。主流建构主义也不能提供充分的解释,因为东亚地区的观念结构仍处于漫长的形成过程中。"[②] 根据笔者目前接触的资料来看,这是国内唯一的创建了基于东亚视角的地区主义理论分析框架的研究,对于推动和繁荣东亚地区主义研究具有积极意义。

肖欢容、任晶晶、杨丹志等[③]从开放地区主义的视角分析和探究东亚地区主义。肖欢容认为东亚地区主义体现的是一种地理泛化的层叠复合的地区主义。这些不同形式的地区主义,地理范围重叠,同一国家分属于多个地区合作组织。在东亚这种泛地理的层叠型地区主义背后是地区主义观念的泛化,而展示出来的则是开放性的特征。任晶晶认为多样性是东亚新地区主义的本质特征,"地区至上"是其核心价值,制度建设是其基本保障,区域合作是其功能取向,地区共同体

---

① 参见秦亚青、魏玲《结构、进程与权力的社会化——中国与东亚地区合作》,《世界经济与政治》2007年第3期;刘贞晔《"东亚共同体"不可能是"开放的地区主义"》,《世界经济与政治》2008年第10期;喻常森《认知共同体与亚太地区第二轨道外交》,《世界经济与政治》2007年第11期;牛海彬《东亚地区主义的建构主义解读》,《现代国际关系》2005年第12期。

② 秦亚青、魏玲:《结构、进程与权力的社会化——中国与东亚地区合作》,《世界经济与政治》2007年第3期。

③ 参见肖欢容《泛化的地区主义与东亚共同体的未来》,《世界经济与政治》2008年第10期;任晶晶《东亚区域合作语境下的中国外交:一个新地区主义的视角》,《世界经济与政治论坛》2006年第5期;任晶晶《新地区主义视角下的中国东亚区域合作外交》,《东北亚论坛》2007年第1期;杨丹志《东亚新地区主义的发展与中国的安全战略选择》,载周方治主编《亚洲的发展与变革》,世界知识出版社2007年版。

建设是其长期目标。

　　王庭东、段霞、丁启玉、程敏等则从新功能主义的视角探究东亚新地区主义。王庭东认为东亚新地区主义的发展即一体化的合作正由经济领域逐步向政治安全领域溢出，能否建立一个增加互信的地区安全架构，成为未来东亚新地区主义发展能否充满活力的关键。① 就东亚新地区主义的实质来讲，其是以一体化经济合作促进共同繁荣、以共同经济利益推动政治安全领域的合作，通过构建地区安全框架，一揽子解决地区争端，并反过来推动经济合作向更高一级形式发展。② 段霞从新功能主义的视角出发分析了地区安全制度化合作过程中的"外溢"效应。功能部门的合作扩展实际上是一种制度的外溢或扩展的过程，"外溢"是实现安全结构转变的重要途径。考虑到安全领域合作的困难性，东盟将一些社会文化与公共卫生领域的安全问题如艾滋病、SARS和环境污染等分离出来，建设一个社会及文化共同体，有利于将这些问题先于传统安全问题解决，根据功能主义分支原理，这也将有利于其他安全问题的解决。③ 丁启玉则是考察新功能主义理论对于东亚地区的适用性问题，他提出，发展中国家的一体化经历，在其一体化的动机、条件与结果方面都显示出与西欧经验的巨大差异。新功能主义对作为发展中国家发展战略一环的一体化的解释存在明显的缺陷，这意味着传统理论需要新的扩展与融合，尤其是新功能主义与政府间主义的融合。④ 程敏则通过对东盟一体化的研究，认为东盟一体化发展过程中存在新功能主义所说的溢出效应，具体表现在功能性溢出效应、地理性溢出效应和政治性溢出效应等方面。这些溢出效应对东盟国家的一体化发展产生了积极的影响。⑤ 地区一体化逐步由

---

① 参见王庭东《东亚经济地区主义的初步形成及其溢出效应初探》，《东南亚纵横》2003年第3期。
② 王庭东：《论东亚新地区主义》，载肖欢容主编《和平的地理学——中国学者论东亚地区主义》，中国传媒大学出版社2005年版，第103页。
③ 参见段霞、羌建新《东亚安全共同体路径探讨》，《现代国际关系》2007年第6期。
④ 参见丁启玉《新功能主义对发展中国家区域一体化的适用性》，《河南社会科学》2004年第4期。
⑤ 参见程敏《东盟一体化发展中的溢出效应及其影响》，《经济问题探索》2006年第5期。

经济领域的合作外溢至政治领域的合作，为解决地区国家间的传统安全问题，如领土、领海纷争，提供了新的途径。

也有一些学者运用政府间主义阐释东盟的发展与演变。例如，王子昌和郭又新认为，东盟作为东南亚地区国家间的一种合作制度安排，是东南亚各国从其国家利益出发讨价还价的结果。既有的制度是东盟各国利益均衡的一种制度表达。它是一种动态的，受到国际政治经济形势的影响，但这种影响主要通过各国国内经济发展和政治局势变化体现出来，更具体地说是通过各国的制度倡议体现出来。①

也有学者将现实主义、新自由制度主义与建构主义综合起来去探究东亚地区主义。既要按照现实主义的思路，强调了在3个阶段（初始期、发展期和深化期）选择不同领导者的模式，又要在具体合作领域方面，按照自由主义的思路，根据地区内相互依赖程度的加深，循序渐进地推进合作。另外在合作模式方面，则是按照建构主义的逻辑，在照顾地区内多样性的前提下，通过说服、社会影响和模仿这三种社会化过程，采取协商一致的原则，逐步形成和发展合作规范。② 这可以被看做是一种东亚地区主义折中性的尝试，对于进一步推进东亚地区主义研究具有一定启发意义。

三　既有研究评述

通过对国内外相关文献的梳理，笔者认为，现有的对东亚地区主义的研究在取得一定成绩的同时，也存在一定不足之处。笔者认为，卡赞斯坦和秦亚青的相关研究最值得称道，卡赞斯坦作为国际关系理论界的重要学者，第一个从东亚地区出发而非简单地将欧洲的地区主义理论借鉴过来探究东亚地区主义，这对推动国际关系学界对东亚地区主义的研究具有十分重要的意义。秦亚青则是国内第一个将建构主义与过程理论

---

① 王子昌、郭又新：《国家利益还是地区利益——东盟合作的政治经济学》，世界知识出版社2005年版，第8页。

② 参见张铁军《中国与东亚共同体建构》，《东北亚论坛》2006年第2期。

结合起来用于阐释东亚地区主义的学者,他的研究是推进东亚视角下地区主义理论分析框架创新的重要尝试,引发了国内学者广泛共鸣。此外,其他一些学者的相关研究成果对认识和理解东亚地区主义也起到了积极的作用,推动了学界对东亚地区合作以及东亚地区主义的关注与研究。当然,在肯定这些成绩的同时,也应该看到这些研究存在的不足之处。

第一,虽然卡赞斯坦的研究具有开创性的意义,但他针对东亚地区的分析框架本身存在较大的争议,引发了不少的批评。诸如过分强调美国和日本在东亚地区主义发展中的作用,而忽视东盟在东亚地区主义发展中的领导作用;过分强调外部力量对于东亚地区的影响,而忽视东亚地区变化对地区主义的积极推动。秦亚青等将建构主义与过程理论的结合虽然解释了具有东亚地区逻辑的合作与一体化进程,但过分强调观念对于东亚地区主义的塑造,而忽视了影响东亚观念塑造的权力基础等。

第二,国内外的其他一些相关研究仅仅从某一个国际关系理论(地区主义理论)视角去分析和探究东亚地区主义现象及其路径选择,这使得这些研究产生了本身无法克服的一个问题,即这些理论在东亚地区的适用性问题。这些非东亚地区实践的理论对东亚地区主义到底有多少解释力,能够在多大程度上描述东亚地区主义,以及如何创设一个符合东亚地区实际的地区主义发展路径,需要学者深入研究。

第三,虽然国内外相关研究成果在一定程度上丰富了东亚地区主义的研究,无论是现实主义、新自由主义还是功能主义、新功能主义,以及政府间主义与建构主义等,都在各自理论框架内阐释了东亚地区主义及其发展路径,但这些思考大都散见于研究者各自的论著之中,并没有明确提出或深入分析东亚地区主义发展路径的研究。据笔者掌握的资料,国内外还没有以地区主义发展路径为选题展开系统研究的论著。这是笔者将东亚地区主义发展路径作为选题的初衷,笔者希望能够在充分论证的基础上,准确与完整地呈现基于东亚地区现实与内在逻辑的地区主义发展路径。

第三节 研究思路、架构与方法

一 研究思路

本书紧紧围绕"东亚地区主义发展路径：过程中的政府间合作"这一选题展开分析，总体研究思路是：从东亚地区主义的产生与发展出发，描述东亚地区主义的产生与发展进程及其特点；进而运用现有的阐释东亚地区主义发展模式与路径的主流国际关系理论（尤其是地区主义理论），归纳各种理论视野下的东亚地区主义及其发展路径；在此基础上，提出塑造东亚地区主义发展路径的主要因素，即东亚地区主义发展动力、东亚地区主义发展的制约因素、东亚地区主义发展目标和东亚地区合作机制等；通过对这些因素进行充分论证，从而自然过渡到对东亚地区主义发展路径的阐释，进而得出东亚地区主义发展路径模式即过程中的政府间合作这一结论。

二 本书基本架构

本书由导论、正文和结论共三大部分组成，正文部分分为六章，具体结构安排如下。

导论：包括本书研究问题的提出及其研究意义，国内外研究综述，研究思路、架构与方法。

第一章：论述影响东亚地区主义路径塑造的变量因素及理论假定。本章分为四节内容，分别是相关概念的界定，东亚地区主义发展过程及其特征，主流理论视野下东亚地区主义路径诠释，最后在此基础上提出影响东亚地区主义路径塑造的变量因素及理论假定。

第二章：论述东亚地区主义路径塑造过程中的动力因素。本章包括四节内容，分别论述了地区经济上的相互依赖、地区外多重压力、地区认同力量以及地区权力结构等因素在东亚地区主义路径塑造过程中所发挥的作用。

第三章：论述了东亚地区主义路径塑造过程中的制约因素。本部分包括四节内容，分别论述了东亚地区核心主导力量的相对缺失、地区凝聚力的缺乏、经济发展水平上的巨大差异以及美国因素等如何对东亚地区主义路径塑造过程形成干扰。

第四章：论述了东亚地区主义路径塑造过程中的目标因素。本部分包括两节内容，分别论述了经济成长以及权力平衡等不同目标定位对东亚地区主义路径塑造过程造成的影响。

第五章：论述了东亚地区主义路径塑造中的机制因素。本部分包括四节内容，分别论述了东盟与中日韩"10+3"机制、东盟与中日韩"10+1"机制、东盟机制与中日韩对话机制等在东亚地区主义塑造中所具有的规范效应等。

第六章：论述了多变量交互作用与东亚地区主义路径塑造。本部分包括三节内容，分别论述了政府主导与过程中开展政府间合作是东亚地区主义的核心特征。

结论：对本书的主要观点进行了归纳总结，结合东亚地区主义发展路径的特点，提出笔者有关中国未来地区战略谋划的一些思考。

三 研究方法

本书研究以马克思辩证唯物主义和历史唯物主义为指导，遵循科学研究的基本程序，将理论研究与经验研究、宏观分析与微观分析、定量分析与定性分析进行有机结合，并根据研究内容需要，主要采取阐释方法和文献分析方法等。由于该研究主要是一种理论与实践相结合的研究，运用阐释方法不仅可以清楚地归纳与呈现各种理论视野下的东亚地区主义发展路径，也可以在层层递进的基础上自然而然地呈现本书的中心思想。而文献分析方法可以通过对事实的描述，展现东亚地区主义整个发展进程，有助于证实与证伪相关命题与假设。因此，运用这些研究方法，可以在很大程度上增强研究的可操作性与可行性，符合研究对象的特点。

第一章

东亚地区主义路径塑造的变量因素及理论假定

地区主义的发展突破了传统的民族国家政治疆域的羁绊,以集体的力量应对全球化的冲击,提升了地区国家在经济、社会等各领域合作水平,实现了地区范围内经济增长与社会进步。地区主义不是一个自我塑造的过程,它是各主权国家基于本国价值与国家利益取向,通过多边沟通渠道的机制化安排而逐步形塑的过程。相较成熟的欧洲地区主义,东亚地区主义不仅起步较晚,而且遭遇到诸多因素的影响与干扰,地区制度化合作仍然处于较低水平,这也造就了一条独特的东亚地区主义的发展路径。

第一节 相关概念界定

由于研究的需要,笔者在广泛查阅与参考已有研究成果的基础上,对研究过程中涉及的相关概念进行了详细梳理,广泛汲取了其他学者界定相关概念的方法与内容,并深入挖掘与把握这些相关概念的基本内涵与外延,结合研究目标与研究范围,提出并明确界定了研究过程中涉及的3个基本概念。

一 东亚

顾名思义,东亚就是指亚洲的东部。但东亚作为一个整体的地区概念，学者在认识上长期存在分歧。目前主要有 3 个层面的解释，分别是地理层面、文化层面和政治建构层面。

首先，在地理层面上，陈峰君认为"东亚"也有"大东亚"与"小东亚"之分，"小东亚"限于东北亚一线，即从朝鲜半岛到中国台湾、香港及大陆沿海再到赤道附近的新加坡这样一条范围细窄狭长的区域；"大东亚"包括东北亚和东南亚两部分，其中包括日本、中国、韩国、朝鲜和东盟各国。① 张蕴岭则认为："东亚作为一个地区首先是一个地缘上的连接，各国被陆地和海洋连接在一起，各国毗邻而居，形成了天然的联系、共存利益和一定的地区关系结构与秩序。"②

其次，在文化层面上，有种观点认为东亚通常用来指那些长期处于中华文化圈的国家集团。"东亚的概念常规上指这些具有儒家传统的国家。"③ 库伯（Kolb）将世界分为七大文化次大陆，其中"中华文化"被理解为"东亚"。④ 这些东亚地区概念都排除了除越南之外的其他东南亚国家。中国学者罗荣渠持有相似的观点，他认为，"东亚，从地理上讲，指的是欧亚大陆太平洋岸的边缘及大陆地带，包括中国、日本、韩国、朝鲜、越南、东南亚区域；从文化上讲，大体上是汉字文化圈影响所及的地区"⑤。

最后，在政治建构层面上，有一些学者认为，"二战"后的 20 年里，由于冷战的阴影以及东亚地区内热战，诸如越南战争以及朝鲜战争的原因，实际上并不存在"东亚"的概念。⑥ 一个涵盖东北亚和东南亚地区的

---

① 陈峰君：《亚太概念辨析》，《当代亚太》1999 年第 7 期。
② 张蕴岭：《世界区域化的发展与模式》，世界知识出版社 2004 年版，第 157 页。
③ Ravenhill, J., "A Three Bloc World? The New East Asia Regionalism", *International Relations of the Asia-Pacific*, 2002, Vol. 2, p. 174.
④ Kolb, A., *China, Japan, Korea, Vietnam: Geography of a cultural region*, Suffolk: Methuen & Co. Ltd., 1971, p. 1. 转引自 Min Van Pham, *Neo-Realism, Neo-Liberalism and east Asia regionalism: The case of Vietnam*, Master'Thesis, University of Oregon, June 2008.
⑤ 罗荣渠：《现代化新论续篇——东亚与中国的现代化进程》，北京大学出版社 1997 年版，第 59 页。
⑥ Tanaka, A., *Prospects for East Asia Community*, Retrieved February 20, 2008, http://www.trilateral.orglAnnMtgs/PROGRAMS/tokyopdCfolder/eastasia.

概念到了20世纪90年代才广为流传。时任马来西亚总理的马哈蒂尔有关建立东亚经济集团的倡议是东亚作为一个整体的概念的起点。① "根植于东亚经济集团倡议的东亚概念存活了下来,这一东亚新概念在整个90年代在地区范围引发强烈共鸣。"② "东亚的政府官员和政治家的定期会晤有助于确立一个共同的目标和提升认同感。当然,这些趋势使东亚作为一个整体的观念深植于地区内各国领导人和舆论媒体的思想和认识中。"③这一涵盖东盟十国和中国、日本和韩国等东北亚国家的东亚的新概念在地区范围内开始被广泛运用,尤其在一些从事东亚地区主义研究的学者当中。

通过对不同的东亚概念的梳理,并结合本书选题的实际需要,笔者将书中涉及的东亚概念限定在东盟十国和中日韩三国,书中所探究的地区化与地区主义也是以这一东亚概念为起点而展开分析论证的。

二 地区化

地区化和地区主义是两个比较容易模糊的概念。在很长时间里,学术界都没有对其进行明确的界定,因此,地区化和地区主义在使用时有时会出现重叠,甚至被一些学者交互使用。但随着全球范围地区一体化的发展,人们对地区化与地区主义的认识逐渐趋于清晰。

地区化首先是一个进程,而不具有政策或地区计划的意识形态的特征,"是指合作、一体化、凝聚力和认同共同创建一个地区空间的过程。此外它还带有激进的成分,一个地区化的战略,可以被国家和非国家行

---

① Terada, T., "Constructing an 'East Asian' Concept and Growing Regional Identity: From EAEG to ASEAN +3", *The Pacific Review*, Vol. 16, No. 2, 2003, p. 251.

② Kim, S. S., "Regionalization and Regionalism in East Asia", *Journal of East Asia Studies*, Vol. 4, 2004, p. 46.

③ Stubbs, Richard, "ASEAN Plus Three: Emerging East Asian Regionalism?" *Asian Survey*, Vol. 42, No. 3, 2002, pp. 453 – 454.

为体追逐"。① 有学者明确地界定了地区化的内涵,即地区化主要是市场驱动的结果。也有学者认为地区化是从"在一个给定地区空间内相对正式的合作的缺乏到合作的增加、一体化、聚合、一致,最后在文化、安全、经济和政治等领域产生认同"。② 阿里·M. 卡柯维奇(Arie M. Kacowicz)将地区化看作是在一个特定的地区内社会一体化程度的加深,包括地区成员间接性的社会与经济合作的推进,这是一个地区形成地理概念上的整体的动态过程,最终表现为在一个特定的国家集团中有组织的政治合作,或形成地区共同体。③

地区化进程不仅涵盖了地区内的生产分工、经贸往来、相互投资等社会沟通,而且包括在这一过程中培育出来的地区意识和认同。地区化过程可以是双向的,既可以自上而下引导,也可以自下而上推进。国家行为体参与地区化的进程并不都是行为体自觉、主动的结果,而是在一个大的背景下逐步被卷入其中的过程,它可以由一个完整的系统的地区性计划推动,或者只由该计划的一部分所推动。但地区化发展进程有时甚至可能违背了地区原有的意愿,成为无意促成的结果。以产业内贸易的增加为例,可以将其归因于规模经济的效益,而不是某些地区主义者推动的结果。

对于地区化概念,学者们意见较为一致,笔者也将继续沿用这一界定,即将贸易、投资、金融、旅游、文化传播、毒品走私、地区污染,以及大量的相邻国家民众之间相互影响的其他形式的活动等地区内互动的自然增长和深化的过程视为地区化。

---

① Mikael Weissmann, *Understanding the East Asian Peace: Informal and formal conflict prevention and peacebuilding in the Taiwan Strait, the Korean Peninsula, and the South China Sea 1990 – 2008*, Doctoral Dissertation in University of Gothenburg, p. 67.

② Ibid., p. 68.

③ Arie M. Kacowicz, *Regionalisation, Globalization, and Nationalism: Convergent, Divergent, or Overlapping?* The Helen Kellogg institute for international studies, 1998, http://www.ciaonet.org/wps/kaa01/.

三 地区主义

国内外学者在地区主义的认识上存在一个基本共识,即地区主义不仅是一个地理概念,也是一个集中包含了经济、政治和社会文化联系的动态过程。地区主义的概念与国家或政府紧密关联,它涉及地区国家制定正式的地区机制以及地区内功能性的合作,表现为地理上接近的国家追求共同利益的政府间合作。因此,它是一个由国家行为体诉求的一种地区范围的政治规划。与地区化不同,地区主义往往是一个意识形态的计划和正式的计划,其带来的结果是一个地区范围内国家间合作的正式机制的建立。地区主义是主权国家之间协议下的制度化合作安排,而非地区内正式的或半正式的民间协议,它是由政府参与和推动的自上而下的过程。

赛缪尔·S.金(Samuel S. Kim)认为,"像全球主义一样,地区主义是一个指代共享价值、规范、认同和渴望的规范的概念",地区主义是"政府主导的源于政府间对话与一致的合作项目",是地区内政府之间的合作。[①] 安德烈·赫瑞尔(Andrew Hurrell)在描述地区主义时挑出了5个元素:(1)地区化;(2)地区意识和认同;(3)地区国家间合作;(4)国家推动的地区一体化;(5)地区内聚力。[②] 在他看来,地区主义可以理解为一个精神上和(或)物质上形成一个地区认同的倾向,促进地区化的深化(创建地区实体、紧密合作和一体化)。这是关于地区主义的一个相对狭义的概念,很大程度上是一种意识形态的口号。而在迈克尔·舒尔茨(Michael Schultz)看来,"地区主义指的是一般的现象,表明的是正式的与广义概念上的进程及规划,代表观念主体、价值以及具体的目标,致力于创建、维持或修正地区范围内安全和财富、和

[①] Samuel S. Kim, "Regionalisation and Regionalism in East Asia", *Journal of East Asian Studies*, Vol. 4, 2004, pp. 39–67.

[②] 参见 Andrew Hurrell, *Regionalism in World Politics: Regional Organization and International Order*, NewYork: Oxford University Press, 1995.

平与发展的供给"。①

庞中英将地区主义视为地缘上接近的、彼此有着复杂关系的民族国家之间的一种联合、合作，进而一体化的过程，是国家通过政治力量之间的合作，进而达到调节国际关系的一种理论和政策。② 何方提出：地区主义至少有这样几层意思：一是指外部世界对某一个地区的国家的松散联合、合作或国家结盟或程度不同的一体化发展的一种称呼。二是指关于一个地区的一体化进程的理论与实践。这是对"二战"后出现的众多的经济政治一体化的概括。三是从一个国家的角度看，这个国家把自身的战略重点和国家利益重心置于其所处的地区，围绕着自身的长远战略利益推动该国所在地区的一体化和联合。四是指一国内部或跨越国境而实行的经济一体化和文化融合的小地区，它们对各国政府的离心倾向不断增长，日益成为相对独立并直接参与全球化的经济实体。③ 肖欢容认为，地区主义总体上是一种趋势，一种强化各种联系的趋势。这种趋势包含两个方面的内涵：一方面是指一个地区多样化的共同特性，另一方面是指一个地区强化共同特性的趋势。具体地说，地区主义是指功能领域里的政治合作，是国家有意识的政治决策形成的。它常常是一群地理位置临近的国家，为了发展它们共同的政治、经济和战略利益与目标所进行的互动与合作。④

也有学者认为，地区主义不仅涵盖地区国家之间的政治性的决策，也包括地区内非国家行为体之间的互动过程。曼斯菲尔德和米尔纳就持有这种观点，他们认为地区主义是"经济活动不成比例地集中于某一区域或在地理上非常接近的国家之间彼此对外经济政策的协调"。⑤ 这就意

---

① Michael Schults, Frederic Soderbaum, Joakin Ojendal, *Regionalism in a Globalizing World*, London: Zed Books, 2001, p. 5.
② 庞中英：《地区主义与民族主义》，《欧洲》1999 年第 2 期。
③ 何方：《地区经济一体化与中国》，《现代国际关系》1997 年第 4 期。
④ 肖欢容：《地区主义及其当代发展》，《世界经济与政治》2000 年第 2 期。
⑤ Edward D. Mansfield and Helen V. Milner (eds.), *The Political Economy of Regionalism*, New York: Columbia University Press, 1997, p. 3.

味着地区主义也可以指非国家行为体诸如非政府组织或企业等之间不同形式的互动。阿里·M. 卡柯维奇（Arie M. Kacowicz）将地区主义视为："国家的政府与民众自愿联合以及集中资源以创建共同功能性和制度性安排的倾向。"① 因此，地区主义可以被视为发生于给定地理区域内，国家行为体以及非国家行为体分享特定功能性的价值和规范的过程。

总的来看，各国学者对于地区主义概念的界定大同小异。根据本书的研究需要，笔者接受将地区主义严格限定在国家之间的有关地区合作与地区一体化的政治性的决策所推动的地区一体化进程，描述的是地区各国政府推动下的机制化的地区性合作。这样就能够较为清楚地将地区化与地区主义区分开来，有利于对东亚地区主义发展路径进行探究。

第二节　东亚地区主义发展进程及其特征

对于东亚地区主义产生的时间，国内外学者有着较为一致的看法。一般认为，真正意义上的东亚地区主义产生于20世纪90年代中后期，而在20世纪90年代中期以前，尤其是1997年亚洲金融危机爆发之前，东亚地区缺乏地区性的、正式的政府间合作协议，有亚太合作而无东亚合作，市场力量是东亚一体化的天然推手。② 而亚洲金融危机的爆发最终促成了地区主义进程的开启，从此，东亚地区主义的发展从无到有，历经曲折坎坷，成为国际社会的一道独特风景。

一　亚洲金融危机：东亚地区主义进程得以开启的催化剂

如果考察东亚地区主义产生历史，最早可以追溯到1990年马来西亚时任总理马哈蒂尔提出的"东亚经济集团"（EAEG）的设想，这被普遍

---

① Arie M. Kacowicz, *Regionalisation, Globalization, and Nationalism: Convergent, Divergent, or Overlapping?* The Helen Kellogg institute for international studies, 1998, http://www.ciaonet.org/wps/kaa01/.

② 参见门洪华《东亚秩序建构：一项研究议程》，载黄大慧《变化中的东亚与美国——东亚的崛起及其秩序建构》，社会科学文献出版社2010年版，第36页。

视为东亚地区主义的萌芽。马哈蒂尔的"东亚经济集团"的倡议并非是一时的权宜之计,这一倡议的提出与当时国际社会大环境有着直接关系。20世纪90年代前后,欧洲一体化正呈现出蓬勃发展势头,北美地区性经济合作也在迅速发展。从当时的国际贸易格局而言,无论是欧洲还是北美的一体化都可能导致未来东亚地区在关税与贸易谈判中处于不利地位,东亚地区国家很有可能被这些封闭性的地区集团排斥在外,这被认为是马哈蒂尔提出"东亚经济集团"倡议的重要原因。而关税与贸易总协定"乌拉圭回合"谈判的失败被普遍认为是马哈蒂尔"东亚经济集团"倡议的直接诱因。美欧在农产品补贴问题上的尖锐冲突致使"乌拉圭回合"谈判一再延期,这给予马哈蒂尔极大的触动。马哈蒂尔倡议"东亚经济集团"的目的也就是要联合东亚所有国家和地区,加强彼此在经济方面的合作,能够用一个声音与西方发达国家进行谈判,从而较好地抵制发达国家的歧视性贸易规则,规避风险,保护东亚地区各国的权益,推动"乌拉圭回合"的贸易谈判进程。

但"东亚经济集团"倡议一经提出,就遭到了来自美国和澳大利亚的强烈反对。美国政府认为,一个缺少美国参与的地区性组织将会削弱亚太经合组织的作用,可能会损害美国的利益。因此,美国对东亚地区盟国及其他一些东亚地区国家施加压力,致使一些东亚地区国家的态度开始发生变化,尤其是日本积极迎合美国的态度,明确反对"东亚经济集团",最终使这一设想宣告失败。虽然"东亚经济集团"的倡议无果而终,但推动东亚地区合作的具体行动给东亚各国民众留下了深刻的印象,彰显了"一个东亚"的概念,这对于东亚地区主义的发展具有重要的启蒙意义。事实证明,"东亚经济集团"倡议的失败并没有阻止东亚地区国家追求地区制度性合作的步伐,东亚地区国家特别是东南亚各国致力于一个大的东亚地区合作的思想进一步发酵。针对"东亚经济集团"封闭性特点给世界一些国家带来的忧虑,在印度尼西亚总统苏哈托的建议下,马哈蒂尔将"东亚经济集团"(EAEG)改称为"东亚经济核心论坛"(EAEC),试图通过淡化封闭性特点,以获得美国等国的认可,但仍然没达到预期目的，"东亚经济核心论坛"的倡议也最终不了了之。

东亚地区主义发展获得重要突破发生在1994年10月，新加坡时任总理吴作栋在访问法国期间提出了召开亚欧会议的构想，这一构想对开启东亚地区主义进程具有十分重要的历史意义。按照亚欧会议构想，亚欧会议中的亚洲成员就是当年"东亚经济集团"（EAEG）的预定成员，这一构想巧妙地借助了欧洲力量，排除了来自美国的阻力，使东盟和中日韩第一次作为一个整体出现在国际舞台上，以曲折迂回的方式实现了"东亚经济集团"将东盟与中日韩归并为一个东亚整体的设想。1996年首届亚欧首脑会议的召开被普遍视为东亚地区主义发展的前奏，东盟与中日韩历史上第一次作为一个整体成为亚欧对话的主角。

1997—1998年亚洲金融危机成为东亚地区主义开启的重大转折点。1997年7月，开始于泰国的金融危机迅速波及周边国家，印度尼西亚、马来西亚、菲律宾等东南亚国家货币大幅度贬值，股市一路狂跌，大批企业倒闭，失业人数遽增。这场金融危机很快波及中国台湾、中国香港，并蔓延至韩国等东北亚国家。在这场金融危机发生后，一些地区组织，包括亚太经合组织以及东南亚国家联盟等，都表现得无力应对危机，几乎都没有能够发挥一个地区组织应有的作用。而中国和日本等东亚国家在这场危机中的表现得到东亚邻国的普遍赞扬。首先，在危机发生后，中国政府积极地通过国际货币基金组织的安排以及中国和一些东南亚国家建立的双边渠道，向泰国等国提供了总额超过40亿美元的援助，向印度尼西亚等国提供了出口信贷和紧急无偿药品援助。尤其在强大金融危机的压力下，中国政府本着高度负责的态度，从维护本地区稳定和发展的大局出发，做出了人民币不贬值的庄严承诺。虽然中国为此承受了巨大压力，付出了很大代价，但对东亚地区乃至世界金融市场的稳定发挥了非常重要的作用。其次，地区内另外一个国家日本，也积极致力于应对地区金融危机。1997年9月在中国香港召开的国际货币基金组织和世界银行年会上，日本首次提出建立亚洲货币基金组织（AMF），并表示愿意为遭受金融危机的亚洲国家提供帮助。但日本的这一提议很快遭到美国及其他一些国际货币基金组织成员国的强烈反对。日本在该提议被否决后，于1998年又宣布了一个"新宫泽计划"，准备通过该计划向遭受金融危机打击的东亚国家提供高达300亿美元的资金。"新宫泽计划"的目的在于帮助受危机打击的东亚国家早日摆脱危机的困扰。当然这也是一个双赢的过程，只有东亚各国经济复苏和发展，才有能力偿还日本贷款，从而推动日本经济的复苏和发展。

相较于中国和日本在帮助亚洲邻国摆脱危机所采取的积极行动，美国等西方国家以及国际货币基金组织的行为却遭到东亚国家的普遍诟病。在金融危机发生后，不仅美国没有向受到金融危机冲击的国家提供及时有效的资金援助，而且美国主导下的国际货币基金组织以实行紧缩政策等为条件向亚洲国家提供救援贷款，这引起了东亚国家的强烈不满。这种做法不仅没有帮相关国家缓解金融危机带来的压力，反而适得其反，其中一个典型案例就是印度尼西亚。为摆脱危机困扰，印度尼西亚继泰国之后与国际货币基金组织达成了贷款430亿美元的援助协议，接受了该组织规定的一整套经济改革措施，但这些举措并未能阻止印度尼西亚经济的进一步恶化。面对持续严峻的金融危机，印度尼西亚拟推行联系汇率机制，以期稳定印度尼西亚盾汇率，尽快结束国内经济动荡。但此举遭到国际货币基金组织以及美国、欧盟的反对，国际货币基金组织也因此推迟向印度尼西亚拨放第二笔贷款，这使得印度尼西亚的经济状况更趋恶化。

在这一危机过程中，美国一直作为一个旁观者，并没有给予东亚一些国家期待的宝贵的援助，而且美国主导的国际货币基金组织又在给予受金融危机困扰的国家贷款和援助时附加了苛刻的条件。这些做法都深深地触动和伤害了东亚各国，使它们充分认识到彼此是"一荣俱荣，一损俱损"的关系，寄希望于西方国家援助和支持是不可靠的，应该加强自身的力量以及东亚地区范围内的合作。为了尽快摆脱金融危机的困扰，东盟接受了日本时任首相桥本龙太郎提出的日本与东盟定期举行首脑会议的设想，并同意将首脑会晤的范围扩展到整个东亚地区，促成了东盟与中日韩领导人继首次亚欧会议后的第一次会晤。1997年12月15日，东盟与中日韩领导人非正式会议在马来西亚首都吉隆坡举行。尽管当时领导人会议的主要议题是如何应对亚洲金融危机，但它却成为推动东亚地区合作的一个全新的起点，由此拉开了东亚地区制度性合作的序幕，标志着东亚地区主义进程的正式开启。

二 提振区域经济：东亚地区主义发展的强劲动力

1997年首次东盟与中日韩（9+3）领导人非正式会议以后，东盟与中日韩三国举行了多次领导人峰会和部长级会议，东亚地区合作逐步进入了机制化发展轨道，形成了领导人峰会机制和部长级会议机制等制度化平台，东亚地区主义进入一个迅速推进的重要时期。

1998年12月，在越南举行的第二次东亚领导人会议上，为了进一步加强东亚地区合作，东亚各国领导人积极地谋划和推动应对金融危机的具体方案。中国时任国家副主席胡锦涛出席会议并建议举行东亚国家副财长和央行副行长会议，研究国际金融改革及监控短期资本流动的问题。这项建议得到与会东亚各国领导人的一致赞同，这也促成了东亚地区首次政府高层职能部门之间的对话与协商。在这次东亚领导人会议上，韩国时任总统金大中有关成立一个"东亚展望小组"（East Asian Vision Group）的提议获得通过，"东亚展望小组"设立的目的是研究如何加强东亚国家在经济、政治、安全、文化等方面进行中长期合作的问题，为未来东亚地区合作设计和规划蓝图。这个由东亚各国著名学者组成的"东亚展望小组"于1999年正式成立。2002年10月，"东亚展望小组"发布题为"走向东亚共同体"（Towards An East Asia Community）的报告成为东盟与中日韩"10+3"领导人非正式会议讨论东亚地区合作的重要依据。

1999年11月，在菲律宾首都马尼拉举行了第三次东盟与中日韩领导人会议。这次会议不仅就东亚地区合作的原则、方向等问题达成一致，而且还明确了各国将在经济、贸易、金融、科技等8个重点领域开展合作。东盟与中日韩在会后发表了《东亚合作联合声明》,这在东亚地区一体化发展历史上具有里程碑式的意义,标志着东亚地区合作正式步入制度推动阶段。此后,不仅一年一度的东亚领导人会议被固定下来,由非正式改为正式,并形成了从决策到执行的一整套机制化安排,而且还逐步增加了多个部长级会议,"10+3"机制成为东亚地区国家开展对话与合作的主渠道。

2000年11月召开的第四次东盟与中日韩"10+3"领导人会议上,东盟与中日韩领导人明确提出了致力于落实《东亚合作联合声明》的合作重点与具体措施,肯定了2000年5月财长会议达成的有关东亚地区货币合作的《清迈协议》(Chiang Mai Initiative),《清迈协议》主要包括两个方面内容:其一是扩大东盟互换协议的数量与金额;其二是建立中日韩与东盟国家的双边互换协议。截至2008年4月底,在《清迈协议》下,"10+3"各国共签署了16份双边货币互换协议,总规模达到840亿美元。其中,中国与日本、韩国、泰国、马来西亚、印度尼西亚和菲律宾签署了6份双边货币互换协议,总规模为235亿美元。①《清迈协议》是东亚金融货币合作所取得的最为重要的制度性成果之一,它对于防范金融危机、进一步推动地区货币合作具有深远意义。在这次领导人会议上,东亚各国领导人还同意就建立东亚自由贸易投资区和全面经济合作问题进行研究,并决定成立由各国高官组成的"东亚研究小组",就领导人达成的共识和"东亚展望小组"提出的建议进行研究和落实。这次领导人会议所表现出来的务实作风和面向未来的积极姿态,为未来深化东亚合作打下了良好的基础。另外,这次会议还达成了一项具有深远意义协议——建立了中日韩领导人的正式协商和合作机制,这标志着东北亚地区制度化合作的正式开启。中日韩三国领导人的协商与合作机制对推动整个东亚地区合作具有重要现实意义。这一系列成果的取得,充分显

---

① 《东盟+中日韩(10+3)特别财长会议22日在泰国举行》,http://www.gov.cn/gzdt/2009-02/24/content_1241525.htm。

示出东亚地区合作正在稳步推进。

在 2001 年 11 月召开的第五次东盟与中日韩"10+3"领导人会议上，中国和东盟领导人就建立紧密经济合作关系达成共识，宣布用 10 年时间建成自由贸易区，这标志着东盟与中国的"10+1"合作机制的开启。在中国和东盟的共同努力下，中国—东盟自由贸易区已于 2010 年 1 月 1 日正式启动，中国—东盟自由贸易区成为一个拥有 19 亿消费者、近 6 万亿美元国内生产总值和 4.5 万亿美元贸易总额的，全部由发展中国家组成的全球最大自由贸易区。伴随中国—东盟自由贸易区的启动，中国和东盟 6 个老成员国（文莱、菲律宾、印度尼西亚、马来西亚、泰国、新加坡）之间，超过 90% 的产品将实行零关税。根据当时的预期，中国对东盟平均关税将从 9.8% 降到 0.1%，东盟 6 个老成员国对中国的平均关税将从 12.8% 降至 0.6%，东盟 4 个新成员国（越南、老挝、柬埔寨、缅甸）在 2015 年实现 90% 的产品零关税，① 实际上，中国与东盟各国关税减免的速度与程度超过了预期。② 关税壁垒的逐渐消除为中国与东盟企业创建了更加便利的合作与发展平台。

中国与东盟建立自由贸易区的举措极大地激发了东亚地区其他国家创设自由贸易区的热情。在 2001 年 11 月中国和东盟领导人宣布建立中国—东盟自由贸易区后不久，2002 年 1 月日本首相小泉纯一郎相继访问菲律宾、马来西亚、泰国、印度尼西亚和新加坡，并在访问期间提出了日本与东盟"全面经济合作构想"。2002 年 8 月，日本还发起召开"东亚发展倡议"部长级会议，提出通过"政府开发援助"渠道，扩大日本与东亚各经济体的合作。随后，日本于 2002 年 10 月与东盟签署了《日本和东盟关于框架性经济联合构想的共同宣言》，而且还大张旗鼓地将 2003 年 12 月的日本—东盟领导人会议搬到东京举行。在这次会议上日本

---

① 《中国东盟自贸区平均关税由 9.8% 降到 0.1%》，http://www.yn.xinhuanet.com/video/2010-01/08/content_18713906.htm。

② 在 2015 年 11 月 22 日，中国与东盟签署的中国—东盟自贸区升级谈判成果文件即《中华人民共和国与东南亚国家联盟关于修订〈中国—东盟全面经济合作框架协议〉及项下部分协议的议定书》中，中国—东盟自贸区零关税已经覆盖了双方 90%—95% 税目的产品。

与东盟共同发表了要在2012年建成"东盟—日本自由贸易区"的《东京宣言》，以及《东盟—日本行动计划》，并明确提出要建立一个"东亚共同体"。韩国也不甘落后，将发展和深化与东盟的合作作为韩国地区战略的重要内容。2004年11月，韩国与东盟发表《发展全面合作伙伴关系的共同宣言》，在双方一系列相关谈判的基础上，韩国与东盟在2006年和2007年分别达成商品自由贸易协议和服务贸易协定。2009年6月，韩国借纪念其与东盟建立对话关系20周年之机，在韩国济州举行了韩国—东盟特别首脑会议。在这次会议上，韩国和东盟双方领导人签署了韩国与东盟自由贸易投资协定，这标志韩国和东盟全面经济合作机制的开启。日本与韩国紧随中国之后分别与东盟谈判建立自由贸易区，明显是受到中国与东盟建立自由贸易区的刺激。因此，中国—东盟自由贸易区的建设加快了东亚地区自由贸易区建设的步伐和推动了东亚地区主义发展。

2002年11月，在柬埔寨首都金边召开的第六次东盟与中日韩"10+3"领导人会议上，中国总理朱镕基宣布了中国政府决定实施亚洲减债计划，并与东盟成员国签署了《中国与东盟全面经济合作框架协议》《南海各方行为宣言》等重要文件。其中《中国与东盟全面经济合作框架协议》是中国与东盟全面经济合作的里程碑，它的签署标志着中国与东盟的经贸合作进入一个崭新的阶段。而《南海各方行为宣言》在一定程度上对维持南海现状，避免进一步激化地区冲突和矛盾具有一定现实意义。在此后举行的第八次领导人会议上，东盟领导人会议提出了在2020年建成"东盟经济共同体"的宏伟目标，将东南亚经济一体化从目前的自由贸易区初级阶段升级为以单一市场为特征的经济共同体高级阶段，极大地推动了东盟层面的地区合作进程。

毋庸置疑，这一时期，东亚国家将走出金融危机困境与提振国家经济列为对外战略的首选。正是这种迫切的客观现实需求极大带动了地区内制度性合作安排，使得东亚地区主义能够在较短的时期内取得不俗的发展成就，成为世纪之交国际舞台上的重要事件之一。

三 多元利益分化：东亚地区主义发展遭遇挫折

正在东亚地区主义不断推进的重要阶段，东亚地区合作遭遇开启以来最重大的一次挫折。起因是东亚峰会机制的创设以及由此引发的地区内部纷争。按照原先的设想，创设东亚峰会是为了进一步推进东盟与中日韩"10＋3"框架下的东亚地区合作，拟设中的东亚峰会机制对"10＋3"机制最显著的一个发展是，东盟不再单纯地作为一个整体与中日韩进行对话与合作，而是东盟成员国与中日韩一样，都是东亚地区内完全平等的个体，东亚峰会也将由东亚13个国家轮流主办，而且东亚峰会可以有独立的时间安排，不一定与东盟年会时间安排一致。该倡议是推动东亚地区合作深化的一次大胆尝试，也是东亚地区合作在东盟与中日韩"10＋3"机制基础上进一步发展和深化的重大举措，如果这一设想得以实现，东亚地区主义发展将因此而迈上一个更高层次。

然而，东亚峰会机制倡议所引发的后续问题使东亚地区主义几乎遭遇夭折的命运。尽管东盟是东亚峰会机制的倡议者，但东盟对东亚峰会机制的未来发展却充满忧虑。东盟成员国普遍认为，东盟单个成员国自身实力相对弱小，如果东盟不再作为一个整体与中日韩对话与合作，可能会失去东亚地区合作的主导地位，而被中国与日本等大国所控制。东盟对合作前景尤其是对丧失东亚地区合作主导权的担忧，致使其迟迟不肯表态接受东亚峰会机制。后来经过各方多次磋商与协调，东亚各国在东亚峰会机制上最终达成一致意见，但妥协后的东亚峰会机制版本与之前的倡议相差甚远，该机制不仅在时间、地点安排上仍然按照东盟与中日韩的"10＋3"模式进行，而且连参与东亚峰会的资格也要由东盟来审定。东盟与日本还提出，东亚峰会的参与国不再受地域范围限制，也不仅仅限定在"10＋3"范围。在此背景下，东盟和日本名正言顺地将澳大利亚、新西兰和印度等国拉入东亚峰会。尽管东亚峰会机制与当初的设想相差甚远，但为了继续维持已有的合作格局，中国尊重东盟的主导作用和倾向性意见，同意了东盟就东亚峰会成员资格所确定的3项标准。

事实上，由于东亚地区外国家的加入，东亚地区合作面临的环境变得更加复杂，面临的问题也越加棘手，东亚地区正在形成中的信任也大打折扣。这种东亚峰会机制实际上是原有的"10+3"机制的倒退，不仅没有实现进一步深化东亚地区合作的愿望，反而使东亚地区合作朝着一个地区论坛的方向大步倒退。

东亚峰会机制的开启使东亚地区陷入一种悲观主义情绪，东亚国家的学界与政界不再看好东亚地区主义的发展前景。他们普遍认为，东亚峰会机制是东盟与中日韩"10+3"机制的倒退，尤其是一些地区外力量的介入使东亚地区主义的发展变数增大。但值得欣慰的是，东亚峰会机制并没有完全断送东亚各国已有的合作与信任基础，虽然引入了印度、澳大利亚、新西兰等地区外国家，但作为东亚峰会的倡导者与组织者，东盟与中日韩的"10+3"机制并没有终结。在首届东亚峰会召开前举行的东盟与中日韩"10+3"领导人会议发表的《吉隆坡宣言》中，各国明确表达了在实现东亚一体化这一目标的过程中将继续以"10+3"机制为地区合作的主渠道。马来西亚时任总理巴达维在会见记者时表示，东亚峰会和"10+3"是相互补充、互不重叠的进程，东亚峰会不会取代"10+3"进程。在首届东亚峰会通过的宣言中，并没有将建立东亚共同体作为东亚峰会机制努力的方向，只是提到各国认同东亚峰会可以在本地区一体化建设过程中发挥重要作用。这种东亚峰会机制的泛化，给东亚地区主义发展投下了阴影，如何摆脱这种阴影，尽快地使东亚地区合作走出困局，推动东亚地区主义发展，成为东亚地区各国面临的重要问题。

这一时期，东亚国家之间存在的一些历史问题以及领土纠纷等也在地区内持续发酵，这对东亚地区主义的发展带来很大隐患。诸如，日本前首相小泉纯一郎不顾东亚邻国的强烈反对，一意孤行地参拜供奉日本战犯的靖国神社，这极大地恶化了中日、韩日之间的关系，进一步削弱了原本就相当脆弱的东亚国家之间的互信基础。由于日本的顽固立场，在首届东亚峰会召开前举行的东盟与中日韩"10+3"会议期间，首次取消了中日韩三国领导人的单独会议，而且三国官方的高层交流几乎停顿。

2005年3月，日本歪曲历史，修改教科书，掩盖日本曾经对东亚各国犯下的战争罪行，这引发了东亚国家的普遍声讨。日本历史教科书问题首先在韩国引起民众的游行示威，甚至有激动的韩国国民以断指、自焚等方式来表达对日本的抗议之情。这股抗议风潮很快传递到中国，几千万中国民众通过网络签名的形式反对日本成为联合国安理会常任理事国，最终汇聚成一股席卷中国的反日浪潮。正是地区内一系列矛盾的激化，使东亚地区主义发展遭遇了前所未有的寒流，直到2006年9月日本前首相小泉纯一郎下台之后，这一状况才有所改变。安倍晋三在接任首相之后便立即展开了对中、韩两国的"破冰之旅"。经过一个时期的磨合与谅解，中日、韩日的政治关系获得明显改善，这也给东亚地区主义的进一步发展带来了希望。

四 国际金融危机：东亚地区主义发展出现转机的诱发器

2007年，东亚地区主义发展出现新的转机。岁首，第十次东盟与中日韩"10＋3"领导人会议在菲律宾宿务召开，此次会议也处在东盟与中日韩"10＋3"机制创建十周年的重要时间节点。这次会议对推动东亚地区合作做出两大贡献：首先是发表了旨在深化东盟与中日韩合作基础的《第二份东亚合作联合声明》。声明重申继续将东盟与中日韩"10＋3"合作机制作为建立东亚共同体这一长期目标的主渠道，而且东盟将继续在这一进程中发挥主导作用。其次是实现了时隔两年的中日韩三方领导人的单独会晤，中日韩三国一致同意在保持现有东盟与中日韩"10＋3"框架下三国领导人会议机制的情况下，三国领导人可根据实际需要，在中日韩三国轮流举行不定期会晤，并建立三国外交高官的定期磋商制度。这一新举措对于中日韩机制化合作进程具有非常重要的意义，中日韩三国合作不再仅仅拘泥于完全与"10＋3"保持同步，而是具有了更多的灵活性，可以根据现实需要随时举行会晤，这为协商解决中日韩三国面临的突发问题等提供了一个多边对话的平台。当然，这一新举措并没有妨碍"10＋3"合作进程，相反，还在很大程度上推动"10＋3"合作，特别是中日韩建立三国外交高官定期磋商制度，有助于三国增进政治上的互信，及时化解相互之间的矛盾，推动东亚地区合作的发展。截至2010年，中日韩领导人已经单独举行了三次领导人会议，特别是2010年5月召开的中日韩领导人会议上，中日韩三国领导人共同表示将努力在2012年前完成中日韩自由贸易区的联合研究，表现出他们对于进一步推进东亚地区合作的强烈政治意愿。

与1997年爆发的亚洲金融危机类似，开始于2008年底的蔓延全球的国际金融危机也使东亚地区合作步入一个新的发展阶段。如果说爆发于1997年的亚洲金融危机开启了东亚地区主义，2008年的这场全球性金融危机则推动了东亚地区主义的发展与深化，使过去很长时间没有实现的目标，在一个较短的时期内成为现实。其中最值得称道的是，2009年2月22日召开的"10+3"特别财长会议，做出了关于将《清迈协议》多边化规模从800亿美元增至1200亿美元的决定。该决定在第十二次东盟与中日韩"10+3"领导人会议上，得到了与会各国领导人的批准，各国领导人同意在2009年底前实施规模为1200亿美元的《清迈倡议》多边化协议，并建立一个独立的区域经济监测机构。这个针对东亚地区范围的外汇储备库的建设，被普遍认为是东亚货币基金的雏形，成为东亚地区主义日趋走向成熟的重要标志。

从东亚地区主义的发展历程可以看到，虽然东亚地区主义起步较晚，机制化水平也相对较低，但其在较短的时间内取得的显著成绩值得肯定。经过十多年的发展，东亚地区合作范围不断拓宽，合作程度不断加深，地区意识不断增强，合作基础也得到不断巩固。同时，也必须承认制约东亚地区主义发展的因素仍然存在，而且随时有爆发的危险，一旦制约因素被不断放大与发酵，可能会破坏和葬送东亚地区合作的已有成果。东亚地区主义从开启到迅速推进，从遭遇挫折到出现转机，都展现出东亚地区主义发展的内在逻辑，深入挖掘与探究东亚地区主义发展的内在逻辑成为学术界研究的重要课题之一。

第三节　主流理论视野下的东亚地区主义发展路径

东亚地区主义自孕育之日起，就受到国内外学者的广泛关注，他们分别运用现有的一些主流国际关系理论（包括地区主义理论），诸如新现实主义、新自由制度主义、功能主义与新功能主义、政府间主义与自由政府间主义、建构主义以及开放的地区主义等理论去阐释东亚地区主义现象，尤其是将东亚地区主义与欧洲地区主义的发展进程相比较，试图通过对东亚地区主义核心特征的把握，寻求东亚地区主义发展的内在逻辑，呈现基于不同理论视野下的东亚地区主义发展路径。

一　主流理论视野下的东亚地区主义发展路径

一般而言，主流理论是指那些较为成熟的理论范式，在相关学科领域存在较高的识别度与较多的拥趸。国际关系理论学派林立，彼此观点相近或相左，从理想主义到现实主义，从新现实主义到新自由制度主义，再到建构主义等，除此之外，还包括后现代主义、女性主义、历史社会学、批判理论等，也出现了一些地区主义理论，诸如功能主义、政府间主义以及开放地区主义等。笔者在梳理已有基于不同主流理论研究成果的基础上，归纳总结了新现实主义、新自由制度主义、建构主义以及其他一些地区理论等主流理论视野下的东亚地区主义发展路径。

（一）新现实主义视野下东亚地区主义发展路径

作为一种主流国际关系理论，新现实主义理论不仅被运用于全球宏观层面的国际关系的阐释之中，而且也经常被运用于地区层面，成为不少国内外学者探究东亚地区主义的主要理论范式之一。新现实主义理论是在古典现实主义理论的基础上发展起来的，是更加规范化、科学化的现实主义理论体系。新现实主义对于现实主义核心概念的界定更加清晰、严格，更加注重有关国际政治的"结构"或"系统"，就像是一个"画框"，去界定国际社会的各种安排以及各部分之间的联系，而且国际体系的结构决定着国际体系成员之间的政治关系。因此，这一学派又被称为结构现实主义，肯尼斯·沃尔兹（也被译为肯尼斯·华尔兹）是这一学派的主要代表人物之一。

在肯尼斯·沃尔兹看来，"结果不仅取决于国家的性质，而且取决于国家行为发生于其间的结构的变化"[①]。新现实主义虽然仍然将权力作为理论的核心变量，但它不再仅仅强调单纯的权力的扩大，而是更加关注国家的安全，权力只是政治关系中必要的和不可缺少的组成部分，而非目的本身。正如金德曼所说的，"正如权力手段和制裁手段不等于法律全部本质一样，把权力当做政治的最重要工具也并不是说权力就是政治的全部本质"[②]。国家是"以自我保存为最低目标，以争夺世界主导权为最高目标的相同的行为体"。因此，在新现实主义看来，为了确保自我生存的最低目标，以及争夺主导权的最高目标，国家之间必然追求一种权力上的平衡，形成一种均势。而且"行为体之间关系不同，它们的行为也不同，它们相互产生的结果也不同"。由于制约国家行为体政治行为的结构性矛盾的存在，在一个尚处于自助的国际体系中，国家的生存需要通过对内提高政治、军事和经济实力并制定有效的战略与策略，对外争取与他国结盟或者调整结盟关系来实现。这种国际体系结构的特点已经决定了行为体在此结构中互动的模式，这种互动模式是由结构中国家行为体的数量和行为体各自的力量决定的。肯尼斯·沃尔兹认为，无论国家行为体力量强大还是弱小，它们都有一种最低的国家安全诉求，尽管不同的国家行为体在获取安全上存在着力量上的差异。在新现实主义看来，既有的互动模式会随着国际体系结构的变化而发生变化，国际体系结构的变化主要源于体系主要构成单位内部的变化，国际体系结构中大国的兴衰决定了国际互动模式及体系运行的规则。国家行为体寻求扩张领土、

[①] [美]肯尼斯·华尔兹：《国际政治理论》，信强译，上海人民出版社2003年版，第18页。

[②] [美]詹姆斯·多尔蒂、[美]小罗伯特·普法尔茨格拉夫：《争论中的国际关系理论》（第五版），阎学通、陈寒溪等译，世界知识出版社2003年版，第86页。

扩大政治影响和经济优势的倾向是国家权力的一种自然功能。国家行为体的这种努力会持续不断,直到变化的边际成本大于或等于边际收益为止。因此,世界政治仍然是国家行为体在全球无政府状态下争夺权力、威望和财富的斗争。而且,核武器的出现并没有使人放弃使用武力,国家行为体之间经济上的相互依赖也不能确保合作可以代替冲突。

  按照新现实主义理论的观点,全球及地区层面主要存在两种结构类型,其一是金字塔式的结构,其二是大国力量相互协调的均势结构。在新现实主义看来,最稳定的体系结构是一个霸权大国居于顶端、其他国家远落其后的金字塔式结构。在这种结构中,其他国家没有挑战现有霸权大国地位的能力,只能选择接受既有的国际体系,接受在霸权大国主导下的合作及机制安排,进而出现一个相对稳定的全球或地区结构模式。当然,这种结构也不是一成不变的,其发生变化的前提在于现有的国际体系中出现一个或多个实力强大但不满足于现状的挑战国,这可能会造成体系的动荡,甚至会导向战争,使原有的国际体系或结构发生改变。而次稳定体系结构是体系或结构内部两个或两个以上的国家行为体实力相当,形成均势。在这种结构中,没有任何一个国家具有发动全面战争的能力和意愿,从而形成一种制衡状态,这是和平得以实现和维护的前提条件。但这种大国力量相互协调的均势结构也会因为某一个大国的崛起或某一些国家的衰落而使既有的均势结构失衡,出现结构变动的危险。

  无论金字塔式的稳定结构还是均势的次稳定结构,在新现实主义看来,都存在机制安排的可能。虽然新现实主义者对于机制的构建兴趣不大,但考虑到机制对国家行为的影响,至少国家行为体还是存在创设国际机制的动机,通过创设国际机制以较小的成本去谋求、实现较大的国家利益。从金字塔式的结构视角来看,位于顶端的霸权大国可以利用国际机制,将其偏好的规则与规范合法化,而且霸权大国与二流国家之间的权力差距越大,霸权大国主导下的机制化水平可能就会越高。从均势结构的视角来看,由于不存在霸权大国,全球或地区层面各主要大国之间形成一种相互制衡的状态。在体系与结构没有发生重大变化的前提下,各国为了自身利益的实现与巩固，维护体系与结构的和平与稳定成为大国的一种务实选择。当然，鉴于权力分配的不均衡，小国与弱国倾向于组织联盟制衡大国权力，而大国的妥协、协调和合作对地区秩序的构建至为关键。① 这种大国之间的协调只在诸大国之间存在着维持现状或避免战争的共同利益时才可能出现。大国之间并不是严格的结盟关系，只是在一定范围内承认共同的规范和行为准则。

东亚地区主义进程的开启引发了国内外学者广泛关注，他们纷纷从不同理论视角探究东亚地区主义及其发展路径，新现实主义理论就是其中的理论范式之一。在新现实主义者看来，新现实主义的逻辑同样适用于地区层面，即有什么样的地区结构，就同样造就什么样的国家行为体以及国家行为体之间的互动模式。像全球层面的金字塔式结构下的机制创建一样，地区机制的创建也需要一个单一地区霸权大国的存在，以及该霸权大国有能力和意愿利用其支配的优势的权力资源在创建地区机制中发挥主要的作用。② 而且权力差异越大，霸权大国主导下的机制越容易发展和壮大。其中，米尔斯海默认为中国崛起的第一步是试图支配亚洲，寻求拉大与其邻国之间的力量对比，保证在亚洲地区没有任何国家有能力对中国形成掣肘和威胁。当然，米尔斯海默并没有排除其他的可能性，他对中国究竟是否能够成为东亚主导性大国提出了两种可能：一是如果中国经济增长放缓，其结果是地区强国实现自然平衡；第二种情况是中国经济继续高速增长，区域强权难以平衡。③ 一旦既有的平衡丧失，美国必然选择介入。但米尔斯海默认为，美国的介入政策天生有缺陷，因为民族国家关注它们自身力量最大化，必然存在一个零和的心态，并会继续不断地提升自身的权力，即使无法成为一个真正的主导者，但更多的权力总比少的权力好。按照这种逻辑，伴随实力的增强，中国必然确立

---

① 门洪华：《东亚秩序建构：一项研究议程》，载黄大慧主编《变化中的东亚与美国——东亚的崛起及其秩序建构》，社会科学文献出版社2010年版，第39页。

② Walter Mattli, *The Logic of Regional Integration: Europe and Beyond*, Cambridge: Cambridge University Press, 1999, pp. 50–56.

③ 《有关美国"后冷战"时期全球战略问题的新论战》，《政治学研究》2001年第4期。

在东亚地区霸权大国的地位，也因此根据自身利益的需要创设地区机制，使之成为自我利益实现的工具。当然，在这一过程中，如果其他东亚地区国家与中国之间实现了自然的力量上的平衡，使中国没有成为一个地区内主导性大国，实际上就实现了东亚地区体系或结构上的均势状态，进而在此基础上实现地区大国间的协调，创建相关的地区机制，实现地区和平与稳定。

巴里·布赞是新现实主义的重要代表人物之一，他在肯尼斯·沃尔兹的基础上，进一步丰富和发展了结构现实主义。巴里·布赞采用更加综合和开放的结构概念，以便将其适用于政治以外的领域，首先，他认为无政府结构和以安全为核心并不总是产生权力政治的逻辑，而是包含着探寻国际互动本质的多领域的方法；其次，他不将结构视作运行中的唯一的体系层次因素，互动的核心成分也有体系的特征，这些成分会明显地影响结构的发展及其结果；再次，他并不依赖于沃尔兹理论的微观经济学的实证主义类比，而是更多地采用语言学的方法，即将语言当作一种权力①。巴里·布赞提出了"一个地区复合安全"的概念，这一概念融合了新现实主义、新自由主义、社会建构主义和英国学派的理论观点，而且自身具有鲜明的理论特色。针对东亚地区，他认为："东亚经济的不确定性和机制的相对脆弱性表明，如果要发展一个成功的地区安全机制，那么只有在有利的全球国际环境的背景下才有可能实现这个目标。""这种发展的必要条件是，美国必须维持其在东亚的参与。""通过创造一个至少是言辞上的亚太超级地区，把美国维系在东亚。""没有美国的参与，这种情况要向前发展似乎是不可能的。无论好坏，许多东亚国家对美国的信任都胜过它们相互间的信任。"他认为"东亚的安全复合体要么走向冲突形态中较为温和的一端，要么靠近地区安全机制的弱端"。②

---

① 郑先武：《安全研究：一种"多元主义"视角——巴里·布赞安全研究透析》，《国际政治研究》2006 年第 4 期。

② ［英］巴里·布赞、［丹］奥利·维夫：《地区安全复合体与国际安全结构》，潘忠岐等译，上海人民出版社 2010 年版，第 165 页。

大卫·卡穆卢在坚持新现实主义基本理念的前提下，也吸收和借鉴了新自由制度主义的一些观点。他认为，地区机制仅仅是单个民族国家扩大影响和实现国家利益的工具。

日本学者寺田隆认为，东亚地区结构性矛盾是推动东亚地区主义发展的重要动力。

约翰·莱文黑尔从东亚地区体系权力分配的动态变化上审视东亚地区主义的产生与发展。他认为，追求权力平衡仍是解释东亚地区主义，无论是东盟一体化还是东亚共同体建设进程最有说服力的工具。其理由就是东盟通过积极推动东盟自由贸易区和东盟共同体计划来制衡中国与日本，免遭被中日两个大国边缘化。虽然中国更喜欢"10＋3"框架，但日本却提议将澳大利亚、新西兰和印度等非东亚地区国家拉入其中，借以制衡中国。因此，约翰·莱文黑尔认为，东盟和日本一直追求对中国软平衡或硬平衡，而中国的迅速崛起改变了东亚地区原有的权力分配格局，这最终反而推动了东亚地区主义进程的开启。

澳洲国立大学的吴翠玲教授认为，中日追求在东亚地区的"影响力平衡"，拉动了东亚地区主义的发展。随着中国经济实力的增长以及睦邻友好的外交政策的贯彻落实，通过对东盟提供多种优厚的政策，诸如自由贸易协定、援助和各种合作计划等，中国与东盟国家的关系得到了不断提升。这使日本也积极跟进，唯恐落在中国后面，日本致力于拉近与东南亚各国的关系，这可以从日本在地区合作问题的态度以及行动上清楚地得到印证。以1997年东盟与中日韩第一次领导人非正式会晤为例，虽然当时日本并不情愿加入这一议程，但中国政府同意并积极参与而迫使日本不得不加入这一进程。中国建立和深化与东南亚国家的经济联系，致使日本政府担心中国和东南亚国家走得太近，而威胁到日本在东南亚地区传统的影响力。而且日本可能也无法承受让中国获得在该地区无竞争的领导地位，这无疑是日本参与东盟与中日韩"10＋3"领导人会议的原始动机。2001年11月，在文莱举行的第七次东盟峰会上，中国倡议建立中国与东盟自由贸易区，并积极地展开相关谈判工作。2002年2月，日本也提出建立日本与东盟全面经济伙伴关系（JACEP），旨在通过经济伙伴关系协定（EPA）深化与东盟的关系。并且日本与东盟的经济伙伴关系协定的内容比自由贸易区涵盖的内容更广泛，不仅包括货物贸易、服务、投资和贸易便利化措施，而且包括其他合作。日本的这一迅速反应，不免令人怀疑，如果没有中国与东盟建立自由贸易区的倡议在先，日本与东盟的全面经济伙伴关系能否来得那么快。2003年，中国成为第一个与东盟签署《东南亚友好合作条约》的外部大国。一年之后，日本也签署了《东南亚友好合作条约》。同样在2004年，中国积极倡议创建了东亚思想库网络（NEAT），以便为"10＋3"峰会提供政策建议。这种东亚各国学者之间的二轨外交受到东盟高度赞赏，有效地扩大了中国在东亚地区合作中的影响力。针对中国的这一举动，日本也不甘落后，次年便设立了东亚共同体理事会（CEAC），以对东亚思想库网络做出适当反应，这无疑是日本为了扩大地区影响力，实现"影响力平衡"的又一例证。

国内有不少学者也将新现实主义理论的一些基本理念运用到东亚地区合作与地区主义的探究中，一定程度上呈现了东亚地区合作面临的复杂现实环境和东亚地区主义发展的困境。

按照新现实主义的基本逻辑，并结合相关学者的研究成果，可以清楚地勾勒出新现实主义视野下的东亚地区主义发展路径，即地区霸权大国主导下的机制创设或大国间相互制衡下的协调安排。这一路径阐释的是新现实主义基本理念在地区层面上的具体延展，将世界范围的权力制衡的范式纳入东亚地区权力制衡的思维中，这种尝试获得了不少支持的声音，引领了基于新现实主义视角探究东亚地区主义的热潮。

（二）新自由制度主义视野下东亚地区主义发展路径

另一种用来解释东亚地区主义的国际关系理论是新自由制度主义。新自由制度主义是20世纪80年代发展起来的重要的国际关系理论，强调国际制度对于国家行为体的影响，认为通过制度设计可以减少信息交流上的缺失，从而达到降低交易成本、促成国家间合作的目的。新自由制度主义是在对新现实主义批判的基础上逐步确立起来的,但由于新自由制度主义和新现实主义都源自西方政治哲学,所以,新自由制度主义在实质意义上是对新现实主义批判的继承与发展。新自由制度主义接受了新现实主义的一些假定,诸如新自由制度主义承认新现实主义的3个基本命题:国际社会的无政府状态、民族国家是国际关系的主要行为体和国家是利己的行为体。但新自由制度主义者认为这并不必然导致新现实主义的结论,无政府状态并不一定是无秩序的状态,并不是国际冲突的充要条件,在无政府状态下不仅存在冲突而且存在合作。按照新自由制度主义的逻辑,正是因为民族国家是国际社会的主要行为体,因其单一性和理性,才要求通过合理的方式解决冲突,以最小的代价取得最大的利益。正是由于国家是利己的行为体,才会将本国的国家利益置于首要地位,利己的行为体为了实现国家利益,不会轻易选择走向冲突。这3种现实主义的假定恰恰映射出国际关系的实质是合作而非冲突,利己的国家行为体首先考虑的是如何以最小的代价实现自己最大的利益,而合作的方式很可能是成本效益较高的国家利益实现方式。因此,理性的国家行为体需要合作而非冲突。当然,合作并不意味着国际关系的和谐,罗伯特·基欧汉将国家间交往形式分为3种类型:和谐、合作和争端①。在国际关系中,利益完全趋同或者利益完全冲突都是极端状况,而大多数的情况则是既冲突又合作的关系。因此,国际关系的主流是非零和博弈,国际关系的实质是合作而非冲突。

既然合作是国际关系的主流,那么在新自由制度主义者看来,国家之间完全可以通过创设一套有效的机制、规范来制约行为体的活动,通过增加或减少交易成本,使国家行为体具有明确预期,进而将国家间合作列为理性的、自私的国家行为体的首要选项,从而实现国际社会制度化的安排。当然,国际关系中也会出现一些违心的不合作行为,这是由

---

① 参见秦亚青《理性与国际合作:自由主义国际关系理论研究》,世界知识出版社2008年版,第65—70页。

国际社会无政府状态下的信息传递不畅造成的，这种国家间信息传递上的不确定性导致交易成本过高，致使本来可以进行的合作无法实现。如果合作双方对对方的意图有清楚的认知，就会大大降低交易成本，使合作顺利进行成为一种可能。因此，在同一制度框架内的行为体，如果信息交流顺畅，行为预期趋同，必然使国家更倾向于选择用最低的成本，即制度的渠道去实现国家利益，从而推动国家间合作。当然，通过制度的设计惩罚违规行为，增加违规成本也是促进合作的重要手段。

新自由制度主义除了承认国际社会的系统结构是影响国家行为体的变量，还强调国际制度也是影响国家行为体的重要变量，甚至是决定性的变量，尤其在一个相互依赖的国际体系之中。罗伯特·基欧汉指出，相互依赖关系发生在调节行为体行为并控制其行为结果的规则、规范和程序的网络中或受到该网络的影响，制度是对相互依赖关系产生影响的一系列控制性安排。由于国际行为体相互之间的依赖程度加深，各方的自主权必然受到制约相互关系的原则、规则或惯例等国际制度的约束，在国际制度和规制的规范作用下，国家之间的合作不但是可能的，而且是必要的，甚至在后霸权时代，制度的力量可以逐渐发挥独立而持久的作用，使得制度性合作得以持续。只要国际制度的存在能够使参与其中的国际行为体以较低的成本获得较大的收益，或者使损害降到最低，那么这些国际行为体就会尽力维持国际制度的存在，即使是处在衰落中的霸权国家也会尽力去维持这一国际制度的安排。因此，合作制度一旦建立起来并得以维持，行为体的预期就会受其规范，增加彼此获取的信息，建立信用体系，从而降低交易成本，最终推动在该制度下所有行为体利益的最大化。基欧汉认为，"国家构建制度，因为通过国际制度的政策协调作用能够预期可获得的利益。制度能够通过提供信息、减少跨国开支、减少可能的欺骗等而促进国际合作"。[①]

---

① Robert O. Keohane and Lisa L. Martin, "The Promise of Institutional Theory", *International Security*, Vol. 20, No. 1, 1995, pp. 39 – 51.

在新自由制度主义者看来，这一逻辑同样适用于地区层面。伴随着地区范围国家间经济相互依赖水平的提升，地区合作机制化的要求也会增长。国家行为体可以利用地区性多边组织减少交易成本、处理地区争端等，促进地区自由贸易发展和推动地区一体化进程。在东亚地区，国家之间的整体贸易从1990年的45%升至2005年的56%，增长了9个百分点。中国与东盟之间的贸易额更是急剧上升，中国对东盟的出口增加了330%，而东南亚对中国出口的增长，更是达到了惊人的420%。[①] 为应对贸易水平的提高以及全球经济竞争的压力，东亚地区跨国企业都存在一个减少交易成本、打破各国之间的贸易壁垒、统一规则和建立一个解决争端的组织的利益需求。因此，这些跨国企业给予国家主导下的地区一体化以巨大的支持和推动。新自由制度主义者相信，通过不断增加的地区多边合作可以实现地区的和平与稳定，东亚地区未来的前景并非如新现实主义者所坚持认为的那样黯淡。亚太经合组织、东盟地区论坛等经常被新自由制度主义者作为东亚地区制度性安排背后的因素提及。1997—1998年金融危机充分暴露了东亚国家能缺乏够阻止危机蔓延扩展的有效合作机制，而且，正是这场危机扮演了东亚地区秩序变革的催化剂角色，迫使东亚各国认识到，需要通过一个地区层面的制度合作以确保其货币市场和金融机构的安全。后来出现的"9·11"恐怖袭击以及一些跨国问题的出现，如SARS病毒爆发和毒品走私的增多强化了地区合作和超国家机制的重要性。

按照新自由制度主义的逻辑，虽然国家行为体仍然处于一个国家利益至上的无政府的国际体系下，但理性的国家行为体仍会选择通过合作实现其利益的最大化，并通过创设地区合作机制来保障其利益的实现。同时也清晰地勾勒出新自由制度主义视野下的东亚地区主义发展的基本路径，即东亚地区国家间的制度化合作降低了国家间信息交流的困难，

[①] Amy Warren, *The Evolution of East Asian Regionalism*, Honors Capstone Project, Spring 2009, p. 11.

进而强化了国家间的相互依赖,推动了东亚地区朝着更为紧密的一体化方向发展。

(三) 建构主义视野下东亚地区主义发展路径

建构主义理论是在对主流的国际关系理论质疑与批判的基础上逐渐发展起来的,它被普遍认为是实证主义与后实证主义之间的产物。建构主义认为社会本体可以分为个体与整体两部分,个体就是能动者,整体就是社会个体间形成的关系与规则,被称为结构。这一结构包括观念构成的结构和物质构成的结构。能动者与结构是相互构成的关系,能动者的互动塑造结构,而结构又对能动者间的互动产生影响。在这一过程当中,能动者对自身以及结构的认同会重新定义利益,并会在新的行动中获取新的认同,形成认同—利益—行动三者间的循环往复,这一逻辑是建构主义理论得以确立的基础。当然,建构主义者视野中的结构并非一成不变,而是在能动者与结构相互塑造与建构的互动过程中不断发展的,不同的互动模式以及由此产生的不同的观念与认知决定了国际社会无政府状态的属性。温特认为,国际社会的无政府状态在宏观层次上至少有3种结构,这种结构上的差异取决于能动者的角色,即敌人、竞争对手和朋友,在此基础上形成了霍布斯体系结构、洛克体系结构和康德体系结构。[①] 这些不同的体系结构决定了能动者的行为,同样能动者的行为也在塑造不同的体系结构,国际体系结构被重新解构与建构。与理性主义过分强调权力的最大化不同,建构主义追求的是与能动者在结构中位置相应的适当的权力和利益。

在建构主义者看来,观念是一切行动的基础,不同的观念会导致不同的行动。因此,能动者间的共有知识与物质资源具有同样重要的地位,观念是先于行动而存在的,是能动者之间共同利益的认知、规范与价值的认同的基础,而在此基础上展开的互动建构了国际社会,形成了特定

---

① [美] 亚历山大·温特:《国际政治的社会理论》,秦亚青译,上海人民出版社2000年版,第314页。

的体系结构。虽然在一定条件下体系结构能够发生变化,但这种结构的变化是非常困难和十分缓慢的,而且也需要体系结构发生变化的客观现实条件。国家间相互角色的认定以及与国际体系结构的互动形成了多种不同的结构体系文化,进而通过社会学习、模仿、习得等过程,实现体系结构文化的传承。

根据建构主义对体系结构的认知逻辑,当今国际社会体系结构文化应该属于洛克体系文化,在这种体系文化之下,国家间是一种竞争的关系。这一关系决定了国家之间已经不再是霍布斯体系文化之下的你死我活的残酷斗争,而是对国际社会成员国身份认同,对国际法与世界秩序肯定。而且一些国家间共同利益的存在,为国家间合作留下了广阔的空间,使国家合作成为一种可能。从这一意义上说,当今国际社会的洛克体系文化减弱了国际社会无政府状态条件下国家行为体自助的特点。建构主义者背离了理性主义者关于国际机制仅仅是一种国家计算开支和收益的产品的观点,而且并不把利益和认同看作外在的先验的存在,建构主义者认为利益和认同是内在地通过与其他行为体的互动建构起来的。[1]国家间互动和社会化,可以重新界定它们的利益和"能改变行为体持有的有关何为各方能分别做的以及哪些是可以联合完成的"[2]。建构主义者采用了一种本质上属于社会学的方法,通过强调集体观念和规范的影响去分析行为体利益和认同的形成,他们强调"适当性逻辑",人类的行为由社会规范和行为体认同来指引。因此,按照建构主义者的观点,机制的出现受到规范和认同程度的深刻影响,反映着盛行的规范和广泛接受的规程。

建构主义理论的出现,不仅为分析、解读与应对全球性问题提供了新思路,同样也为研究地区主义提供了一个新的分析视角。在地区层面,

---

[1] [美]亚历山大·温特:《国际政治的社会理论》,秦亚青译,上海人民出版社2000年版,第167页。

[2] Peter J. Katzenstein, "Introduction: Asian Regionalism in Comparative Perspective", in Peter J. Katzenstein and Takashi Shiraishi (eds.), *Network Power: Japan and Asia*, Ithaca: Cornell University Press, 1997, p. 5.

按照建构主义的逻辑,一个地区的观念不仅由其物质存在或地理位置来决定,而且还取决于不同行为体之间互动的社会建构过程。建构主义者通过从"他者"中划分出"我们",以及通过与其他行为体互动的历史演变,探究地区认同的形成。受建构主义核心理念影响,一些研究地区主义的学者开始将"地区观念"置于分析与研究的中心,关注地区范围内行为体间正式与非正式的互动。

尽管巴里·布赞更多时候是一个现实主义者,但他吸收了建构主义等理论与研究方法。在他看来,地理上接近的国家在安全事务上形成相互依存,于是各国在确定自己的安全利益时不能抛开其他国家,在制定本国的安全战略和安全政策时不得不对地区层面的因素有所考虑,在这种状况下,各国在互动的过程中就形成了具有地区特征的安全联系。"东南亚安全复合体展示出当整个地区由其主导时,弱国在国际无政府条件下具有的打破平衡的效果。"①

也有学者通过对东盟与中日韩"10+3"合作平台的考察,认为这种地区范围的合作平台成为通向东亚地区主义或东亚集体认同的重要体现,是基于不断提升的经济与政治地区化和相互依赖导致的东亚地区政府间不断增长的互动和社会化进程推动实现的。②

国内学者秦亚青、魏玲等在《结构、进程与权力的社会化——中国与东亚地区合作》一文中指出,东亚缺乏一个清晰的权力结构,也不存在一种明确的观念结构,而且制度化程度很低,但东亚地区合作却得以不断推进,似乎是这一非正式和松散的进程本身塑造了地区国家的期望和利益。在这一认识基础上,他们提出了一个"过程型建构主义"模式,这个模式的核心是通过交往互动带动利益和身份的渐进式变化。东亚一体化进程在不同领域和不同层次上展开合作与磋商,孕育共有规范和规

---

① Barry Buzan, "The Southeast Asian Security Complex", *Contemporary Southeast Asia*, Vol. 10, No. 1, June 1988, p. 14.

② Markus Hund, "ASEAN Plus Three: towards a new age of pan-East Asian regionalism? A skeptic's appraisal", *The Pacific Review*, Vol. 16, No. 3, 2003, p. 383.

则，赋予民族国家之间的互动意义，催生集体认同，改变地区内的角色结构，从而规定行为体的利益，塑造行为体的行为模式。① 刘贞晔认为，在不断增加的经济风险和非传统安全危机面前，东亚各国产生了"同风险共命运"的命运共同体感，东亚各国对东亚共同体的"群体意识"（we-feeling）日趋浓重。② 喻常森通过对亚太地区多边安全合作进程的考察，认为二轨外交的认知共同体角色前后跨越3个阶段：认知阶段、政策阶段和制度化阶段，其中认知阶段的主要作用是创制安全合作的话语和规范，形成合作的共识，培养合作的习惯。③

建构主义者在许多关键领域不同于新现实主义者和新自由制度主义者，他们接受国家是主要行为体，但同时相信，国际体系并不注定是一个永恒的无政府状态。国家利益可以通过与邻国的互动而转变，共同的价值观、规范、信仰、思想、历史、文化和身份的形成对民族而言变得像权力和财富一样重要。④ 而且与新现实主义者排斥地区组织不同，建构主义者确信超国家机制在地区一体化进程中发挥了关键性的作用，而且通过机制的社会化可以形成集体认同，有助于民族国家克服对现实政治的关注和聚焦于共同体的建设，以及通过共同的规范、对话，促进地区认同的形成。尽管现实主义者和新现实主义者对冷战时期国家间关系的解释通常被认为是最合乎逻辑的，但他们无法解释东亚地区主义的演变为何采取了一个与欧盟或北美自由贸易区显著不同的发展路径。在建构主义者看来，日本对于地区认同观念的"规范的转变"有助于解释为何日本支持亚太经合组织而非东亚经济核心论坛。日本拒绝东亚经济核心论坛，原因不在于主导权之争，因为东亚经济核心论坛实际上确立了日

---

① 秦亚青、魏玲：《结构、进程与权力的社会化——中国与东亚地区合作》，《世界经济与政治》2007年第3期。
② 刘贞晔：《"东亚共同体"不可能是"开放的地区主义"》，《世界经济与政治》2008年第10期。
③ 喻常森：《认知共同体与亚太地区第二轨道外交》，《世界经济与政治》2007年第11期。
④ Amitav Acharya, "Theoretical Perspectives on International Relations in Asia", in D. Shambaugh and M. Yahuda (eds.), *International Relations of Asia*, Lanham MD: Rowman & Littlefield Publishers, 2008, p. 69.

本的领导地位，其原因在于日本认同"亚太"地区的观念而非单一亚洲。这一状况直到地区国家受到金融危机的打击，一个"自我与其他的区别"的意识才真正发展起来，帮助日本形成一个东亚认同。①

按照建构主义的逻辑，东亚地区主义发展路径是东亚地区社会化的过程，即通过国家间以及地区组织、个人等正式与非正式的互动，逐渐强化一种地区的认同，从而推动整个东亚地区主义发展。应当承认，建构主义路径说一定程度上解释了东亚地区主义的发展进程，存在一定合理元素。

（四）功能主义与新功能主义视野下东亚地区主义发展路径

功能主义出现于两次世界大战期间，它的产生可以从国际联盟及其宏伟计划失败的层面上去理解，它倡导的是一个与联邦主义安排完全不同类型的国际合作。戴维·米特兰尼是功能主义的主要代表人物，他在1943年出版的《有效运转的和平体系》中详细地阐述了其维护世界和平的主张。根据他的设想，为了实现国际社会的和平，应当在各国具有共同利益的具体功能性领域进行合作，以此为基础的制度性框架就是功能性国际组织。功能主义强调以专业领域的合作为基本取向，肯定技术专家在功能性合作中的重大作用，而且力图使这一合作领域与过程非政治化，这样就可以实现一种权力的转移，确立某种超国家的机制。在此基础上，一个专业领域或部门的成功合作实践会自然而然地扩展到其他领域或部门，使得功能性合作程度不断加深。戴维·米特兰尼眼中的国际一体化并非是构建一个有可能危及人类自由的世界政府，而是一些具有不同功能的国际机构。

戴维·米特兰尼推崇的是在全球范围建立由技术专家来管理的国际组织网络，而非针对一个单一的地区。在他看来，世界和平的最大的障碍来自相互独立、相互竞争的，使世界四分五裂的国家单位，是民族国

---

① Takashi Terada, "*Japan and the evolution of Asian regionalism: responsible for three normative transformations*", in H. Dieter (ed.), *The Evolution of Regionalism in Asia*, New York: Routledge, 2007, pp. 62–70.

家强加的不自然的划分阻碍了对全球问题的解决,民族国家鼓励的对单一的民族国家的忠诚是引发冲突的根源。戴维·米特兰尼认为,为了消除民众对民族国家的忠诚所带来的冲突隐患,应该对这种忠诚加以改造,将这种对民族国家的忠诚转移到国际社会的功能性合作上来,通过逐步构建一个跨国性的经济、社会、文化等组织网络,实现对忠诚归属的渐进性改造,从而吸引更多的民众参与到国际一体化进程之中。然而,欧洲一体化并非戴维·米特兰尼的初衷,"如果我们按照分裂的方式组织世界,和平将不会得到保障"。[①] 因此,从这个意义上说,戴维·米特兰尼实际上是欧洲一体化的反对者。在他看来,忠诚是出自国民对福利和其他服务而不是对权力的日益增长的需求。[②] 基于这种认识,戴维·米特兰尼提出国际合作应首先处理具体的和非对抗性的技术事务,而成功的合作将会在不断扩展过程中,实现对经验的复制,从而创造溢出效应。随着时间的推移,不同的政府将某些责任逐渐转移到一些国际机构,以渐进的方式削弱了法律和领土主权的原则,从而增进世界和平,实现和平共处。戴维·米特兰尼倡导的功能主义思想直接影响到让·莫内和罗伯特·舒曼等欧洲联合的奠基者对欧洲一体化道路的选择。欧洲煤钢共同体的建立就是功能主义在欧洲具体实践的佐证,这成为欧洲一体化发展的基础。从煤钢共同体开始,逐步发展了原子能共同体、经济共同体等,到合并为一个总的欧洲共同体,进而发展到关税同盟、统一的大市场以及经济货币联盟等阶段,明显展示出这样一个特点,那就是首先从一些技术性的领域入手,通过合作引发的"外溢"效应,带动了欧洲一体化建设,这与功能主义的思想逻辑完全吻合。

当然,功能主义有两个理论层面的关键问题没有解决,这被后来的新功能主义发展和完善。首先是早期功能主义将非争议性的技术、功能

---

① 李魏、王学玉:《欧洲一体化理论与历史文献选读》,山东人民出版社2005年版,第114页。

② Clive H. Church, *European Integration Theory in the 1990s*, London: University of North London, 1996, p.15. 转引自房乐宪《欧洲政治一体化:理论与实践》,中国人民大学出版社2009年版,第37页。

以及经济问题与政治领域完全分开。其次，对于如何产生溢出效应过于乐观，没有解决非争议和争议事务领域需要的学习与适应问题。从欧洲一体化中可以看到，"溢出"不是一个自动过程，也不是政治和体制的有机设计。在新功能主义者看来，各国需要接受法治与多数决策原则，即需要确定一个国际组织或者其他形式的正式的国际机制框架。哈斯在1958年出版的《欧洲整合》一书中系统地分析欧洲煤钢联营的经验，他认为欧洲范围的经济整合最终将导致政治上的整合，这种整合过程最终会导致新的联邦国家的建立。新功能主义强调"溢出"是统合过程中的关键过程，最初由技术的、不受争议的、不涉及各国主权的部门入手，渐次导向政治化。与功能主义认为的功能性的需求或技术管理的变化使合作自动成为可能不同，新功能主义认为一体化的动因在于各种政治力量（利益集团、政党、政府、国际机构）因追求各自利益施加压力而产生的相互作用。功能性的合作是政治过程的结果，特别是技术专家对功能性组织的管理与协调需要相关政治力量的介入，单纯的没有政治力量介入的技术专家将必然面临无人理睬的困境。哈斯特别重视超国家组织在整合过程中所扮演的角色，认为必须以政治性的手段完成政治整合。"权力和福利不可分。事实上，对福利活动的承诺仅仅产生于纯政治决策的范围内，这在很大程度上是建立在权力考虑基础上的。特定的功能条件不能从一般关注中区分开来。总体的经济决策必须是在任何一个功能性部门预期显示功能主义者描述的那种一体化演进之前做出的……政治和技术之间、政治家和专家之间的区分实际上没有意义，因为先前的政治决策使各个问题变成技术性的了。"① 新功能主义更加关注政党、利益集团以及主权国家政府在一体化进程中的行为，强调政治家、社会精英以及政府在一体化进程中的作用。而且强调经济领域一体化的重要性和必要性，认为一体化是一个能动的过程，其最终目标是追求超越民族国

---

① Ernst B. Haas, *Beyond the Nation-state: Functionalism and International Organization*, Stanford University Press, 1964, p. 23, 转引自房乐宪《欧洲政治一体化：理论与实践》，中国人民大学出版社2009年版，第46页。

家的新的政治实体。

"外溢"是功能主义和新功能主义的一个核心概念,是实现一体化的重要途径。功能主义更多强调情感与忠诚的"扩展性",而新功能主义的"溢出"则包含功能性溢出和政治性溢出。功能性溢出是指一体化不可能局限于特定的经济部门,一定领域的合作活动会"溢出"到其他的部门,并使更多的行为体卷入进去。政治性溢出从根本上说是继经济一体化而产生的,它意味着民族精英将其注意力转向超国家层次的活动和决策,支持一体化进程和日益增多的共同利益。按照新功能主义的逻辑,这种超国家机构能够代表走向联合的成员国的共同利益,并能协调相互间的利益冲突,可以促使政治精英将政治忠诚转向地区层次上。在哈斯以及更早的戴维·米特兰尼的基础上,约瑟夫·奈对新功能主义进行了改进,创立了以"过程机制"和"一体化潜力"为基础的新理论。约瑟夫·奈认为不能把"任何表明合作增加的迹象"都归结为功能主义机制的作用,因为合作的增加是由于一些问题是相互联系的或者是有关系的,这些联系和关系是由问题的内在技术特点决定的,或者是推动一体化的精英们努力促成外溢的结果。与早期的新功能主义相比,奈更加强调外部行为体在地区一体化中的"催化剂"作用,"一体化进行得越深入,第三方对它做出反应的可能性越大,无论是支持还是反对"。[1]

按照功能主义以及新功能主义的基本逻辑,东亚地区主义的发展也应该是由非争议性的技术、功能以及经济问题入手,通过合作产生的"外溢"效应,推进地区范围其他领域的合作,实现东亚地区一体化。国内外有不少学者已经接受了这一路径创设,有学者认为,东亚政治机制的创设是亚洲国家间经济一体化水平提升的自然伴随物。[2] 伴随经济一体化水平的提升,自然而然地会推动地区合作机制的创建。也有学者指出,

---

[1] J. S. Nye, *Peace in Parts: Integration and Conflict in Regional Organization*, Boston: Little, Brown, 1971, p. 93. 转引自[美]詹姆斯·多尔蒂、[美]小罗伯特·普法尔茨格拉夫《争论中的国际关系理论》(第五版),阎学通、陈寒溪等译,世界知识出版社2003年版,第554页。

[2] Jessie P. H. Poon, "Regionalism in the Asia Pacific: is geography destiny?" *Area*, Vol. 33, No. 3, 2001, pp. 252–260.

东亚地区一体化是一个过程，而不是结果。因此，主张通过新功能主义方法，推动东北亚地区一体化的深入发展。① 就东亚新地区主义的实质而言，是以一体化经济合作促进共同繁荣，以共同经济利益推动政治安全领域的合作，通过构建地区安全框架，一揽子解决地区争端，并反过来推动经济合作向更高一级形式发展。当前东亚地区主义的发展即一体化的合作正由经济领域逐步向安全领域溢出。② 也有学者从这一视角出发，认为东盟将一些社会文化与公共卫生领域的安全问题如艾滋病、SARS 和环境污染等分离出来，建设一个社会及文化共同体，有利于这些问题先于传统安全问题解决，这将有利于其他安全问题的解决。③ 也有学者指出，在东盟一体化的发展过程中存在新功能主义所说的溢出效应，具体表现在功能性溢出效应、地理性溢出效应和政治性溢出效应等方面。这些溢出效应对东盟国家的一体化发展产生了积极的影响。④ 逐步由经济领域的合作外溢至政治领域的合作，为解决地区国家间的领土、领海纷争提供了新的解决问题的思路。

（五）政府间主义与自由政府间主义视野下东亚地区主义路径

政府间主义兴起于欧洲一体化的实践过程，其核心理念就是强调各自相互独立的主权民族国家主导与决定地区一体化的本质与一体化推进步伐。在 20 世纪 60 年代，正当欧洲经济共同体获得快速发展，很多政要与学者普遍对欧洲一体化发展表示乐观的时候，欧洲一体化发展遭遇重大挫折，引发了对原有一体化发展路径的广泛质疑。法国时任总统戴高乐从维护法国利益出发，强调建设民族国家的欧洲，而不是朝着超国家一体化方向发展。"空椅子"危机就是法国针对西欧推动超国家一体化而采取的具体抵制行动。欧洲经济共同体委员会时任主席哈尔斯坦试图将

---

① Sunhyuk Kim and Philippe C. Schmitter, "The experience of European integration and potential for Northeast Asian integration", *Asian Perspective*, Vol. 29, No. 2, 2005, pp. 5 – 39.
② 王庭东：《论东亚新地区主义》，载肖欢容主编《和平的地理学——中国学者论东亚地区主义》，中国传媒大学出版社 2005 年版，第 103 页。
③ 段霞、羌建新：《东亚安全共同体路径探讨》，《现代国际关系》2007 年第 6 期。
④ 程敏：《东盟一体化发展中的溢出效应及其影响》，《经济问题探索》2006 年第 5 期。

欧共体部长理事会的表决机制从全体通过制改为多数通过制，以扩大欧共体委员会的权力。但戴高乐对此消极抵制，法国驻欧共体代表连续6个月缺席欧共体会议。后来，《卢森堡协议》明确赋予成员国在部长理事会上拥有否决权。这次改革非但没有扩大欧共体委员会的权力，反而进一步限制了欧共体委员会的权限。法国对超国家一体化发展的抵制以及由此引发的一系列矛盾与问题，促使很多学者去重新评估原有的一体化理论。正是在这一时代背景下，斯坦利·霍夫曼将目光转向以民族主权国家为中心的学说来解释欧洲一体化，以现实主义理论为逻辑起点，提出了政府间主义学说。

斯坦利·霍夫曼认为，欧洲各国追求的仍是各国的私利，虽然在一些"低"政治领域愿意合作，但仍紧紧控制外交、安全和军事等"高"政治领域，而且也不会单纯地为了获取某些物质利益放松自己在一些重要领域的控制权。地区一体化只是作为基本单位的民族国家对自身利益的一种维护方式，一体化的过程是追求自身利益的主权国家间一系列讨价还价的过程，而政府的主要作用之一就是在无政府的国际社会中最大限度地赢取国家利益。斯坦利·霍夫曼认为，虽然各国政府愿意在一些领域合作，但都是一些非关键领域的非关键项目上的合作，它们不会为了得到一些非关键利益而失去对核心领域的控制。而且，经济上的一体化的理论不能简单套用于政治上的一体化。在斯坦利·霍夫曼看来，就欧洲而言，民族国家仍然具有活力，不可能很快消亡，而欧共体这一框架本身就是服务和增进民族国家利益的工具。因此，主权国家才是欧洲一体化进程的真正的控制者，欧洲一体化没有从根本上限制各民族国家的活动空间，各个民族主权国家仍是欧洲一体化的主要行为体。海伦·华莱士、威廉·华莱士等进一步丰富了政府间主义，他们提出理解成员国国内政治如何影响一体化的发展，这对于全面理解一体化进程至关重要。这种国内政治分析方法产生了大量实证研究成果，推动了政府间主义的发展。尤其是在《单一欧洲法令》的签署上，政府间主义者认为，正是各国政府之间的谈判与讨价还价实现了最后协议的签署，各国政府为了自身利益而推动了这一进程,"这样说不是宣布国家中心主义观点将会对《单一欧洲法令》提供一个满意的解释,只是说这样的解释必须从政府的行动开始,因为这些行动正是我们所观察到的直接导致此文件的东西"。①

20世纪90年代以后,政府间主义进一步被自由政府间主义改造和发展,为此做出最重要贡献的是安德鲁·莫劳夫奇克。他用自由主义改造了政府间主义,吸收了国际政治经济学关于强调竞争、市场和制度作用等内容,明确主张这些机制并不是政府间主义的对立物。安德鲁·莫劳夫奇克在解释《单一欧洲法令》时强调,这一文件是成员国政府讨价还价而达成的"最小公分母的解决方案",而不是共同利益升级的过程。各成员国政府对于主权转让严格限制,以自身国内利益为主导来确定是促进还是阻止文件或协议的通过。安德鲁·莫劳夫奇克强调要运用国际政治经济学来理解欧洲共同体,将其看做是一种政策协调机制,其实质性和机制性发展可以通过国家偏好形成的序列分析和政府间战略互动来解释。② 由此将国家偏好形成的自由主义理论与政府间主义结合起来,改造了政府间主义。安德鲁·莫劳夫奇克运用国际政治经济学理论,预测欧共体成员国在商业政策、社会经济公共物品的供应以及其他机制性的、政治性的或结构性的政策领域的国家偏好,以此解释国际合作或一体化的需求。各国政府的偏好决定了它们在国际谈判中的立场,理性的政府根据各自的偏好和权力进行战略互动。安德鲁·莫劳夫奇克认为,超国家机构是强化而非削弱成员国对国内事务的控制权,是政府强化其自身利益的另一种重要选择手段。因此,成员国政府仍控制着欧盟核心的政

---

① Robert O. Keohane and Stanley Hoffaman, "Conclusions: Community politics and institutional change", in William Wallace (eds.), *The Dynamics of European integration*, London: Pinter, 1990, p. 284. 转引自房乐宪《欧洲政治一体化:理论与实践》,中国人民大学出版社2009年版,第67页。

② Andrew Moravcsik, "Preferences and Power in the European Community: A Liberal Intergovernmentalist Approach", *Journal of Common Market Studies*, Vol. 31, No. 4, December 1993, p. 480. http://courses.essex.ac.uk/gv/gv546/Moravcsik%20preferences%20and%20power.pdf.

策和过程，成员国政府只是在通过运用多边合作以及超国家机构来实现常规手段难以实现的目标而已。安德鲁·莫劳夫奇克发展了一套复杂的一体化理论，核心在于 3 个基本要素：其一是理性的国家行为的假设，即国家采用最合适的手段实现诉求；其二是国家偏好形成的自由主义理论，即运用国内政治分析方法解释国家目标被国内压力和互动改造；其三是强调成员国政府在国家间关系中的关键作用，而超国家机制的发展主要是成员国政府根据自身利益讨价还价的结果。安德鲁·莫劳夫奇克认为，"政府间谈判的结果是由政府的相对讨价还价能力、对高交易成本产生的制度化功能刺激以及控制国内议事日程的愿望决定的"。[1] 也有些学者认为，自由政府间主义是对功能主义理论的补充，与新功能主义将跨国社会和超国家机制作为起点不同，自由政府间主义聚焦于国家（中央政府、行政人员）。对自由政府间主义者而言，经济和社会利益为政治合作提供了物质基础，虽然这些物质需要得到承认和动员起来。

　　按照政府间主义以及自由政府间主义的逻辑，东亚地区主义的发展是东亚各国政府获取自身利益最大化的一种途径，通过政府间地区性合作去实现国家利益。地区一体化不是追求的目标，各自国家利益的实现才是地区一体化追逐的目标，如果有更合适的获取利益的方式，地区主义也就不再成为地区各国政府的一个选项。这一基于政府间主义和自由政府间主义的东亚地区主义发展路径的创设得到了不少学者的赞同。"毫无疑问，在过去的 20 年时间，东亚地区通过外来直接投资、地区生产和商业网络等非正式方式推进了地区一体化进程，但在诸多经济事务领域的地区安排上缺少联系，在地区主义进程中缺少经济地区化主角的积极介入"。"尽管存在中国政府自身的社会利益，中国领导层似乎较少地受

---

[1]　Andrew Moravcsik, "Preferences and Power in the European Community: A Liberal Intergovernmentalist Approach", *Journal of Common Market Studies*, Vol. 31, No. 4, December 1993, p. 517, http://courses.essex.ac.uk/gv/gv546/Moravcsik%20preferences%20and%20power.pdf.

制于这种压力，拥有更多地更加战略性地加入自由贸易区的自由。"[1] 也有学者指出，东盟作为东南亚地区国家间的一种合作制度安排，是东南亚各国从其国家利益出发相互讨价还价的结果。既有的制度是东盟各国利益均衡的一种表达。它是一种动态的，受到国际政治经济形势的影响，但这种影响主要通过各国国内经济发展和政治局势变化体现出来，更具体的说是通过各国的制度倡议体现出来。[2] 而且也有学者认为东盟的大国平衡战略本身就是政府间的一种博弈，目的在于谋求东盟各国自身利益的最大化。

（六）开放地区主义视野下东亚地区主义发展路径

开放地区主义是指导亚太经济合作组织的基本原则之一，在1989年11月召开的亚太经济合作组织第一次部长级会议上被正式引用为探讨亚太经济合作组织未来经济发展的一个理念，后来这一理念就广泛流行开来。一般来说，开放地区主义指的是在地区经济一体化过程中，对地区内外的经济体一视同仁。它是多边贸易体制的一种新的发展趋势，是与传统内向型的贸易集团相对立的一种地区经济一体化理论。对于开放地区主义的界定，学术界有过激烈的争论。日本著名经济学家三泽逸平认为，开放经济联盟应当具备3个基本特征：即开放性、互惠性和自发性。澳大利亚学者罗斯·加诺特（Ross Garnaut）提出，开放地区主义可以通过3种途径加以实现：即非歧视原则、扩大公共物品的供给和地区市场一体化进程。宋玉华等将开放地区主义的内涵归纳为这样几个方面：首先从经济上来看，在开放地区主义模式下，地区内成员国之间、地区内与地区外国家之间以及地区之间的要素流动没有明显区别；其次是从政治和文化上看，开放地区主义不强求各成员国在意识形态、政治制度、文化与历史背景方面存在相似性；最后是从安全方面来看，

---

[1] Saori N. Katada, *Politics that Constrains: The Logic of Fragmented Regionalism in East Asia*, EAI Fellows Program Working Paper Series, No. 21, October 2009, http://www.eai.or.kr/data/bbs/eng_report/2009100716144126.pdf.

[2] 王子昌、郭又新：《国家利益还是地区利益——东盟合作的政治经济学》，世界知识出版社2005年版，第8页。

在开放地区主义模式下,地区内既可有以"亲和"关系为特征的安全复合体的存在,也可以有以相对"仇视"的关系为特征的安全复合体存在。因此,整个地区范围内结成军事同盟的可能性是不存在的,地区内的安全合作至多只能停留在磋商和谈判的水平上。① 美国著名经济学家弗雷德·伯格斯腾(C. Fred Bred Bergsten)在"Open Regionalism"②一文中,归纳了由亚太经济合作组织进程的参与者与研究者提出的 5 种有关开放地区主义的界定,并且认为这些界定能够被同时、独立地加以运用。这 5 种界定分别是开放的成员资格、无条件最惠国待遇、有条件最惠国待遇、全球自由化和贸易便利化等。开放的成员资格指的是地区安排中的任何表明有意愿接受地区机制国家可以被邀请参与,将这种地区贸易自由化的影响力拓展到更多的国家与地区。这一定义使地区主义更多地呈现广义的特点,而失去了通常被看作属于一个特定地区的自身特点或特色,因此,在某种程度上演变为一种全球性的机制,而不是单纯的一个地区主义的安排。当然这样的特色符合亚太经合组织的特点,成员国从亚洲展延到沿太平洋周边地区,甚至也接受那些不属于亚太地区的国家,这样的安排反映了这一地区试图调整成员国利益冲突的处理方式。尽管亚太经合组织最初获得了一定的成功,20 世纪 90 年代早期在全球自由贸易的原则下,协调了东亚和北美国家之间的利益冲突,但却无法阻止自 20 世纪 90 年代中期以后冲突逐渐加剧。③ 对成员的资格规定比较宽泛,缺少明确和严格的限定,引发"扩展与深化"的矛盾。欧盟面对这一问题时,选择了先深化后扩展,较好地化解了这对矛盾,推进了欧洲地区一体化的发展。因此,对于处于早期发展阶段的亚太经

---

① 宋玉华等:《开放的地区主义与亚太经济合作组织》,商务出版社 2001 年版,第 70—73 页。

② C. Fred Bred Bergsten, "Open Regionalism", in C. Fred Bred Bergsten (eds.), *Whither APEC? The progress to date and agenda for the future*, Institute for International Economics, U. S., 1997, pp. 83 – 103.

③ Toru OGA, "Open Regionalism and Regional Governance: A Revival of Open Regionalism and Japan's Perspectives on East Asia Summit", *Interdisciplinary Information Sciences*, Vol. 15, No. 2, 2009, p. 180.

合组织而言,这样不设限的地区组织方式显然对深化亚太地区合作益处不大。

开放地区主义的无条件最惠国待遇是从国家间贸易最惠国待遇的层面上界定的,亚太经合组织就是将贸易自由化拓展至所有的成员国伙伴,对所有成员国给予无条件最惠国待遇,而不是构建一种新的偏好与歧视。开放地区主义的有条件最惠国待遇的界定,指的则是对采取相似削减关税步骤的非成员国给予关税的减免,这些非成员国为了避免遭遇贸易上的不对等,而选择接受这种对非成员国关税减免的好处,从而大大拓展了自由化的范围,提升全球经济层面的经济利益。如果在亚太经合组织中出现大量的这种对非成员国的关税减让,将呈现出一个在亚太经合组织基础上拓展的多边自由化。另外一个有关开放地区主义的重要特征是贸易便利化,因为之前的很多有关开放地区主义的理解都关注于关税和其他一些传统的边界障碍,这些因素关系到成员国如何对待非成员国的问题,贸易便利化则提出了一个对应的替代方案,致力于一个通过非关税和非边界的改革便利化贸易。对于非关税,尤其是非边界的关注,使其在一个非特惠的基础上推进,而不至于引发"搭便车"的问题。

按照开放地区主义的逻辑,东亚地区主义发展是一个开放式的、不预设目标的地区性合作,这种开放不仅是地区内的开放,也包括对地区外所有其他国家或经济体的开放,实现一种非关税、非边界的便利化贸易体系,一定程度上具有全球性机制的倾向。

二 主流理论视野下发展路径阐释的缺失

各主流国际关系理论对东亚地区主义发展路径进行了不同的阐释,从不同层面呈现了东亚地区主义发展路径,这些研究成果对于提升人们对东亚地区主义的认知、激发研究者的研究兴趣起到了非常重要的作用,也在一定程度上启发和引领了东亚地区合作的深化与发展。在新现实主义者看来,东亚地区主义难以避免在两种路径之间做出选择,其一是地区范围出现霸权国家，即在强大的霸权国主导下创建一个有利于霸权国自身利益的地区合作机制并确立地区秩序，进而实现地区主义发展。其二是地区范围内出现国家间力量的制衡，为了实现各国利益以及地区内的秩序而实现各种力量的制衡，从而维系一个基于权力平衡需要的地区性合作安排，以被动与消极的方式推进地区主义发展。而新自由制度主义则从地区内逐渐增长的相互依赖出发，认为国家间经济上的相互依赖，增加了地区国家的敏感性与脆弱性，使地区内的国家普遍选择通过设置一套有效的机制来规范、制约行为体的活动，通过增加彼此获取的信息，而建立信用体系，从而降低交易成本，最终推动该制度下所有行为体利益的最大化。伴随地区内各国家行为体依赖程度的加深，双方的自主权必然受到制约相互关系的原则、规则或惯例等国际制度的约束，在国际制度和规制的规范和强化作用下，国家之间的合作得以开展，制度的力量开始逐渐发挥独立而持久的作用。在功能主义与新功能主义看来，地区范围内国家在相关功能性领域的合作是增进地区国家间合作，实现合作"外溢"的重要渠道。东亚地区通过这种功能性合作的"外溢"，实现类似欧洲的地区一体化。政府间主义与自由政府间主义理论是现实主义理论在地区层面的一种变形，它主要是从国家间合作的层面阐释东亚地区主义发展的路径，持有这一观点的学者认为，东亚地区的历史以及现实的诸多原因使其无法沿着类似自由制度主义以及功能主义等理论创设的路径发展，只能采取政府间合作的方式，通过政府间条约、协议、声明等方式，从官方合作的层面推动地区一体化发展，所有这些地区范围的机制、功能性合作等都是政府讨价还价和积极参与的结果。而按照建构主义的逻辑，东亚地区主义发展路径是东亚地区社会化的过程，就是通过国家间以及地区组织、个人等正式与非正式的互动，逐渐强化一种地区认同，进而推动整个东亚地区主义发展。开放地区主义所选择的是一种宽泛的地区主义概念，开放性是其基本特征，这种开放不仅是地区内的开放，也包括对地区外其他国家或经济体的开放，实现一种非关税、非边界的便利化贸易体系，一定程度上具有全球性机制的倾向。从地区主义的本质上看，这个不应该视为严格意义上的地区主义理论。

在看到这些相关理论视野下东亚地区主义发展的路径创设合理性的同时，也应当看到各自理论解释效力的局限性，这些有关东亚地区主义发展路径的创设都毫无例外地受到各自理论本身的制约，无法充分地把握东亚地区主义发展的脉搏，因此也无法创设一个基于东亚视角的地区主义发展路径。东亚地区特殊的历史以及复杂的现实环境使新现实主义视野下的东亚地区主义发展路径的创设在国内外学界颇有市场，一定程度上展示出东亚地区主义发展的现实状况与未来前景。但也必须承认，新现实主义视野下的地区主义发展路径的创设与东亚地区主义发展的现实存在一定的差距。就新现实主义在创设东亚地区主义路径的基本假定而言，目前东亚地区并没有出现一个地区霸权大国，无论是中国还是日本，都没有显示出成为地区霸权大国的倾向。一方面，不称霸是中国的既定国策，而且中国国家领导人多次重申中国的这一立场，中国无意谋求东亚地区的主导权，并且坚决支持东盟在东亚地区合作中发挥主导作用。另一方面，日本在"二战"时期对东亚各国犯下累累罪行，而且也没有像欧洲的德国那样诚恳地认罪悔过，还时常出现"教科书问题""靖国神社问题"等，这使日本无法真正取信于东亚各国，更谈不上在东亚地区确立主导地位。就东亚地区而言，如果将一个高度的权力不对称视为创建地区机制的唯一解释变量的话，它就不能解释欧洲高的机制化水平和东亚较低的机制化水平之间的差异。虽然日本在"二战"后长期在东亚地区具有支配性的经济权力，但却未能创建一个日本主导下的东亚地区机制。因此，这种所谓金字塔式的霸权稳定论显然也没有能够为东亚地区主义发展提供一个合理解释。相反，与霸权稳定论的预期不同，东亚地区的机制并非是由地区主导性的霸权大国创设的，而是通过较弱的中小国家发起和首创的。众所周知，东盟与中日韩"10+3"机制是由东盟发起的，尽管作为地区内大国的日本和中国最初有所顾虑，但都逐步融入了这样一个地区合作进程。从东亚地区主义发展进程，可以清楚地看到，东亚地区并不存在支持霸权领导地区主义路径的证据。正如约瑟夫·格里科（Joseph Grieco）所说："一个总的地区霸权的存在好像既非地区经济机制出现的必要条件也非充分条件。"① 虽然在新现实主义的逻辑当中，一些较弱的国家在制定国际规则和规范中并没有影响力，然而，事实上正如东亚地区机制的发展所展示出来的，像东盟这样的较弱的中小国家的联合在东亚地区机制的创建中发挥了主导性的作用。虽然，巴里·布赞等新现实主义者提出的地区复合安全理论在一定程度上促进了对地区主义动态发展的理解，但基于其现实主义的逻辑，它对于深入理解东亚地区冷战后复杂网络的重要性意义不大。而米尔斯海默则简单物化了国际结构而忽视了国际机制，只注重单一的军事实力。事实上，冷战后的国际社会越来越广泛地存在着各种形式的国际机制，当各国政府需要系统、持久的合作来实现其目标时，政府就可以在互利的基础上建立种种机制。② 另外，按照新现实主义的均势理论，伴随中国崛起，将会在东亚地区形成对中国制衡的国家集团。但事实上，虽然中国国力的增强引发了"中国威胁论"，但东亚周边邻国并没有明显表现出制衡中国的倾向，而是试图采取一种机会主义的平衡路线，这些东亚国家普遍希望抓住中国发展的机遇，提升本国综合国力。虽然说现在做出判断为时过早，但至少说明了东亚国家对中国的东亚外交政策以及具体外交实践方式基本认可。而且中国的崛起并没有显示出它要走一条传统的大国的崛起的老路，尽管自 20 世纪 90 年代以来它已成为东亚地区的一个主要力量，但中国并没有试图在东亚地区建立霸权的意愿与行动。胡锦涛在党的十七大报告中向世界公开承诺："中国将始终不渝走和平发展道路。这是中国政府和人民根据时代发展潮流和自身根本利益作出的战略抉择。中华民族是热爱和平的民族，中国始终是维护世界和平的坚定力量。我

---

① Joseph M. Grieco, "Systematic Sources of Variation in Regional Institutionalization in Western Europe, East Asia, and the Americas", in Edward D. Mansfield and Helen V. Milner, *The Political Economy of Regionalism*, New York: Columbia University Press, 1997, p. 174.

② 邹函奇、刘彤：《美国东北亚政策的进攻性现实主义解读》，《东北亚论坛》2008 年第 2 期。

们坚持把中国人民的利益同各国人民的共同利益结合起来,秉持公道,伸张正义。我们坚持国家不分大小、强弱、贫富一律平等,尊重各国人民自主选择发展道路的权利,不干涉别国内部事务,不把自己的意志强加于人。中国致力于和平解决国际争端和热点问题,推动国际和地区安全合作,反对一切形式的恐怖主义。中国奉行防御性的国防政策,不搞军备竞赛,不对任何国家构成军事威胁。中国反对各种形式的霸权主义和强权政治,永远不称霸,永远不搞扩张。"① 此外,新现实主义将国家视为国际关系中支配性的和单一的行为体,明显地忽视了非国家行为体在推动机制形成和演变中的作用。事实上,在东亚地区,非国家行为体在促进政府层面合作、强化地区国家间交流中发挥了重要作用,这些非国家行为体包括一些地区跨国公司、遍布东亚地区的日本企业和华人商业与生产网络,以及东亚国家间社会关系等。这些非国家行为体的数量在不断增多,影响范围也在不断扩大,成为影响东亚地区主义发展演变的一种不可忽视的力量。

尽管新自由制度主义在东亚地区主义路径创设上有一定的合理性,但其存在的问题也比较明显。首先是如何衡量国家间相互依赖水平及其与地区制度创建之间的关联,以及如何判断东亚国家之间是否存在足够的相互依赖。只有足够的相互依赖关系的确立,国际关系互动中的敏感性与脆弱性才会更好地促使这些相关国家进一步深化制度化合作。其次是新自由制度主义的方法主要聚焦于创建机制的预期利益,但忽略政治敏感性和地区机制构建的障碍。由于行为体对这种不平等机制分配结果的担心可能会出现反对创建这种机制的强大阻力,诸如担心被一些大国主导等,进而会转向反对地区合作规范的存在。事实上,东亚地区经济上的相互依存并没有软化地区大国之间的不信任,如中国与日本等。而且事实表明"新自由制度主义所强调的制度合作也不能有效地解释东亚

---

① 《胡锦涛在中国共产党第十七次全国代表大会上的报告》,人民网,http://cpc.people.com.cn/GB/64093/67507/6429855.html。

合作状况，因为东亚地区合作更多的是非制度化的，强调协商一致，并充分关注各国的舒适度"。①

尽管功能主义与新功能主义视野下的路径创设得到了一些学者的认可，但其自身存在的问题以及对东亚地区主义发展路径的解释效力却备受质疑。首先，功能主义与新功能主义自身存在一些尚未解决的问题。詹姆斯·多尔蒂和小罗伯特·普法尔茨格拉夫总结了学术界对于功能主义与新功能主义的普遍批评：其一是这一理论很难做到把经济和社会任务与政治任务截然分开；其二是各国政府通常并不愿意让国际权威机构处理有损于自身政治特权的任务；其三是某些经济和社会任务并不必然会扩展或外溢到政治领域；其四是实现地区一体化靠的是以意识形态或情感承诺为基础、充满魄力的政治行动，而不是单纯依靠经济、社会部门的功能一体化。② 其次，东亚地区功能性合作领域的缺乏。与欧洲相比，东亚地区功能性合作领域的相对缺失是东亚功能性合作的主要困难。在西欧，将战略物资领域纳入功能性合作领域开启了西欧一体化进程，而在东亚地区，虽然各国能够在诸如自然灾害、卫生、气象等领域存在一些功能性合作，甚至在货币合作上取得了一定进展，但涉及各国战略利益领域的合作至今进展迟缓。最早利用功能主义理论尝试对东亚进行研究的埃斯特利拉·德·绍里德姆（Estrella D. Solidum）在她的《走向东南亚共同体》一书中，考察东盟之间的功能性合作是否产生了"外溢"效应而推动了东盟一体化的进程，结果得出了一个否定性的结论。③ 而且这种功能主义的视野下的路径创设的基础是欧洲一体化的实践，这无疑涉及理论的适用性问题，尤其在东亚地区一体化发展的动机、条件与结果方面都显示了与西欧经验的巨大差异的情况下。因此，在笔者看来，简单地应用功能主义以及新功能主义的理论创设一个基于东亚背景的地

---

① 秦亚青：《东亚共同体建设进程和美国的作用》，《外交评论》2005 年第 6 期。
② ［美］詹姆斯·多尔蒂、［美］小罗伯特·普法尔茨格拉夫：《争论中的国际关系理论》（第五版），阎学通、陈寒溪等译，世界知识出版社 2003 年版，第 554 页。
③ Eero Palmujoki, *Regionalism and Globalism in Southeast Asia*, New York：Palgrave, 2001, p. 6.

区主义发展路径,其科学性必然遭受质疑。

另外,尽管政府间主义以及自由政府间主义对东亚地区主义发展路径具有较强的解释力,但其内在缺陷也十分明显。首先,东亚之所以成为一个地区概念并非只是政府间讨价还价的结果,而是长期认同积聚的过程;其次,该理论仅仅关注地区国家间利益互动而没有针对东亚地区的现实状况,美国力量的存在是东亚地区主义发展无法避开的;最后,地区内的国家行为体并非总是理性的,可能会出现非理性的选择。因此,政府间主义以及自由政府间主义有关东亚地区主义发展路径的阐释仍有一定丰富和发展的空间。

按照建构主义的逻辑,东亚地区主义发展的路径是东亚地区社会化的过程,就是通过国家间以及地区组织、个人等正式与非正式的互动,逐渐强化一种地区的认同,从而推动整个东亚地区主义发展。应当承认,建构主义理论视角下的地区主义发展路径的描述,一定程度上解释了东亚地区主义的发展进程,存在着一定的合理性。但从东亚地区主义发展进程本身来看,建构主义有关东亚地区主义发展路径的阐释并没有充分的经验支撑。首先,建构主义路径说过多强调了观念认同在东亚地区主义发展中的作用。结合东亚地区客观现实环境,这种东亚地区的观念认同到底有没有出现还是一个疑问,特别是考虑到日本在"二战"中的暴行以及其对待历史问题的态度等,日本在东亚地区并没有获得广泛的认可,而且也由此引发中日之间、韩日之间民众心理上的疏远。这都可以从近些年来中日韩进行的各项民调中窥见一斑。2005 年,日本《读卖新闻》和《韩国日报》联合进行的民意调查结果显示,90%的韩国人表示他们不信任日本,而且在过去 3 年里,不信任日本的韩国人比例增加了15%,达到了自从 1995 年首次展开类似民意调查以来的最高值。[①] 同年,在由北京大学国际关系学院与日本"言论 NPO"组织及《中国日报》社共同主办的"北京·东京论坛",中日双方首次共同发布了在中日两国同

---

① http://news.xinhuanet.com/world/2005-06/10/content_ 3069989.htm.

步进行的民意调查结果。调查结果显示，中国被调查者对日本的印象"很不好"和"不太好"的占62.9%。84.3%的日本民众对中国印象不佳，高于2011年的78.3%。而2010年10月4日《读卖新闻》公布的有关调查结果显示，由于受撞船事件影响，多达84%的日本人认为"中国不可信赖"[①]，为历来最差。2012年6月20日，一项中日两国年度双边舆论调查结果显示，对中国持负面看法的日本民众首次超过八成，为历年来比例最高。而在日本内阁府2012年11月24日公布的《有关外交的舆论调查》结果显示，对中国"没有好感"的日本人高达80.6%，与2011年的调查相比增加了9.2个百分点，创下20世纪70年代开始此项调查以来的新高。而回答对韩国"没有好感"的也增加了23.7个百分点，达到59%，处于历史第二高的水平。有92.8%的被调查对象认为现在的日中关系"不好"，比上次调查增加了16.5个百分点；认为日韩关系"不好"的达到78.8%，比上次调查增加42.8个百分点，均创下历史新高。回答现在的日中关系"良好"的仅占4.8%，比上次调查下降14个百分点；认为日韩关系"良好"的占18.4%，下降41.1个百分点，均创下历史新低。[②] 尤其是中日在钓鱼岛领土争端的持续升级，无疑进一步侵蚀了本就相当薄弱的互信基础。其次，东亚地区观念建构存在两个相逆的过程：一个是地区内的良性互动建构互信意识。一般认为，良性互动是以行为主体间的合作为外在特征的。当然，合作不意味着没有矛盾与冲突，只是将冲突控制住一定的范围与程度，这需要地区内各国政府的共同努力。另一个是地区内非良性互动则建构充满相互猜忌与防范的意识。非良性互动是以行为主体间的分歧与冲突为外在特征的，这种情况的出现源于行为体间的利益摩擦与互信基础的缺乏，不能将彼此间的矛盾与冲突控制在合理的范围与程度。能否实现并保持行为体间良性互动关键在于参

[①] 《读卖新闻：日本八成半人指中国不可信》，联合早报网站，http://realtime.zaobao.com/2010/10/101004_04.shtml。

[②] 《日内阁调查显示日本民众对中国无好感者占80%》，http://news.china.com/dydzd/gdxw/11127676/20121126/17548442.html。

与互动的行为主体，良性互动是维持一个谋求合作与共赢的地区环境的前提与基础。这些互动行为主体不仅包括地区范围内各国政府，也包括各国媒体、组织社团、个人等。近两年来，东亚地区环境的恶化，主要是互动行为主体间非良性互动所导致的。诸如一些国家政府不能从地区合作的大局出发，为了转移国内视线或出于选举需要，激化地区矛盾，引发国家间冲突，破坏了地区合作的大环境。此外，一些国家的媒体为了博眼球，扩大受众范围，故意渲染国家间的冲突或差异，使得各国民众间的误解加深。众所周知，媒体是了解其他国家的一个窗口，媒体的立场与态度会对受众产生或积极或消极的影响。因此，理性的舆论引导非常重要，正面与积极的报道会让受众对对象国产生好感，反之，则会产生反感，引发越来越多的误解。尤其是在对一些突发事件的报道时，一些不理智的局部画面常常被刻意放大，以至于人们将其理解为整个事件的全貌。一旦在报道过程中缺乏客观、理性的视点，那么就会以偏概全，使人们戴上有色眼镜。如果媒体只能通过单一的角度来诠释对方，那是无法实现相互理解的。基于这种认识基础上的互动，不仅不会出现建构主义者臆想的地区主义的发展，而且会导向一个难以应对的复杂困境。因此，两者呈现此消彼长的关系，当前者居于主导地位，则会推动国家间合作与共赢，地区主义获得推进与发展；而当后者居于主导地位，国家间则会出现矛盾激化与冲突，使国家间合作变得困难，地区主义发展也势必出现困难而停滞不前，甚至会出现大幅度的倒退。东亚地区国家力量悬殊，既有世界上一流的经济大国，也有世界上较为落后的发展中国家，地区各国除了存在领土、领海争端外，各国民族、宗教、文化等方面的差异也很明显，这使得地区各国间的猜忌与防范成为常态。东南亚国家针对中国与日本在东亚地区的影响力，实施了"大国平衡战略"，不仅谋求与中日之间发展等距离外交，而且还积极将美国、俄罗斯、印度等区域外国家引入地区范围，以平衡地区内的力量。尤其是伴随中国崛起，东南亚的一些中小国家在"中国威胁论"的影响下，形成了一些固化观念，认为中国的崛起会像历史上所有的大国崛起一样，威胁到邻国的安全，尤其是一些与中国存在领土、领海争端的国家。杨鲁慧教授认为："东北亚大国关系利益协调的机制化欠缺，地区安全合作制度的缺失，最根本的原因还是缺乏彼此的信任度，大国间的政治互信及相互尊重并没有真正建立起来"。"以国家利益和权力为中心的东北亚大国关系，依然充满着战略猜忌和相互防范及不断地摩擦冲突"，"其后果必然导致国家间信任的再度缺失，反映了国家间信任关系基础的脆弱性"①。因此，基于东亚地区现实环境，地区行为主体间的互动与观念建构未必会直接推动地区主义的深化与发展。

虽然开放地区主义创设的路径一定程度上反映了亚太地区一体化和地区主义发展的现实，但无疑过于宽泛，缺乏一个具体明确的范围和实现的目标。既然是地区主义，就必然限定于某一个特定地区，如果是一种完全敞开的模式，那就偏离了地区主义发展的轨道，也很难将其规范到一个地区主义的范畴。因此，开放地区主义概念本身就存在矛盾，如果一个贸易自由化项目是开放的，追求不歧视地区外其他国家行为体的原则，那么这样一个国家间的合作团体在确立最惠贸易协议中就不能引入地区主义概念。这是因为，真正的地区主义难免会对地区外国家行为体差别对待，政府间合作无法在不对地区外国家行为体歧视的情况下引入地区主义。

第四节　东亚地区主义路径塑造的变量因素及理论假定

地区主义是一个集中包含了经济、政治和社会文化联系的动态过程，是地理上接近的国家为了追求共同利益，由地区各国政府基于多边协议而做的制度化合作安排，它是由政府参与和推动的自上而下的过程。因此，这一过程中，政府扮演了关键性角色。就东亚地区而言，由于受到

---

① 杨鲁慧：《东北亚大国关系中第三方因素及地区安全共同治理》，《东北亚论坛》2012年第4期。

各种各样因素的交互影响，东亚各国政府对待地区制度化安排的立场与目标取向存在差异，这也导致东亚地区主义的发展明显呈现出不同于已有的地区主义的新特点。

一　东亚地区主义路径塑造的影响变量

无论是新现实主义、新自由制度主义、建构主义、功能主义与新功能主义、政府间主义与自由政府间主义还是开放地区主义等都基于各自的理论视角阐释了东亚地区主义发展路径，这非常有助于丰富对东亚地区主义的认知。但各自理论自身的局限性也使这些理论在东亚地区主义发展路径的阐释上存在一定不足。从这些理论的描述中，有这样一组关键词与东亚地区主义发展密切关联：权力平衡、政府间合作、机制创设、地区认同、功能性合作和舒适度。这一组关键词是主流国际关系理论对东亚地区主义发展路径描述中的核心元素，呈现了东亚地区主义某一方面或部分特征，但无一例外地忽略了东亚地区主义其他方面，没有能够从更宏观的层面上把握东亚地区主义的整体与本质特征，因此也没有能够完整与准确阐释东亚地区主义发展路径。

顾名思义，路径即是道路。一般而言，道路有其始点，也有其终点，始点与终点的连接线就是路径本身。但这种始点与终点之间的连接线并非都是理论上的直线，而是会受到各种因素的影响，使该过程呈现出一种曲折的轨迹。正如修筑一条从 A 点到 B 点的公路，就需要考虑这一段路程中要遇到的河流、山脉、城市和村庄等，这些因素都会影响到道路设计和施工。而具体到地区主义发展路径，也存在同样的逻辑，地区主义发展路径也是一个朝向特定目标的发展过程。从地区主义开启到预设目标之间是一段漫长路程，在行进过程中难免会有各种各样的因素对地区主义走向产生影响。其中有积极的推动力量，也有消极的阻碍力量，多重因素的交互作用塑造了地区主义路径本身。任何地区主义的发展都存在其发展动力和阻碍因素，这是影响并塑造地区主义发展路径的基本因素。动力促使地区主义向前推进，阻碍因素则制约地区主义推进的速度与规模,这两者相互作用的结果呈现出来的就是地区合作机制创设与运行状况。这些推动力量会促使合作机制创建,但阻碍因素的存在又使这些机制呈现出明显的地区特色,而且这种机制本身也会反作用于地区合作进程,规范和影响到地区主义路径走向。

具体到东亚地区,这一过程更为复杂,虽然存在推动地区主义发展的动力,也有为此创设的机制,但强大的制约力量的存在,明显影响到这些地区机制作用的发挥。加之东亚国家在地区主义发展目标上仍然存在分歧,对于未来地区合作的目标存在不同解读,这些都势必影响到东亚地区主义的发展走向。因此,笔者认为,不仅东亚地区主义发展动力和制约因素塑造了东亚地区主义的发展路径,而且基于东亚地区主义动力和制约因素交互作用而创设的未来发展目标和地区合作机制等也成为塑造东亚地区主义发展路径的变量。

(一)东亚地区主义路径塑造的变量之一:动力

动力是一个物理学的概念,即一个事物位置得以发生变化而凭借的作用力。根据能量守恒定律,一个力量作用于特定对象时必然发生能量的释放,同样,这种能量的释放也会产生作用对象的反作用过程,这种作用力与反作用力之间的对立,是推动特定对象发生运动与位置变化的必要条件。尽管东亚地区主义起步较晚,但地区国家间的制度化合作,从无到有,在较短时期内实现了东亚地区主义的飞跃发展。根据笔者的考察,在东亚地区主义发展过程中,多种因素共同作用于东亚地区主义的发展进程,诸如东亚国家间不断增长的经济上的相互依赖,地区外的多重压力,东亚地区认同力量以及地区各国谋求权力平衡等,都在东亚地区主义发展进程中发挥了重要作用。首先,国家间经济上的相互依赖是地区主义发展的核心战略依托,是地区主义得以推进的原始动力。20世纪80年代前后,日本的劳动密集型产业向邻国的转移促进了东亚地区国家间贸易的蓬勃发展,拉动了地区内贸易的快速增长。中国在这一时期开启的改革开放在助推中国获得巨大发展进步的同时,也带动了东亚地区邻国的经济增长与国家间经济的融合。伴随东亚地区国家间经济贸易的迅速增长与相互之间的联系的日益密切，各国经济上的互补性与依赖程度不断增强，为东亚地区各国深化合作打下了良好基础。其次，地区外多重压力是东亚地区主义发展的关键动因。如前所述，亚洲金融危机的发生是东亚地区主义得以开启的催化剂，正是来自地区外的各种压力促使东亚地区各国走到了一起，并将地区国家间制度化合作纳入正式议程。再次，地区认同在东亚地区主义形塑过程中发挥了重要作用。东亚之所以能够被作为一个地区去讨论，是由东亚自身的特征所决定的。东亚各国的身份认同根深蒂固，文化上的"和合"思想、主体意识、忧患意识、共生意识等共同构成了东亚意识的基本内容。最后，东亚地区各国谋求权力平衡也是东亚地区主义发展过程中不容回避的重要动力。东亚国家对地区权力平衡的追逐，地区主要行为体之间权力平衡以及影响力上的相互平衡等，无形之中推动了东亚地区主义的发展。

（二）东亚地区主义路径塑造的变量之二：制约因素

众所周知，在假定的真空状态下，物体运动排除了摩擦力因素的影响，会在一个力的作用下，永恒运动下去。实际上，在现实生活中，并不存在这样的理想环境，由于受到摩擦力的干扰，物体所受到的动力与摩擦力之间大小决定了物体前进的远近。同样的道理，地区主义的发展获取动力后，难免受到各种因素干扰，尤其是考虑到涉及国家之多，利益之多元化，各种复杂多变的情况都可能出现，因此，东亚地区主义发展进程中遭遇干扰因素也在所难免。经过二十多年的发展，东亚地区各种政府间机制化安排应运而生，极大地助推了东亚地区主义的发展。当然，我们在看到取得的这些合作成绩的同时，也应该看到制约东亚地区主义发展的障碍与困难。首先，由于受到地区权力结构等多种因素影响，东亚地区一直缺乏一个强有力的核心主导力量，这是东亚地区主义发展的特殊之处，也是东亚地区主义发展必须面对的客观现实。正是由于东亚地区合作缺乏一个强大的核心主导力量，各国在东亚地区合作的态度上较难保持一致，甚至各行其是，影响到东亚地区合作的顺利开展与合作水平的提升。其次，东亚地区主义面临的另外一个障碍就是东亚地区内部凝聚力的缺乏,最突出的表现是东亚国家间相互信任的基础很不牢固,一些国家间的摩擦极易导致整个地区性合作的迟缓,甚至停滞。再次,东亚各国经济发展水平上的巨大差异也影响到地区范围的深度合作。东盟与中日韩"10+3"成员国经济发展水平悬殊,这种经济发展水平的差异造成了发达国家与欠发达国家对于市场开放的差异化态度,这给东亚地区合作的推进造成一定的困难,不利于东亚地区合作向更高层级发展,也是阻碍东亚地区主义推进的一股不容忽视的力量。最后,除了上述的影响因素之外,还有一种因素不可忽视,即东亚地区国家对美国的依赖,美国在东亚地区主义的发展中一直发挥着非常关键的作用。在经济上,美国是大多数东亚国家和地区的主要贸易伙伴国,同时也是东亚经济发展所需技术和资金的主要来源地。在军事上,美国与不少东亚国家存在同盟关系或军事合作关系。在政治安全上,冷战时期美国通过经济援助等方式对东亚国家造成的意识形态影响依然根深蒂固,这些国家对中国的和平崛起持有疑虑和不信任,这给美国在东亚地区继续发挥影响力提供了机会。

(三)东亚地区主义路径塑造的变量之三:目标定位

目标是引领行动与实践的指南,目标定位决定了行动与实践发展方向。东亚地区主义发展走向与其基本目标定位直接相关,有什么样的目标定位,也必然产生什么样的地区主义发展模式。基于各个地区自身差异性,其发展目标的设定也必然存在相应的差异。一般而言,地区合作的短期目标,是指参与各方在具体事务与领域上针对性地推进合作进程;地区合作的长期目标,是指相关参与各方为地区合作设定的理想目标,在这一长期目标的指引下,参与各方通过单向推进式的或者多项分进式的方式,朝着这一目标展开一系列行动。从这个意义上,地区合作的长期目标是由多个短期目标不断累加而形成的,长期目标需要这些具体的短期目标去支持和巩固,而短期目标也是实现长期目标的必然步骤与过程。而以地区机制化合作为内容的地区主义无疑也存在同样的逻辑,地区主义发展也存在长期目标和短期目标,它们共同构成了地区主义的目标导向，引领了地区主义的发展方向。受到诸多制约因素的存在与持续影响，东亚地区各国在一些地区性问题上存在较大的分歧，影响到东亚地区主义目标的设定，东亚地区各国基于自身的经济与社会发展状况，对东亚地区主义未来的发展目标有着各自不同的设想，彼此之间甚至出现明显的分歧与冲突。另外，从东亚地区主义发展的过程也可以看到，东亚各国对于东亚地区合作的态度存在一个变化的过程，这些反映为地区各国在东亚地区主义发展目标设定主张上的变化。东亚地区主义开启之初，实际上并不存在一个长期发展目标的问题。东亚与欧洲不同，东亚合作进程是从务实需要开始，通过设定具体合作项目，进而不断增加合作内容，在实现每一个具体合作目标的基础上，逐步建立和完善地区合作机制。这应该被视为东亚合作的一个突出特点。尽管2005年12月召开的第九次东盟与中日韩"10+3"领导人会议上，与会各国领导人同意将建立东亚共同体作为东亚地区合作的长期发展目标，但这并不意味着东亚各国在合作目标上不再存在分歧。东亚各国对东亚共同体存在不同的认知与解读，但是这一长期发展目标的设定是基于东亚地区现实的理性定位，不仅有利于减少地区合作的内外阻力，尤其是来自外部的阻力，也有利于在具体问题上开展务实合作，通过渐进的方式推动东亚地区主义的发展。当然，这一模糊与笼统的长远目标定位也是塑造东亚地区主义路径的重要变量。

（四）东亚地区主义路径塑造的变量之四：合作机制

东亚国家共同参与了地区合作机制的创设，反过来，这些经过各国参与创设的机制也作用于地区各国，成为规范与约束各参与国家行为的机制框架。目标定位影响到合作机制的层级与水平，同样，合作机制层级和水平的高低也最终影响到地区主义的模式与未来走向。东亚地区性合作起步较晚，到目前为止，真正严格意义上的地区合作的制度性安排和基本原则还没有完全建立起来，而仅仅只是存在一些对话性合作机制，成为东亚各国讨论地区性问题、进行协调与合作的平台，展示出一个多元性的对话机制的组合，诸如"10+3"机制/"10+1"机制/东盟机制、中日韩对话与合作机制等。"10+3"机制是在亚洲金融危机之后逐步形成的东亚地区范围的对话与合作机制,这一对话机制已经成为东亚地区各国对话与合作的主要渠道,包括政府和民间两个层次,共同构筑了东盟与中日韩对话的平台。尽管东盟与中日韩"10+3"机制还存在诸多难题,但不能否认东盟与中日韩"10+3"机制的创设是东亚合作历史上的一个重要里程碑,对于东亚各国未来合作与发展具有深远意义。在确立"10+3"机制的同时,东盟分别与中日韩之间建立了3个平行的对话机制,这3个平行的"10+1"机制是东盟与中日韩务实合作的具体表现。"10+1"机制较好地绕开了"10+3"层面面临的合作障碍。事实证明,3个"10+1"对话机制的形成和完善,对于推动中国与东盟合作、日本与东盟合作以及韩国与东盟合作等都发挥了越来越大的作用,也有力地促进了东盟与中日韩"10+3"合作的开展,推动了东亚地区主义的发展。东盟机制是东亚最早开启的地区合作机制,也是目前世界范围内由发展中国家组成的地区合作组织中最为成功的一个。东盟已日益成为东南亚地区以经济合作为基础的政治、经济、安全一体化合作组织。虽然东盟日趋成熟,但东盟自身的一些缺陷仍是阻碍其进一步发展的难题。而且,尽管中日韩领导人会议和中日韩部长级会议共同构成了中日韩三国之间合作对话的平台,但中日韩之间存在的结构性矛盾仍然极大地制约着中日韩合作的进一步深化,一旦相互之间关系处理不当,极易破坏现有的难能可贵的地区合作成果。

二 东亚地区主义路径塑造的理论假定

通过对东亚地区主义路径塑造各变量深入分析,本书提出如下理论假设。

假设一:在东亚地区主义发展过程中,东亚地区国家间不断增长的经济上的相互依赖、东亚地区外的多重压力的推动以及地区内认同的增强和地区力量的平衡等共同推动了东亚地区主义的产生与发展,塑造了东亚地区主义独特的发展路径。

假设二：在东亚地区主义发展过程中，东亚地区合作缺乏一个强大的核心主导力量，东亚地区各国内部凝聚力的相对缺乏，各国在经济发展水平上的差距以及历史形成的经济体制上的矛盾，以及美国在东亚地区的存在等，成为东亚地区主义发展进程中客观存在的制约性因素。

假设三：在东亚地区主义发展过程中，东亚地区主义发展目标的相对模糊性导致了东亚地区主义路径的宽泛性与相对松散性，体现出一种弱目标导向的地区主义发展轨迹。东亚地区主义发展目标是各国政府基于现实需要设定合作目标的，政府在设定过程中起着主导性的作用，这一合作目标引领了东亚地区主义的发展方向。

假设四：在东亚地区主义发展过程中，东亚地区合作机制自身的问题与缺陷，在一定程度上制约了地区合作机制作用的发挥，使东亚地区主义发展进程更多地停留在政府间合作的层面，成为一个政府主导下的不断调整的地区合作进程。

第 二 章

东亚地区主义路径塑造:动力因素

尽管东亚地区主义起步较晚,但取得的成果仍给世人留下深刻印象。从东盟与中日韩"10＋3"机制的创建开始,东亚地区建立了一系列的地区性政府间合作框架,诸如东盟与中日韩之间3个平行的"10＋1"机制,"中日韩领导人会议"机制等,并在具体实践中得到逐步的发展与完善。与欧洲地区主义发展相比较,东亚地区经历欧洲一体化进程中面临的两极对峙的冷战局面,也没有类似防止德国成为战争策源地的现实需要,以及应对来自苏联威胁的恐惧。究竟是何种力量助推了东亚地区主义发展呢?通过对东亚地区主义发展进程中的关键环节的深入考察,笔者认为,东亚地区主义发展的推动力量并非单一的,而是呈现出多元化的特点,是多种因素共同作用的结果。

第一节 经济上的相互依赖与地区主义发展

在较长历史时期内,东亚地区国家基于地缘上的关系,相互之间有着悠久的互动交流的历史,尤其是东亚地区历史上出现过的朝贡体制在东亚地区的互动交流中发挥了重要作用,成为较长的历史时期内东亚地区国家间互动的基本依托。但近代以来,由于中国积贫积弱,西方国家的坚船利炮终结了维系数百年的朝贡体制,东亚国家间的互动交流途径被斩断,加之后来日本军国主义者发动的侵略战争以及冷战时期的两极对峙等致使东亚地区国家间互动交流一直处于较低水平。进入20世纪70年代以后，受到国际大环境以及东亚地区环境的变化的影响，东亚地区国家间互动交流呈现良好发展态势，彼此间的贸易额得到大幅度提升，经济上的相互依赖程度也日益增强。

一　东亚地区内贸易的持续增长与依存度的增强

20世纪70年代，伴随国际环境以及东亚地区环境的变化，出现了推进东亚地区经济合作的契机，尤其是在受到20世纪80年代《广场协议》（Plaza Accord）的影响，日元大幅升值，造成日本在出口上遭遇前所未有的困难。在这种强大的经济下行压力下，日本政府积极推动产业结构调整，受此战略导向引领，日本企业开始纷纷将其劳动密集型产业迁到成本较低的东亚邻国，引发了日本企业到东南亚国家、中国等投资的热潮，韩国和中国台湾的制造商也紧随其后，从而引发了东亚地区范围的产业大转移，这无疑极大促进了地区内贸易的快速增长。另一个刺激东亚国家间经贸关系发展的积极因素是中国经济的迅速崛起。始于20世纪70年代末期的改革开放为中国的经济发展注入了强大活力，而且40年来中国经济一直保持在一个较高的增长水平，这在促进中国经济社会发展进步的同时，也为地区邻国提供了一个重要的发展机遇，很好地带动了东亚地区各国的经济增长。

中国和日本被普遍视为东亚邻国经济增长的引擎。这可以从具体的数据上清楚地看出来。首先，以中日经贸关系为例，在2003年之前，日本连续11年都是中国最大的贸易伙伴。2007年3月底，中国第一次超过美国，成为日本最大的贸易伙伴。到了2008年，中日之间的贸易额超过2600亿美元，即使在国际金融危机冲击下也实现了两位数增长。其次，中国与东盟之间的贸易额近些年来也急剧增加。根据统计，中国与东盟的贸易额在中国对外贸易总额中的比重2004年已经达到9.2%，而东盟与中国的贸易额占东盟对外贸易总额的比重从1993年的2.1%上升至2001年的6.6%，中国与东盟之间的贸易总额在2008年达到1925亿美元,占东盟外贸总额的11.6%,达到1781.854亿美元。① 而且到了2009年东盟已经取代日本成为中国第三大出口市场。最后,中国与韩国之间的经贸关系也发展迅速,据中国海关统计,1992—2004年中韩贸易以年均30.8%的速度增长。1992年两国建交时贸易额只有50亿美元,2004年达到900.7亿美元,12年间增长了17倍多。在2003年,韩国对中国出口高达357亿美元,占韩国总出口额的18.4%,中国一跃成为韩国的第一大出口市场。中韩贸易额到2008年达到1861亿美元,在金融危机异常严峻的2009年,中韩贸易额也达到1562亿美元②,仍然实现了两位数的增长。

日本在东亚经济成长中也扮演中非常重要的角色,日本在与中国保持紧密经贸关系的同时,也与韩国和东盟保持了非常密切的经贸关系。东盟一直是日本重要的贸易伙伴之一,在1997—1998年亚洲金融危机之前日本与东盟之间的经贸总额一直呈上升的态势。1991年东盟对日出口总额为268亿美元,1996年增至418.4亿美元,增幅达56.1%。1991—1995年东盟四国对日进口总额从253亿美元上升至535.79亿美元,年均增长率达19.5%。③ 另外从2003年日本的统计数据来看,东盟与日本的贸易额占世界贸易总额的16.7%,其中出口贸易占13.5%,进口贸易占19.1%。1993—2003年,东盟主要国家与日本的双边贸易额从866.551亿美元增至1077.636亿美元④,双边贸易额平均增加25%。而到了2009年,日本与东盟的双边贸易额占东盟外贸总额的10.5%,达到1608.637亿美元⑤。可以明显看出,东盟对日本市场存在着很强的依赖性。

另外,韩国与东盟之间的双边贸易也非常热络,据韩国海关统计,韩国与东盟之间的贸易额在1988—1996年,年平均增长率为22%。1996

---

① ASEAN Secretariat, External Trade Statistics, http://www.aseansec.org/18137.htm.
② 徐长文:《V型回升的韩国经济与迅速发展的中韩经贸》,http://myy.cass.cn/file/2010051135917.html。
③ 赵洪:《日本与东盟发展的现状与前景》,《日本问题研究》2002年第3期。
④ ASEAN Secretariat, *Asean Statistical Yearbook*, 2004, http://www.aseansec.org/syb2004.htm.
⑤ ASEAN Secretariat, External Trade Statistics, http://www.aseansec.org/18137.htm.

年突破 300 亿美元。1995—2003 年，双边贸易额增长 37%。① 20 世纪 90 年代中期以来，韩国是东盟的第六大出口市场，东盟对韩国出口额占其出口总额的 3%—4%；韩国也是东盟第六大进口来源国，进口额占东盟进口总额的 3%—4.5%。东盟和韩国之间的贸易总额在最近几年也成倍增长，从 2004 年的 464 亿美元提升到 2008 年的 902 亿。并且双方相互投资也持续倍增，从 2004 年的 13 亿美元增长到 2008 年的 68 亿美元，翻了 5 番。②

从以上的数据，可以明显感受到日益加深的东亚各国之间的经贸联系，以及相互之间的依赖程度的不断增强。这一发展趋势也可以从东亚各国之间的贸易依存度③指标上反映出来，东亚贸易依存度在 1980 年是 33.6%，到了 2003 年就已经达到了 53.3%。作为地区一体化程度较高的北美自由贸易区，2003 年的地区内的贸易依存度也仅为 44.5%，而贸易依赖程度更深的欧盟，其内部的贸易依存度也只不过 60.3%。④ 从这组数据的对比中，可以充分感受到东亚各国在经济层面上构筑的紧密关系正在不断发展和深化。在博鳌亚洲论坛研究院与世界银行联合推出的 2005 年度《亚洲经济一体化报告》，明确指出东亚地区内贸易的增长速度已经超过了全球贸易的增长速度，1985—2001 年，东亚地区内贸易在世界贸易总量中的比重增长了 3 倍，达到了 6.5%，地区内贸易在出口中所占的比重也增加到 35%。在这一时期，东亚国家贸易中有大约 11% 转向到地区内贸易，其中最主要的推动者是中国大陆、中国台湾、韩国、马来西亚和新加坡，大约 80% 的地区内贸易额集中在这 5 个主要地区市场，而同期日本在世界贸易中的比重却下降了 7%。根据亚洲开发银行提供的数据，2005 年东亚地区内贸易已经占其总贸易量的 55.6%。

---

① 韩国海关网站（http：//www.customs.go.kr）1995—2004 年贸易统计数据，转引自蓝昕《韩国—东盟经贸关系及建立自由贸易区的构想》，《亚非纵横》2005 年第 2 期。
② ASEAN-Republic of Korea dialogue relations，http：//www.aseansec.org/7672.htm.
③ 贸易依存度是指一国（地区）与特定贸易伙伴的进出口总额占该国 GDP 的比例。
④ [日] 山田泷雄：《第一届东亚峰会的结果与东亚共同体的展望》，http：//www.rieti.go.jp/cn/events/bbl/06011201.html。

另外，也可以通过贸易密集度①指标来审视东亚地区内经济合作的密切程度。自20世纪80年代以来，东亚各国间的贸易非常的密集，1985—2001年的距离调整后期望贸易密集度指标平均值落在2.89和2.22间，超过了理论指标1。而就贸易密集度的增加而言，1985—2001年，东亚各国双边贸易密集度都有显著的增加，在1985年时，东亚各国的140条区域内双边贸易路线中，只有40%的路线跨越距离调整后期望贸易密集度指标的门槛值，但是到了2001年时，确有81条（相当于61%）的路线跨越②。2009年，东亚经济体的贸易额已占全球的40%，外汇储备超过全球总量的60%，地区内贸易的比重达到一半以上。

二 东亚地区内商业与生产网络的形成

东亚地区国家间合作现状表明，东亚地区制度化合作的相对缺乏并没有影响东亚地区内贸易的增长与经济合作的不断加强。究其原因，国内外学者有一个基本共识，即东亚地区内形成了独特的商业生产网络。这种生产网络成为联系东亚地区各国经济互动的网络与纽带，成为推动东亚地区内贸易的增长重要环节及具有东亚特色的国家间密切联系的渠道。一般认为，东亚地区经济网络主要有两个，其一是日本企业引领的东亚生产网络，其二是基于血缘种族关系而形成的华人商业网络。

日本在东亚范围大规模的生产网络的构建始于20世纪80年代中期的《广场协议》之后，由于受到广场协议的影响，日元大幅度升值，极大冲击了日本出口市场。在日本东亚战略的引导下，很多日本企业纷纷将地缘临近的东亚邻国作为产业转移的首选目的地，以减少产品的成本等。这一趋势在一些东亚发展中国家开始实施更加优惠的吸引外国投资政策后，得到了更快的发展。此后，日本一直是东亚发展中国家外国直接投

---

① 贸易密集度是反映一国对另一国贸易关系强弱的一个指标。可分为出口贸易密集度和进口贸易密集度。

② 《东亚贸易的主要趋势》，台湾经济发展研究中心，http://rcted.ncu.edu.tw/digest_view.php?serial=85。

资的最重要的来源国。日本企业在东亚邻国的直接投资以及贸易往来，密切了东亚地区各有关国家与日本之间的双边贸易，同时也密切了其他东亚国家之间的经贸往来。在这一进程中，日本跨国企业在建立东亚地区生产以及分销网络中发挥了非常重要的作用，直接参与塑造了东亚地区的贸易流动模式，成为推动东亚一体化的强大驱动力[①]。从日本对东亚的投资来看，呈现出逐年攀升的强劲势头。例如，1980年时，日本对东亚地区投资仅为11.9亿美元，到了1989年，增长了将近8倍，达到82.4亿美元，而到了1997年东亚金融危机爆发前夕，日本对东亚投资已攀升至122.2亿美元。[②] 这种对东亚地区大规模的直接投资，直接带动了东亚其他国家的产业的发展与升级，在东亚地区，逐步形成了以日本跨国企业为核心的地区生产网络。

事实上，日本的投资与东亚地区邻国的需求不谋而合，东亚各国也普遍对日本资金和技术充满兴趣，为了更好地吸纳日本的资金与技术，东亚各国也放宽了对相关产品的进口限制，甚至给予较为优厚的关税减免，这在一定程度上降低了交易费用，达到了超越各种关税壁垒的实际效果。东亚地区范围的这种梯度产业转移，较好地拉动了东亚经济体经济上的起飞与发展，有力地推动了东亚地区经济一体化的进程。

华人商业网络是在血缘种族关系上形成和发展起来的地区性生产网络，主要是东亚地区的中国大陆、新加坡、中国香港、中国台湾、马来西亚以及印度尼西亚等之间构建起来的一个重要关联网络。虽然华人商业网络历史悠久，但本书涉及的华人网络限定在20世纪70年代末以后，伴随中国改革开放的步伐，廉价的劳动力、巨大的市场以及诸多优惠措施吸引了大批华人投资中国大陆，创设了一个独特的地区生产网络结构。

[①] Pornnapa Leelapornchai, Trade Integration and Production Network in East Asia, http://www.jcer.or.jp/eng/pdf/Pornnapa.pdf.

[②] 范洪颖：《东亚大趋势——经济区域主义》，辽宁大学博士学位论文，2006年，第78页。

基于同一种族的特殊信任,以及语言和文化沟通上的便捷,很大程度上降低了交易成本。而且华人企业通常利用私人特殊关系,有助于克服官方的障碍和客观存在的贸易保护壁垒。华人商业网络的最大特点是缺少制度化设计,但这丝毫没有影响到其在实践过程中的巨大成功,尤其是它在中国大陆经济起飞过程中发挥了关键性作用。从1979年到1997年,流入中国大陆的外商直接投资有68.34%来自于港澳台地区及海外华人。[①]另外,华人商业网络还为中国带来了商业技能和市场网络,推动了中国企业融入世界经济的进程。1990—2000年,中国外贸总额从115亿美元增长到475亿美元,增加了3倍,但其中超过60%集中于亚洲地区[②]。这足以证明海外华人商业网络在东亚地区的市场联系以及对中国对外贸易中所做的贡献。这一生产网络也成为推动东亚地区一体化与地区主义发展的重要途径,不仅拉近了东亚国家特别是华人社会的联系,也成为推动东亚地区主义发展的重要力量。

第二节 地区外多重压力与地区主义发展

毋庸置疑,地区国家间经济上的相互依赖是"10+3"机制得以构建的一个重要因素,但也不能简单地认为东亚国家间经济上的相互依赖直接导致了"10+3"机制的产生。事实上,东亚地区合作的发展并没有像北美自由贸易区那样,在成员国签署自由贸易协议后出现地区内贸易的上升和加速,而是呈现出相对平稳的态势,甚至还一度出现下滑的状况。因此,将地区内更密切的政治合作简单地视为日益相互依赖的推动,显然与东亚地区的现实不相吻合。就目前情况而言,虽然东亚地区政府间合作的安排远远不及欧盟,但地区国家经贸往来所占的比重却超过了欧

---

① Peng Dajin, "Invisible Linkages: A Regional Perspective of East Asian Political Economy", *International Studies Quarterly*, Vol. 46, 2002, p. 432. 转引自王正毅《理解中国转型:战略目标、制度调整与国际力量》,《世界经济与政治》2005年第6期。

② Tony Saich, *Governance and Politics of China*, p. 286. 转引自王正毅《理解中国转型:战略目标、制度调整与国际力量》,《世界经济与政治》2005年第6期。

盟，这无疑让研究地区主义的传统学者无所适从。因此，在肯定东亚国家间经济上的相互依赖以及地区生产与商业网络的建立极大地推动东亚地区主义发展的同时，也应关注东亚地区主义进程得以开启的直接动因。不少学者认为东亚地区主义的发展的直接动因源于应对地区国家面临的外部压力，正是外来的压力促使东亚地区各国走到一起，进而将地区国家制度化合作纳入了正式议程。

一 域外国家及国际组织对待亚洲金融危机的态度

美国对东亚地区国家而言是一种特殊角色，虽然不是地区国家却在东亚地区有着非同寻常的利益。当然，这也契合一些东亚地区的国家的意愿，它们也乐见美国在地区内扮演特殊的角色，借美国来平衡地区内大国的力量。但随着亚洲金融危机的爆发，这一状况出现了一些微妙的变化。亚洲金融危机爆发后，受危机困扰的国家试图寻求美国等西方国际及国际组织给予援助，使其早日渡过难关，但美国等西方国家以及相关国际组织在亚洲金融危机上的态度，让东亚国家普遍大失所望，这在很大程度上激发了东亚地区层面制度性合作的意愿。在东亚一些国家看来，西方国家的银行和其他金融机构通过撤出自己的资金制造并加剧了亚洲金融危机。东亚国家普遍认为，国际货币基金组织的救援计划不仅没有有效地帮助东亚相关国家渡过危机，而且还使深受危机打击的地区国家经济雪上加霜，陷入一个更深的经济衰退之中。不管这种认识是否客观，东亚地区国家普遍不希望在未来可能发生的类似危机中依赖于西方。虽然整体而言东亚地区国家并不反对多边机构和国际资本市场，但同时东亚国家也认识到，这些机构并不如想象中的绝对可靠。换句话说，东亚地区国家希望有一个自己的机构，而且能够在这样的机构里面拥有更大的话语权。因此，东亚国家普遍感觉到需要增强地区内集体协调能力以应对来自美国及美国主导的机制的压力，从而创立一个地区国家自我主导的地区性制度合作框架，以应对未来的各种挑战。菊池努（Kikuchi Tsutomu）认为，一个后金融危机时期亚洲人共同的侮辱感是东亚合作的一个重要的动机①，在他看来，东亚地区主义正是地区国家减少对国际金融机构的依赖的结果。

二 域内国家对其他地区封闭性地区集团的担忧

众所周知，任何经济集团都必定具有某种内向性、排他性和对非成员的歧视性，它是在"关贸总协定"即在参与多边自由贸易的前提下，试图寻求区域内更高程度的自由化。在世界范围的区域合作组织中，欧盟和北美自由贸易区属于典型的封闭性的区域合作集团，各成员国在让渡部分主权的前提下，追求区域经济利益、政治利益和社会安全保障。这种地区性国家集团的形成及其特惠贸易安排的不断扩大和深化，对于其他国家与地区而言是非常不利的。这些地区性集团内外关税政策的巨大差异一方面可以有效增进地区国家经济合作；另一方面，也会极大地削弱地区外国家的产品在该地区的市场竞争力。显而易见，无论是欧洲还是北美，二者都明确规定域内各生产要素或某些生产要素的自由流动以及关税及非关税壁垒的减免标准。从另一角度看，这种规定则是对域外其他国家自由流动和自由贸易的排斥与否定，这也凸显了欧洲与北美两个经济集团具有典型的内向性、排他性和对非成员的歧视性的特征。因此，在一些地区性经济集团形成的情况下，任何同这一集团（或其成员）发生联系的国家（地区），如果不组成相应的经济集团，无疑会在客观上形成了一种不平等的经济关系和不公平的竞争关系，即该集团（或其成员）所具有的经济优势并不为与其发生经济关系的国家所具有，前者即可凭借这一有利条件，加强同后者谈判的地位。事实上，欧洲和北美两大经济集团对非成员的歧视性以及主观或客观形成的不平等性、不公平竞争还远不止这些，欧洲与北美的集团化发展趋势，使得与其有密切经济关系的东亚国家，没有理由不担心自己的利益受到损害。因此，

---

① Kikuchi Tsutomu, "East Asian Regionalism: A Look at the ASEAN plus Three Framework", *Japan Review of International Studies*, Spring 2002, p. 2.

加强东亚区域经济合作，成为东亚国家对抗欧洲与北美集团化的一种选择。① 诚如有的学者所说："人们普遍认为，马哈蒂尔的东亚经济集团设想背景，主要是冲着北美自由贸易区和美洲倡议提出的。"② 当时日本学者小野沃纯认为："步步紧逼的保护主义和集团化倾向、得到自由贸易好处的东亚各国需要团结一致加强在国际的对话力量，这就是马来西亚提出东亚经济集团设想的一个重要理由。"③

作为外向型经济为主导的东亚地区国家，对于这种封闭性地区经济集团无不深感忧虑，这种巨大的市场压力促使东亚国家不得不思考如何打造一个属于它们自己的地区经济集团，借以改变其在国际市场竞争中的劣势地位，从而能够以地区经济集团为基础，增强在国际经贸谈判过程中讨价还价的筹码。因此，从这个意义上说，东亚地区主义可以看作是一个应对排他性的欧盟和北美自由贸易区的对冲策略。欧盟的扩大以及美洲自由贸易区的完成与深化，无疑给予东亚地区国家的领导人一个有力的刺激，迫使他们去积极诉求和建立更加密切的地区国家间关系，使东亚地区能够有能力去平衡其他地区可能发展起来的封闭性的经济集团。这种地区主义的动机随着时间发展，特别是随着地理区域内互动的增多以及功能上拓宽而得到逐步增强。

三　世界贸易组织第三届部长级会议谈判的失败

1999 年 11 月 30 日—12 月 3 日，在美国西雅图举行了世界贸易组织（WTO）第三届部长级会议。根据乌拉圭回合协议以及各方在部长级会议前所达成的共识，新一轮多边贸易谈判的议程包括"既定议程"和"新议题"。"既定议程"主要指农产品和服务贸易的进一步开放，"新议题"中目前各方有一定共识的议题包括竞争政策、贸易便利、电子商务、政

---

① 姜键：《重新审视面向 21 世纪的东亚区域经济合作》，《东北师大学报》（哲学社会科学版）1999 年第 2 期。

② 佟福全：《关于世界经济一体化与区域经济集团化的几个问题》，《亚太纵横》1993 年第 5 期。

③ 同上。

府采购透明度等。由于会议受到了广大发展中国家的坚决抵制,会议未能达成协议,启动新一轮多边贸易谈判的努力宣告失败。①

西雅图会议失败的直接原因在于各个成员国在诸多问题上存在较大分歧,具体体现在3个方面:一是有关是否将劳工标准和环境保护列为新一轮谈判的讨论议题。在这一问题上,美国、欧洲和日本等发达国家的立场是一致的。它们认为较低的劳工标准、环保标准会直接影响到出口产品的成本,出口这种产品就等于"社会倾销",应该在贸易上限制其的生产和出口。因此,美国等发达国家主张在世贸组织内设立工作小组,以探讨童工、劳工工作条件以及成立工会等问题。从表面上看,这是为了维护发展中成员国家的劳工权利和生存环境,而其实质则是想通过引入劳工标准和环保标准,提高那些以劳动密集型产业为主的发展中国家的出口产品价格,从而削弱发展中国家在国际贸易中的相对优势,达到保护本国产业和国民利益的目的。美国、欧盟和日本等发达国家和组织的做法自然遭到绝大多数发展中国家的强烈反对。二是关于农业问题。以美国、澳大利亚为代表的世界上最大的农产品出口国,坚持把取消农产品补贴、加速农业自由化进程问题列为谈判议题,要求成员国制定出结束促进本国农产品生产的农业补贴谈判的时间表。日本以影响其国家安全为由加以拒绝,欧盟、瑞士、挪威和韩国等国和组织也出于保护本国农业的考虑,与日本采取了相同立场。双方因此僵持不下,致使谈判破裂。三是反倾销问题。为了加强对本国产品的保护,美国动辄挥舞反倾销的大棒,对有关国家,包括日本在内的发达国家等进行制裁。因此,以日本为代表的22个国家强烈要求将反倾销问题列为本轮讨论议题,继续"乌拉圭回合"反倾销协议的谈判,以此来制约美国。但此举遭到美国的强烈反对。此外,美国国内政治局势也是本次会议失败的一个重要原因。为

---

① 《世界贸易组织(WTO)简介》,中华人民共和国商务部官方网站,http://www.mofcom.gov.cn/aarticle/bg/200207/20020700032312.html。

了替本党在2000年的总统选举中争取更多的选票和支持,克林顿政府在贸易政策上必然会迎合美国劳联—产联等工会组织的意愿,宁愿把劳工标准、环保标准等受到多数成员国反对的议题纳入议程,冒着会议失败的风险,也不愿在上述问题上妥协而得罪国内选民。

当然,以上分歧只是致使"千年回合"受挫的表层原因,但这些表面原因,却折射出世贸组织体制中存在的一些深层次问题。应该说,西雅图会议的失败并不偶然的,它是世贸组织,或者说是多边贸易体制中多年所积累的问题与矛盾在新环境下的一种客观反映。这方面的矛盾与问题主要表现为:一是成员数量的增加在体现了世界贸易组织广泛性的同时,也带来了一系列新问题。与关税及贸易总协定(GATT)时代不同的是,许多发展中国家对加入多边贸易体系表现出了异常的兴趣。参与国数量的不断增加,使得世界贸易组织获得了更大的影响力、吸引力和对经济自由化的推动力。但由于各成员的经济发展水平、文化背景以及国内政治环境千差万别,各方利益各不相同,所以,成员数量的增加同时又意味着协调难度的增加,也可以说意味着分歧的加大。二是世界贸易组织出现了管辖范围加速扩大、贸易自由化步伐过快的倾向。世界贸易组织涉及的管辖范围已经大大超出了关税及贸易总协定前8轮谈判的内容,在货物贸易、服务贸易的关税、非关税壁垒减让的基础上,又把资本等生产要素的自由化问题引入议程,尤其是管辖范围迅速向竞争政策、环境标准等国内政策上扩展。这种发展倾向,无疑会对一些国家和地区,特别是发展中国家造成巨大压力,以至于使部分国家到了难以接受和承受的地步。这必然会大大增加谈判的难度。三是多边贸易体制中的不平衡问题仍旧未能很好解决。伴随着世界贸易组织的出现,多边贸易体系得到了进一步的发展,表现之一就是广大发展中国家的踊跃加入,世贸组织成员结构已经发生了重大变化。然而,世界贸易组织的权利与义务结构、贸易政策与议事规则并没有随之发生重大调整,多边贸易体系中不公平和不平衡现象仍旧存在,而且随着自由化进度的加快,这一问题越发显得突出。在世界贸易组织的框架之下,各成员不得对已达成的协议的任何规定提出保留。它改变了关税及贸易总协定在特定条款上给予发展中国家豁免的做法，更加强了所有成员在权利与义务上的平衡，对根据发展中国家的经济发展水平做出合理安排的意见缺乏应有的重视。在这种情况之下，以发达国家为主要倡导者，自由化不断向着知识产权、投资措施、服务贸易等领域扩展，势必造成不平衡问题的日益突出即发达国家享有优势的部门自由化步伐远远快于传统的产业部门，而传统领域又是发展中国家赖以生存和发展的优势产业，因此市场开放程度的迅速提高反而损害了相关国家的贸易利益。这种危险趋势如果得不到人们的应有警惕，新的谈判便很难会有大的进展。[①]

世界贸易组织启动新一轮多边贸易谈判的尝试失败促使许多国家，尤其是一些东亚国家开始重新评估其立场以及进一步贸易自由化。由于许多东亚国家严重依赖出口来维持经济增长，并希望通过出口增长缓解金融危机带来的困扰，早日实现经济上的复苏，所以，对东亚各国而言，有效地保护其能够持续进入国外市场的资格非常重要。如果全球贸易体系不能继续实现自由化，那就始终存在重新回归到贸易保护主义的危险。但现实状况是，美国和欧洲对这一进程普遍缺乏热情和政治意愿，才导致新一轮世贸组织贸易谈判失败，造成了亚太经合组织内的贸易自由化停滞不前的事实，这些无疑增长了东亚国家关于谋划地区内合作的意愿和动力。

第三节　地区认同力量与地区主义发展

认同理论是美国心理专家埃里克松在20世纪50年代初提出的，后来被广泛地运用到社会、政治和文化等领域的研究。曼纽尔·卡斯特在其

[①] 陈志恒、金京淑：《世贸组织存在的问题及其发展前景》，《东北亚论坛》2000年第2期。

《认同的力量》一书中,将认同视为人们意义与经验的来源。① 这种对于认同的理解主要在于描述人们在心理上与社会上的归宿问题,对于不同的个人与群体,认同会有不同的内涵,因此,应将其放到一种文化属性的基础上来理解。认同与个人与群体将其内化的过程与结果密切相关。共有认同是一个集体认同的范畴,也可以说是社会认同的过程,它不仅是一个地理的、经济的和政治的构成,而且也包括心理的、文化的认同。没有这种心理和文化的认同,地区就缺乏完整与牢固的概念。主体间的相互认同使得彼此间的界限变得模糊,达到一种相互归属与融合的状态,进而逐渐形成一个有机的整体。根据来源的差异,集体认同大致分为3种类型:第一种是归属型认同,即地区内各国在长期的历史交往中造就了本地区的历史、文化的这种趋同或趋近;第二种是反映型认同,即地区国家在与外部国家、地区以及整个世界的交往中,清晰地认识到自我与外部世界之间的相对性和差异性,从而确定自己的地区身份,进而明确地界定地区之间的差异;第三种是功能型认同,这主要是处于同一地区,由于自然的原因,两者之间产生相互依赖的关系。其中,归属型认同是集体认同的基本要义。它是一种象征性的观念,是国家的地区性标志。拥有了归属感,国家之间就会产生一种亲近感,从而会促进国家之间的合作。② 在温特看来,集体认同的构建与工人、市民以及国家的构建一样,需要重新界定自我与他者的界限以构成一个"共有群体内认同"(common in group identity)或"群体意识"(we-feeling)。③

一 作为地区认同意识认知基础的东亚历史文化的传承

文化是一个非常复杂、宽泛的概念,既包括一般的生活的、民俗的、艺术的、技术的要素,也包括历史的传承、宗教的、思想的和伦理道德

---

① [美]曼纽尔·卡斯特:《认同的力量》(第二版),曹荣湘译,社会科学文献出版社2006年版,第5页。
② 郭定平主编:《东亚共同体建设的理论与实践》,复旦大学出版社2008年版,第184—185页。
③ Alexander Wendt, *Social Theory of International Politics*, Peking University Press, p.338.

的要素。① 东亚之所以能够被作为一个地区去讨论,是由东亚自身的文化的共有特征所决定的。东亚地区在历史上就存在东亚文化圈,东亚文化圈除了中日朝韩外,还包括了越南、新加坡及东亚华人聚居地等深受东亚文化影响较大的国家和地区。一般认为它是以中国文化,或是以中国中原地区的华夏文化为缘起,并吸纳了南方的百越文化和北方游牧民族的塞北文化而形成的,而后以此为基础向朝鲜半岛、越南、日本、新加坡及东亚华人聚居地辐射,终于发展演变为东亚地区的一种主导性文化。东亚文化具有其内在的文化共通性和文化共识,是具有很强的文化内聚力的文化共同体。②

东亚文化的形成,就其主流而言,大致经历了3个阶段:其一是汉唐儒家文化的影响,这决定了东亚地区国家的政权建构模式和政治文化,宋明理学等儒学思想继续巩固和强化了这一文化。其二是隋唐后佛教思想的浸润,它不仅引导了社会各阶层形成了自敛的思想观念,也辅助形成了谦忍、和睦的社会意识等。其三是近代西方文化东渐,审视与冲击先前儒家文化和佛教文化的诸种观念,开始推动东亚文化的多元化发展。③ 东亚文化的基本要素为汉字、儒学、中国式律令制度与农工技艺、中国化佛教等。这些要素对东亚诸国的语言文字、思想意识、社会组织结构、生产力发展水平产生深刻影响,主导了东亚各地的物质文明和精神生活,④ 诸如"和合"思想、整体观念、主体意识、忧患意识、共生意识等共同构成了东亚意识的基本内容,特别是近现代以来,在对抗西方殖民主义的过程中,东亚意识得到了进一步的强化。东亚各国的文化也有许多共同的偏向,诸如注重社会和谐、集体主义、重视教育、尊重权威等,它不仅影响了民众的心理和行为,也由此产生了东亚特色的政治

---

① 胡令远等:《东亚文明:共振与更生》,复旦大学出版社2013年版,第18页。
② 梁志明:《东亚文化的基本特征与传播过程中的双向互动性》,《东南亚研究》2006年第6期。
③ 曹胜高:《东亚文化之特质及其在全球化语境下的出路》,《长白学刊》2006年第1期。
④ 林坚:《东亚文化圈与东亚价值体系》,载文兵主编《价值多元与和谐社会》,中国政法大学出版社2007年版,第359页。

文化。美国新闻总署原官员戴维·希区柯克曾于1994年对美国和东亚各界精英进行过问卷调查，问卷结果表明东亚更重视秩序、和谐、权威，而美国更强调个人权利、公开辩论和出版自由。而在最重要的个人价值中，东亚对"对他人尽责"的选择高达39%，69%的东亚人强调尊重学问，48%的东亚人强调自律，这些都远远高于对美国人的调查结果。这反映出东亚有共同的或类似的有别于西方的文化价值观，这是东亚认同的文化上的根源。①

二 作为地区认同意识孕育基础的东亚概念的塑造

东亚概念并非一个约定俗成的概念，一个涵盖东北亚和东南亚的东亚地区概念的产生还是最近几十年的事情。东南亚最初只是作为一个地理名称存在，并不存在真正意义上的东南亚地区观念，直到20世纪60年代末东盟的成立，才将这一地区整合与组织起来，后来东盟逐步将范围扩大到东南亚10个国家，这对东南亚观念的形成具有形塑价值，较好地培育和强化了东南亚各国同属一个地区的认同意识。相较东南亚国家，东北亚地区各国有着厚重的历史渊源与地区观念认同，理应成为东亚地区合作的先锋，但诸多历史恩怨致使制度性合作也举步维艰，因此，在培育与强化地区认同层面也徘徊不前。而将东北亚与东南亚联合起来的构想则源于马来西亚时任总理马哈蒂尔1990年提出的建立"东亚经济集团"的倡议，这一倡议得到了中国以及其他一些东亚地区国家的积极响应，但由于美国等一些国家的反对而不了了之。虽然"东亚经济集团"的倡议无果而终，但推动东亚地区性合作的具体行动给东亚各国民众留下了深刻的印象，东亚地区各国特别是东南亚各国致力于一个大的东亚地区合作的思想却进一步发酵。东亚地区认同意识实现重大飞跃发生在1997年亚洲金融危机

---

① 俞新天：《强大的无形力量——文化对当代国际关系的作用》，上海人民出版社2007年版，第137—141页。

以后，这次危机使东亚国家意识到，应该增强自身的力量以及加强东亚地区范围内的合作。

在东亚展望小组（EAVG）2001年的报告中，不仅明确提到了东亚国家中许多共同的历史遭遇和文化规范及价值观念，而且声称东亚是一个"世界上独特和重要的地区"。[①] 中国以及日本的地区战略定位也凸显了对东亚地区的重视。中国领导人多次表示，中国是一个地区性国家，没有而且也不去谋求全球范围的战略利益，明确地将自身的影响以及主要利益集中在周边地区。中国有着"远亲不如近邻"的文化传统，也有"唇亡齿寒""户破堂危"的教训，因此，凸显对周边外交特别是对发展与东亚地区国家关系的重视不仅是中国和平外交的传统，也是中华"和"文化的回归与强化。2002年中国决定减免柬埔寨、老挝、缅甸和越南等国共30亿美元的债务，[②] 是中国将地区其他国家的利益与本国利益结合的重大举措，有助于一个大的东亚地区认同的强化。同时，日本除了继续保持与美国的特殊关系，也将发展与东亚国家的关系放到一个非常重要的位置，诸如倡议建立宫泽基金，以及推动建立亚洲货币基金和支持"10＋3"机制，这些都显示出日本的地区认同正在悄悄地发生着变化。这些被视为是共同的文化基础或共同规范巩固了新兴的东亚地区概念，成为推动东亚地区主义发展的重要力量。

北京大学亚洲太平洋研究中心曾对1000多名中国和在华留学的日本和韩国留学生进行问卷调查，其中有一项就是有关东亚文化认同的问题，问卷得出的基本结论是，中日韩学生大都认同东亚文化的事实存在。他们认为，中日韩三国历史上有着频繁的来往和长期的文化交流，形成了以儒家思想为基础、汉字为载体的东亚传统文化。因而，中日韩三国的传统文化有许多相似与共同之处。受访的大学生对"中日韩三国传统文

[①] *East Asia Vision Group*, *Towards an East Asian Community*, p.9, http://www.mofa.go.jp/region/asia-paci/report2001.pdf.

[②] 俞新天：《强大的无形力量——文化对当代国际关系的作用》，上海人民出版社2007年版，第138页。

化同源"持有较高的认同态度,表示非常赞成的占 20.3%,比较赞成的占 36%,赞成的占 26.3%,合计达到 82.6%。而不太赞成的仅有 11.4%。①

第四节 地区权力平衡与地区主义发展

除了地区国家经济上的相互依赖、地区外多重压力、地区认同力量外,东亚地区一些国家谋求地区权力平衡也是无法回避的东亚地区主义发展的重要动力之一。这种权力平衡思维也是西方很多现实主义学者对东亚地区主义的基本判断,他们普遍认为,正是一些东亚地区国家对地区内权力平衡的追逐,才导致东亚地区主义的产生与发展。尽管现实主义学者的判断存在一定的不足之处,但是,东亚地区国家尤其是东南亚国家对大国平衡战略的追逐,的确应被视为东亚地区主义发展的基本动力之一。

一 大国平衡战略与东亚地区合作

作为东亚地区合作开展较为成熟的东盟,被不少新现实主义者描绘成一个权力平衡的工具,认为其是东南亚的非共产主义国家设计出来用以对抗共产主义国家的一种工具。在新现实主义者看来,东盟成员国之间拥有的共同利益非常有限,也根本就不存在所谓的地区认同,而是仅仅将东盟视为一个单纯的外交共同体,而非一个安全共同体。即使在冷战结束后,东盟仍在继续实施大国平衡战略。其中,东盟地区论坛可以被视为证实这一观点的有力证据(将美国纳入其中作为平衡中国以及日本的工具)。当然,东盟的权力平衡战略在于不让任何一个大国在东南亚地区独大,力求使东盟在大国间发挥桥梁甚至牵引作用。因此,其表现出来的主要特征就是对所有大国开放,不依赖于某一特定大国,当某一

---

① 李文:《东亚社会的结构与变革》,社会科学文献出版社 2006 年版,第 50 页。

大国对该地区的影响力明显过大时，东盟就会转向于提升与其他地区、其他国家或地区外大国的合作水平，以平衡一些特定国家在东南亚地区的影响力。

这一大国平衡战略的实施无形当中也推进了东亚地区内部的合作进程，加速了东亚地区主义的发展步伐。有学者认为，20世纪90年代以来，东北亚和东南亚的融合以及东盟与中国关系的不断加深就是这种权力平衡思维的产物。"东盟把东北亚拉过来，又宣称自己是东亚的一部分，可以使东盟与世界的关系更加平衡，增强其与外部世界打交道的实力，这是东南亚中小国家在内外情势变化下对外战略上的成功表现。"[1]在一些现实主义者看来，正是由于20世纪90年代日本与美国在东亚地区的影响巨大，东盟国家出于平衡美国和日本力量的需要，开始加强与中国的交往，如建立"10+1"对话机制以及建立自由贸易区等。尽管中国经过多年的努力，已经成功地改善和深化了与东盟国家的关系，但也必须看到，东盟国家对中国在经济和安全方面可能造成的威胁仍然保持高度警觉，因此，东盟在处理与中国之间的关系上体现出既合作又竞争的关系。

东盟自由贸易区的推动也被普遍认为是东盟为了通过提升东盟的竞争力和外资吸引力而制衡中国的具体行动。实践证明，东盟一方面谋求与中日韩建设自由贸易区，另一方面也在积极谋划东盟内部合作的深化。在2010年召开的第16届东盟峰会上，与会领导人重申尽快落实《东盟宪章》的内容，将于2015年建成由经济共同体、政治安全共同体和社会文化共同体为三大支柱的东盟共同体，其目的就在于巩固东盟成员国不被地区内大国边缘化。2015年12月31日，东盟共同体如期成立，这是东盟发展历史上里程碑式的重要事件，它标志着东盟一体化进程取得重大进展。东盟共同体的成立意味着东盟国家在政治安全、经济和社会文化领域的一体化水平将进一步提升，东南亚将形成一个人口超过6亿、

---

[1] 庞中英：《东盟与东亚：微妙的"东亚地区主义"》，《太平洋学报》2001年第2期。

经济总量超过 2 万亿美元的单一市场。东盟的这一重大举措起到了推动东亚地区主义发展的实际效果。

二 影响力平衡战略与东亚地区合作

中日之间的影响力平衡是推动东亚地区合作的重要因素。2003 年，日本在东京召开了日本—东盟正常关系 30 年纪念峰会，召集了所有东盟领导人在日本举行峰会，这是东盟国家领导人首次在东盟以外的其他国家举行领导人峰会，此次峰会被普遍视为是日本扩大其地区影响力，以及平衡中国在该地区的影响力重要举措。此外，日本也积极提升在新兴东盟四国（柬埔寨、老挝、缅甸和越南）的影响力。日本早在 20 世纪 90 年代就通过亚洲开发银行开始介入大湄公河次区域发展，日本积极关注于该区域的基础设施建设，特别是东西走廊的建设，资助了泰老挝湄公河第二友谊大桥，成立了日本与东盟一体化基金等。在 2009 年 10 月与东盟首脑会议上，日本承诺为日本与东盟一体化基金贡献 1300 万美元，以用于灾害管理和应急响应。同年 11 月，日本在东京组织了除了中国之外的所有湄公河沿岸国家最高领导人出席的"湄公河峰会"。日本宣布其计划未来三年对整个地区实施政府开发援助总计将超过 55 亿美元，并且将重心放在柬埔寨、老挝和越南。日本还提出了"绿色湄公河"的概念，与湄公河流域各国的合作，以保护环境，应对气候变化，并推动人力资源开发。为了进一步深化与新兴东盟四国的合作关系，巩固传统友谊，中国也给予这些国家以力所能及的援助和支持。其中包括援建第三泰老友谊桥和老挝综合体育馆等。中国还承诺为中国—东盟基金投资 100 亿美元，为商业信贷投资 150 亿美元，为亚洲债券市场倡议投资 2 亿美元，以及为东盟基金会投资 10 万美元，借以促进国家间文化交流。此外，中国通过多种方式支持东盟一体化的努力，承诺为东盟发展基金捐资 100 万美元，并承诺为支持东盟一体化倡议提供 100 万美元援助。中国还参与了湄公河流域开发合作、东盟东部增长区以及其他次区域经济合作。①

综上所述,东亚地区各主要行为体之间对于权力平衡以及影响力上的相互平衡的追逐,无形当中助推了东亚地区主义的发展,成为东亚地区主义发展进程中不容忽视的重要力量之一。

---

① 王景荣:《东盟以及东盟—中国关系发展》,http://www.chinadaily.com.cn/hqzg/2007-08/09/content_ 6146265. htm。

第 三 章

东亚地区主义路径塑造:制约因素

经过20年的发展,东亚地区主义取得了一定的成绩,尤其是在东盟与中日韩"10+1"层面的务实合作从无到有,由弱到强,已经成为联系地区国家间合作的纽带,是东亚地区主义发展的重要成果见证。和东盟与中日韩"10+1"相比,尽管"10+3"层面的合作推进速度相对缓慢,但取得的成绩也可圈可点,诸如"10+3"合作基金的建立,以及设立的总值为1200亿美元的区域外汇储备库等,受到世界各国的刮目相看。另外,中日韩三国之间的合作也得到不断的发展,诸如中日韩对话机制的确立等,也成为推动东亚地区主义发展的重要力量。当然,我们在看到取得的这些合作成绩的同时,也应看到制约东亚地区主义发展的障碍与困难,这样才能更为准确与全面地把握东亚地区主义的本质和未来发展趋势。

第一节 核心主导力量与地区主义发展

地区主导权一般由某个国家或者国家集团承担,其在决定地区规则与发展目标定位方面具有较大的影响能力。由于众所周知的原因,东亚地区主义在发展过程中一直缺少一个强有力的核心主导力量。应该说,笔者将东亚地区核心主导力量的缺失作为东亚地区主义发展的制约因素,是在参照了其他成熟的地区主义的发展经验,尤其是欧洲一体化的成功实践及北美自由贸易区建设的成功经验的基础上提出的。毫无例外,无论是欧洲还是北美地区制度化合作的发展都存在推动地区合作的核心主导力量，主导力量是这些地区的地区主义得以推进的强大动力源泉。当然，也并非每一个大国都必然成为地区制度化合作的主导力量，判断一个地区的大国能否在区域合作中发挥主导作用，关键在于其是否有足够的推进地区合作的实力以及发挥推进地区合作关键性大国作用的意愿，而且还要有能力妥善地处理与有关国家的矛盾和分歧，平衡地区相关各方的利益。在欧洲，法国与德国是推动欧洲地区主义发展的强大驱动力量，这两个欧洲大国的合作成就了欧洲地区一体化。同样，在北美，美国也毫无例外地担当起这一角色，成为北美地区主义发展的主导者和推动者。但如果将欧洲与北美地区主义发展的这种经验简单地放到东亚，这种经验就失去了原有的解释效力。事实上，在东亚地区主义发展进程中，一直缺乏一个强有力的核心主导力量，这是东亚地区主义发展的特殊之处，也是东亚地区主义发展必须面对的客观现实。

一 东亚地区权力结构特点

为了更为清晰完整地呈现东亚地区权力结构的特点，笔者将从东北亚和东南亚两个地区分别加以梳理。首先，从东北亚地区来看。东北亚是世界范围少有的国际矛盾比较集中的区域，至今缺乏辐射东北亚地区范围的安全合作机制。"二战"结束以来，东北亚安全合作呈现出一个从两大集团对立向一个集团独大的失衡阶段性转变。笔者将东北亚安全合作的发展划分为4个阶段，即冷战前期、冷战后期、后冷战初期和美国"重返亚太"时期等。在冷战前期（20世纪70年代之前），东北亚地区形成了以美日韩为一方，苏中朝为另一方的紧张对峙状态，两大阵营剑拔弩张。尽管两大阵营之间缺乏安全合作，但在这两大集团内部则存在密切的安全合作。美国通过美日同盟、美韩同盟将其安全合作制度化，同时，苏联与中国、苏联与蒙古国、苏联与朝鲜、中国与朝鲜在安全合作层面也保持了高度协调。到了冷战后期（20世纪70年代至冷战结束），整个国际与地区环境都发生了重大变化，美国等西方国家遭遇经济危机困扰,加之中苏关系恶化让美国看到了改善中美关系的契机。这一时期,东北亚地区事实上形成了"两方五对"的地区安全合作架构(两方即两大阵营对峙双方,五对即东北亚地区五个相对并立的集团,包括美日、美韩、中朝、苏朝、苏蒙),这一状况一直持续到冷战结束。冷战结束后,作为两极对峙主角之一的苏联不复存在,苏朝安全合作同盟也随着1994年时任俄罗斯总统叶利钦在莫斯科正式宣布废止对朝鲜安全的无条件保障义务的条款而被画上了句号。俄蒙安全合作也随着1993年俄蒙《俄蒙友好关系合作条约》的签署而被弱化。中朝安全合作也由于1992年中韩建交等多种原因而呈现弱化态势,传统的军事意义上的类同盟关系已经不复存在。① 但作为对峙另一方的美日与美韩安全同盟却没有因为冷战的结束而终结,美国以美日与美韩同盟为基础继续在东北亚发挥重要影响。如果说先前一个时期是相对的两极对峙下的平衡,冷战的结束事实上打破了这种平衡,形成了美国主导下的安全同盟一极独大的局面。在东北亚地区实际上形成了美日同盟、美韩同盟为一方,中国、俄罗斯、朝鲜、蒙古国等国各为一方的局面,地区权力结构呈现明显的失衡状态。2009年以来,美国提出"重返亚太"战略,强化了在东北亚地区的存在。日本则出于自身安全利益考虑,顺势而为,强化了与美国在安全领域的合作。尽管韩国政府出于现实安全利益考量,试图游弋于中美之间,但毫无疑问,韩美同盟仍是韩国国家安全战略的重心。地区内另一个主角俄罗斯则出于自身经济利益与政治安全利益的考量,在诸多地区事务上保持谨慎的中立。尽管如此,笔者认为,作为东北亚重要一员的俄罗斯绝不会甘于做一个平庸的地区事务参与者。近些年来俄罗斯以远东与东西伯利亚地区开发为契机,采取了更加积极务实的东北亚战略。蒙古国作为一个内陆国家,一方面积极恢复与俄罗斯传统安全合作,另一方面也积极与中国、日本、韩国等发展多层次合作交流,利用自己独特的区位优势,在外交平衡与博弈中获取现实收益。此外,朝鲜作为地区舞台

---

① 黄凤志、高科、肖晞:《东北亚地区安全战略研究》,吉林人民出版社2006年版,第258页。

上的重要参与者，其对外战略正在不断调整之中，具体发展走向尚待进一步观察。因此，就东北亚地区而言，一个集团独大的地区结构性矛盾是当前及未来一个时期东北亚地区的基本特征，这既是东北亚政治与军事安全合作遭遇的现实瓶颈，也是推进东北亚地区经济合作的基础，更是东亚地区主义发展无法绕开的客观现实环境。

其次，从东南亚地区来看，长期以来，东南亚地区一直是大国力量角逐的重要场所。尤其是在"二战"结束之后，伴随着以美国为首的西方集团和以苏联为首的东方集团对峙局面的形成，美苏两大集团在东南亚地区的争夺与对抗也日益激烈。为了防范与抵制共产主义在东南亚地区的扩张与影响，美国积极介入印度支那（越南、老挝、缅甸三国）地区，从开始支持法国和英国重返印度支那恢复殖民统治，到后来扶植代理人，直接卷入印度支那战争。此后，苏联也积极介入印度支那战争，加快了对东南亚地区进行政治渗透和实施控制的步伐。越南南北被分裂为意识形态不同的两个政权。除越南外，其他一些东南亚国家出于国际和国内安全的考虑，纷纷选择了自己的发展道路，加入了不同的国际阵营。其中印度尼西亚、马来西亚、菲律宾、新加坡和泰国结成同盟，在美国主导下与越南、老挝和柬埔寨等印度支那三国形成了意识形态上的对峙局面，成为美国与苏联为首的两大阵营对峙的前沿阵地。[①] 随着1975年越南战争结束，美国从越南撤退，美国在该地区的影响力开始下降，苏联和中国在东南亚的影响力有所上升，日本也开始利用其经济优势，大力加强与东南亚国家的经贸关系，以扩大日本在东南亚地区的影响力。冷战结束之后，苏联逐渐退出东南亚地区，中国和日本在东南亚地区影响力开始呈现交替上升的态势，美国也开始强化了在东南亚地区的存在，尤其是随着近些年来美国亚太再平衡战略的实施，东南亚地区已经成为美国强化其在亚太主导地位的重要抓手。同时，东盟国家自身力量也快速增长，成为平衡大国力量的重要组织载体。实际上，在东南亚地区已

[①] 祁广谋、钟智翔：《东南亚概论》，世界图书出版公司2014年版，第259—262页。

经形成了中国、美国、日本和东盟共同发挥作用的多极权力结构,这4种力量相互影响、相互作用,共同塑造了东南亚地区特有的权力结构现状。其中,东盟巧妙地运用大国平衡战略,在不排除大国在东南亚地区影响的前提下,充分利用大国之间的矛盾以及各自对权力的追求,主动与其发展政治、经济、安全等全方位关系,但不与之结盟,同时防止任何大国势力过于强大,以达到大国在地区的势力均衡、维护地区安全与稳定的目的。① 因此,就东南亚地区而言,一个围绕东盟大国平衡战略而塑造的地区权力结构将成为一个相当长的历史时期内东南亚地区的基本特征,这是东亚地区主义发展遭遇的客观现实环境。

二 东亚地区主义主导权问题

无论是东北亚还是东南亚地区,现有的权力结构特点都不利于一个强大的地区主义主导力量的存在,因此,东亚地区主义主导权问题一直没有得到根本性解决。众所周知,在东亚地区主义发展进程中,东盟与中日韩"10+3"机制是东亚地区主义的主要框架,这一框架的一个突出特点就是经济实力较弱的东盟成为东亚地区主义发展的主导者,而经济实力强大的中日韩三国却处于被主导者的地位,沦为东亚地区主义发展进程中的配角。这无疑造就了一个弱的主导者,东亚地区不像欧洲与北美地区那样被强大力量主导。2016 年世界银行公布的国内生产总值(GDP)统计数据显示,中日韩三个东亚国家的国内生产总值总额是东盟十国的 7 倍之多。② 中国不仅世界核大国,同时也是联合国安理会常任理事国。而地区内另外一个大国日本的经济实力雄踞世界前三,中日两个

---

① 祁广谋、钟智翔:《东南亚概论》,世界图书出版公司 2014 年版,第 268 页。
② 根据世界银行公布的 2016 年全球 GDP 数据,中国内地为 111991.45 亿美元,中国香港为 3209.14 亿美元,中国澳门为 448.08 亿美元,日本为 49401.59 亿美元,韩国为 14112.46 亿美元,印度尼西亚为 9322.59 亿美元,泰国为 4070.26 亿美元,菲律宾为 3049.05 亿美元,新加坡为 2969.76 亿美元,马来西亚为 2965.36 亿美元,越南为 2052.76 亿美元,缅甸为 632.25 亿美元,柬埔寨为 200.17 亿美元,老挝为 159.03 亿美元,文莱为 114.01 亿美元。世界银行官方网站,https://data.worldbank.org/data-catalog/GDP-ranking-table。

国家无疑是东亚地区真正的潜在主导力量。

东亚出现弱国主导地区合作进程的局面有其内在原因。首先，尽管日本是世界经济强国，但日本在历史上曾经通过侵略战争试图霸占整个东亚地区，而且至今未对其战争罪行进行深刻的反省和悔过，这使东亚地区国家对日本普遍抱有怀疑和排斥心理。其次，尽管中国在实行改革开放后实现了经济上的高速增长，取得了举世瞩目的成绩，但中国仍是一个发展中国家，实现国内经济发展与繁荣仍是很长一个时期内努力的方向，这必将在很大程度上制约中国在东亚经济合作中发挥领导者的作用。而且伴随着中国的崛起，"中国威胁论"的声音在东亚不绝于耳，这无形中增加了东亚一些国家对于中国能否坚持和平发展道路的疑虑。因此，中国与日本在现阶段都不太可能成为地区合作机制安排的主导者。当然，也曾有学者提出，中日两个大国可以共同领导东亚地区主义，但这种观点无疑忽视了一个基本事实，中日之间历史问题以及领土争端问题尚未解决，两国之间信任基础尚未确立，尤其是近些年来中日两国基于历史问题与领土争端问题而摩擦频频。而且，中日双方对东亚地区主义的领导权问题都十分敏感，日本非常担心中国获得东亚地区的领导权，而使日本丧失这一权力。因此，中日之间仍停留在"一方所得为另一方所失"的心理状态和思维方式，这种状况不改变，几乎无法实现东亚地区主义发展主导权问题上的突破。

尽管东盟的主导地位在一定程度上避免了东亚地区主义主导权之争，但必须承认，由于东盟自身经济力量有限，难以真正地担负起推动整个东亚地区整合的重任。东盟在东亚地区主义发展进程中占据主导地位有点类似于东盟主导东盟地区论坛的情况，东盟尽管在东盟地区论坛中拥有正式的主导地位，但基于自身的力量，使其在相关议题的沟通与协调能力上存在明显的欠缺，也无法通过提供地区公共产品与服务等方式。尤其是目前东盟自身尚处于"群龙无首"的阶段，缺乏一个发挥核心作用的国家和有威望的领袖，这也导致东盟自身在一些重大问题上难以做到协调一致。此外，东盟成员国之间还存在领土与领海纠纷，加上各成员国之间经济发展的不平衡以及部分成员国国内政局不稳定等诸多方面的挑战等，很难期待东盟在东亚地区合作中发挥关键的主导性作用。尽管如此，从目前的发展趋势来看，东盟在短时期内不大可能放弃在东亚地区主义发展进程中的主导地位，至少还没有看到东盟表现出任何这样做的意愿。正是由于东亚地区合作缺乏一个强大的核心主导力量，各国在东亚地区合作的态度上较难保持一致，甚至各行其是，影响东亚地区合作的顺利开展与合作水平的提升。

第二节　地区凝聚力与地区主义发展

东亚地区国家在政治制度、民族、宗教信仰与文化层面等方面存在巨大差异，而且在经济发展上也处于不同的阶段，这种差异性突出外显为地区国家互信基础的薄弱以及经济上互补性的相对缺乏。正是这种状况的长期存在，阻碍了东亚地区凝聚力的有效提升，也致使地区性制度合作出现延缓或停滞。

一　东亚国家间政治制度差异

在东北亚地区，中国实行的政治制度包括一个根本政治制度即人民代表大会制度，三个基本政治制度，即中国共产党领导的多党合作和政治协商制度、民族区域自治制度和基层群众自治制度，这一制度组合充分体现了中国社会主义社会的性质和发展方向。日本现行政治制度是以1947年5月3日生效的《日本国宪法》为主要依据的。根据宪法规定，日本采用西方国家普遍实行的"三权分立"原则，实行以立法、司法、行政三权分立为基础的议会内阁制。① 韩国的现行政治制度是以1948年颁布的第一部宪法为主要依据的，这部宪法从法律上确立了韩国资产阶

---

① 申险峰：《日本政治经济与外交》，知识产权出版社2013年版，第67页。

级共和国性质的政治体制，实行以国民主权、三权分立为基础的总统制。①

东南亚地区是全球少有的政治制度的万花筒。由于东南亚国家国情的差异、阶级力量对比状况以及各国民族独立运动发展的不均衡等原因，东南亚各国有着不同的制度类型与发展道路。多数东南亚国家民族独立运动的领导权掌握在资产阶级手中，有些国家掌握在爱国王公手中，有些则由工人阶级掌握。这种领导权的差异也导致了东南亚国家多种多样的政治体制，既吸收了西方发达国家和苏联、东欧国家政治制度的许多内容，也保留和发展了东南亚国家某些传统的统治形式。除了世界范围普遍存在的政治体制形式之外，东南亚国家的政治体制往往还还呈现出多种不同类型的政治体制的共同特征，即使在那些实行同一类型政治体制的国家内部，也往往会在权力主体的产生方式、国家机构的组织形式、权限及任期等各方面有所差异。在东南亚 10 个国家当中，有 8 个资本主义国家，2 个社会主义国家。如果再具体划分，东南亚国家的政体可以划分为 4 种类型：一是人民代表制国家，如越南和老挝；二是议会共和制国家，如新加坡；三是总统共和制国家，如印度尼西亚、菲律宾、缅甸等；四是君主制国家，如泰国、柬埔寨、马来西亚和文莱，其中文莱实行绝对君主制，泰国、柬埔寨和马来西亚则实行君主立宪制。②

由此不难看出东亚地区政治制度的复杂性，既有社会主义制度国家，如中国、越南等，也有一些资本主义制度国家，如日本、新加坡等，还有一些可以被称之为民族主义的国家等。新加坡前总理吴作栋在一次讲话中就曾把东盟比作西欧，印支是东欧。尽管东亚地区合作会不断淡化政治经济体制和意识形态上的差别，但并非意味着政治制度上的差别完全消失。各成员国在政治制度上的差异，容易导致彼此在合作目标设置

---

① 朴钟锦：《韩国政治经济与外交》，知识产权出版社 2013 年版，第 110 页。
② 古小松：《东南亚历史现状前瞻》，世界图书出版公司 2013 年版，第 46—47 页。

上的差异，各国可能会基于国家安全等各种理由，以关税或非关税措施继续在进出口上加以限制，这必然会对地区合作带来一定负面影响，进而阻碍到地区主义的发展进程。

二 东亚国家间民族、宗教和文化差异

东亚在历史上就是一个多民族聚居的地区。就多民族的特点而言，东北亚地区与东南亚地区存在一定的差别，相较东南亚地区，东北亚地区国家在民族构成上相对比较单一。而东南亚地区各国的民族状况则较为复杂，东南亚国家不仅民族众多，据粗略统计，这一地区有400—500个民族，[①] 而且国家内部以及各国之间的民族关系异常复杂，民族问题和民族矛盾极为突出。[②] 就宗教层面而言，中国、日本和韩国更加强调世俗化，而东南亚地区的宗教呈现出多样性的特点。大多数东南亚国家都拥有一种占主导地位的宗教，在各自社会生活中发挥着很大的作用。东亚地区这种多民族、多宗教的特点造就了东亚地区多样性的文化背景。东亚地区不仅深受儒家文化的影响，而且也受到伊斯兰文化和印度文化的影响。其中，中国、日本、韩国、新加坡等主要受儒家文化的影响，菲律宾则受到西方文化的影响，马来西亚和印度尼西亚深受伊斯兰文化的影响，而其他一些东亚国家则主要受到佛教文化和印度教文化的影响，因而东亚的文化相对多元，没有一个统一的文化模式。多民族、多宗教以及多元文化形成了东亚地区国家之间、民族之间不同的伦理道德、价值取向、思维方式和行为准则，这种多样性与差异性无疑成为东亚地区民族矛盾与冲突的根源之一。同时，这也在很大程度上导致东亚地区合作中凝聚力与向心力的相对缺乏，制约了东亚地区机制化水平的提升。

---

① 韦红：《东南亚五国民族问题研究》，民族出版社2003年版，第1页。
② 张立平：《"美国与东亚关系中的文化因素"国际学术讨论会综述》，《美国研究》1996年第4期。

三 东亚国家间长期存在的历史宿怨

东亚地区凝聚力的缺乏与东亚国家间的历史宿怨也存在密切关联。历史学者一般将东亚历史划分为3个主要时期，即古代史、近现代史、当代史。毫不夸张地讲，一部东亚古代史也就是一部华夷秩序确立与发展的历史，也是中国人集体历史记忆中辉煌与伟大的中华帝国发展史。然而，对于那些接受中华文化并被纳入华夷秩序中的其他东亚国家民众而言，他们的集体历史记忆中并非如中国人记忆中的那么积极与正面，不仅如此，可能还会带有某种否定、消极与不愉快的记忆，这种思潮无疑会对东亚地区认同产生负面效应。尤其是近些年来，中国与东亚一些国家民间所引发有关历史问题的争辩，进一步凸显了彼此历史记忆的差异性与负面价值，这在一定程度上影响到中国与一些东亚国家间制度化合作的推进步伐。其中，中韩之间近些年来围绕历史议题的争辩具有一定的代表性。除了中韩之外，中国与越南之间在历史问题上的认知同样存在着显著差异。同样的历史事件，在越南历史教材中的撰述与中国的描述存在明显不同，一定程度上也彰显出东亚一些国家对于东亚古代历史的差异化记忆。尤其伴随着中国经济的快速增长，实现中华民族伟大复兴已经成为中国共产党和政府的既定目标，这显然也在一定程度上加剧了某些邻国对未来中国的忧虑。这可能会出现一种局面，中国越是谈民族复兴，越会让其他东亚国家联想起中华帝国构建的华夷秩序的历史，越可能担忧中国及东亚的未来走向。

东亚近现代史是以西方列强瓜分东亚而导致的华夷秩序的崩塌和日本试图建立"大东亚共荣圈"而发动的侵略战争为显著标志的。随着西方列强的入侵，东亚国家先后沦为殖民地与半殖民地，尤其是随着中国的大门被西方列强的坚船利炮击破，东亚自中国汉代以来构建的华夷秩序轰然崩塌，东亚陷入群龙无首的混乱局面。日本在西方列强的侵略压力下，通过虚心学习和吸收欧洲先进文明，从东亚落后的封建国家行列中脱颖而出，一跃成为东亚地区强国。国力增强的日本在军国主义反动思潮的召唤下，毫不犹豫地对外疯狂扩张，踏上侵略亚洲各国的道路，同时也将日本人民引向灾难。由于日本曾经犯下的严重战争罪行，东北亚地区国家至今对日本充满警惕，中国与韩国对日本的负面看法尤甚，加之日本政府至今没有对在中国与朝鲜半岛所犯下的累累战争罪行进行彻底的反省与道歉，这显然已经成为中日、韩日关系继续深化的障碍。此外，日本对东南亚的侵略，不仅阻碍了当地政治、经济和文化的发展，也给当地人民带来深重的灾难，时至今天，在许多东南亚国家的人民心中都有萦绕不散的阴影。① 如今，许多日本人都倾向于模糊与淡化那段日本侵略历史，日本民族主义也在日本右翼的鼓动和其他国内外因素的作用下重新抬头，这无疑进一步强化了曾遭受日本侵略的东亚邻国对日本的不同程度的警觉或担忧。

一般认为，东亚当代史始于冷战大幕开启。在冷战时期，东亚地区成为以美国为首的西方集团和以苏联为首的东方集团对峙的前沿阵地，彼此之间意识形态界限分明。"在绝大多数日本人心目中，冷战时代留下的根深蒂固的一个意象是中国乃'极权'或'专制'国家，与所谓自由民主制与其价值观格格不入。这个意象总是使日本对华舆论方面产生严重的曲解和有害偏见。"② 而在韩国人眼中，冷战时期留下的朝鲜半岛南北分裂、韩美同盟以及如今持续发酵的朝鲜半岛核问题等叠加在一起，让他们对地区邻国尤其是中国和日本等产生猜疑和忧虑。此外，在东亚地区，美国的影响力仍然强大，美国构建的同盟体系仍然存在，冷战思维仍然在持续影响美国、日本与韩国的东亚政策和战略。加之美国在冷战时期打造的"美日及美韩军事同盟始终针对中国"③，以及中国人对于近现代历史上所遭遇的屈辱历史的集体记忆等，都势必会在很大程度上影响到中国人对东亚地区合作心态上的变化。另外，东南亚一些国家与

---

① 高伟浓、胡爱清：《论冷战后东南亚国家对日本认识的演变》，《东南亚纵横》2003 年第 12 期。

② 时殷弘：《全球性挑战与中国》，湖南人民出版社 2010 年版，第 124 页。

③ 同上。

中国在南海问题上存在争端（南沙诸岛是中国领土不可分割的一部分，20世纪70年代以后被一些东南亚国家逐步占为己有，造成南海问题争端），但这一问题已经成为中国与一些东南亚国家之间深化合作进程中的一个障碍，如果在南海问题上处理不当，不仅会阻碍东亚地区的凝聚力的形成，也可能会葬送地区内已有的良好合作局面。

东亚国家共有的历史记忆深刻地影响东亚地区内部凝聚力的形成，近代以来日本对东亚国家所犯下的战争暴行，已成为东亚各国集体记忆中挥之不去的阴影。尤其是中日之间的历史宿怨对中日关系发展的影响深远。作为地区经济大国，中国与日本的关系变化也成为东亚地区合作进程的晴雨表，明显地映射到东亚地区主义的发展进程中。虽然从理论上讲，中日两国应是东亚地区合作的必然核心领导力量，但由于中日两国之间的历史恩怨、领土争端以及经济上的竞争等一系列问题等困扰着两国关系的发展，导致中日两国之间缺乏相互信任，这种不信任无时无刻不在阻碍中日关系的良性发展，同时也为东亚地区合作的开展投下阴影。"尽管，中日韩三国之间的经贸联系在不断增强，但这种经济联系同样没有在'地区'的概念上产生较多的降低主权国家重要性的客观效果。"[1]"将东北亚由一个地理概念上升到一种具有高度心理认同的文化概念，还需要中日韩三国在思想观念方面发生深刻变革。"[2] 许多东亚国家民众还清楚地记得"二战"期间日本军国主义及其在东亚地区的殖民主义扩张。他们普遍对日本领导人在东亚的野心充满忧虑。尤其是日本首相参拜供奉战犯的靖国神社、修改教科书等事件，无疑使这些观念进一步强化，非常不利于东亚地区制度性合作的深入推进。

四 东亚国家间经济竞争日趋激烈

对于一个地区而言，国家之间经济上的互补性越强就越有助于双方

---

[1] 韩彩珍：《东北亚合作制度化的起点》，载黄大慧主编《构建和谐东亚：中日韩关系与东亚未来》，社会科学文献出版社2010年版，第191页。

[2] 同上书，第192页。

获得最大的比较利益,就越有利于推进区域经济的融合与地区主义发展。尽管东亚地区经济合作取得了不俗的成绩,但也必须看到由于彼此经济的互补性问题而越发显现出来的经济领域的矛盾与竞争。以中日经济关系为例,20世纪90年代以来,伴随日本经济长期低迷以及中国经济迅速增长,中国与日本贸易上的互补性逐年下降,尤其是中日两国在电子及通信设备制造业、高速铁路产业等方面明显重合,彼此在国际市场上的竞争也日趋激烈。中韩之间也存在类似的特点,近些年来,中韩两国在电子及通信设备制造业和电气机械及器材制造业领域的发展也有重合,这表明中韩两国在这两个行业的竞争必将逐步激烈。中国与东盟各成员国在自然禀赋、生产传统、技术水平和地理位置等方面具有极大的相似性,尤其是在承接国际产业转移的过程中,两者都选择以资源密集型和劳动密集型产业作为出口主导产业,这就导致中国和东盟各成员国之间的出口竞争日趋激烈。从出口相似指数看,中国与东盟各成员国的出口相似程度均呈上升趋势,意味着中国与这些国家的国际竞争日趋激烈。①另外,从出口相似指数看,中国与东盟成员国的出口相似程度均呈上升趋势,这意味着中国与这些国家的国际竞争日趋激烈。诸如中国与印度尼西亚等东盟国家之间在劳动密集型产品的生产上存在着较大的竞争性,中国与东盟在电子及通信设备制造业方面也出现重合,表明东盟整体与中国在电子及通信设备制造业竞争性比较大。就日韩经贸关系看,由于日本经济的低迷和韩国经济的赶超,日韩两国的产业结构趋同化,两国之间的竞争日趋激烈,其中电子及通信设备制造和电气机械及器材制造的贸易互补指数有所下降,日本和东盟在电子及通信设备制造业上出现重合,表明双方在该行业上有一定的竞争性。②

  东亚国家间经济互补性的消长反映了地区经济成长的结构性变化,伴随地区国家经济结构同质性的增强,各国在经济领域的竞争局面无疑

---

① 石柳、张捷:《东亚主要经济体的比较优势、贸易互补性与竞争性研究》,《产业评论》2013年第2期。

② 同上书,第144页。

会进一步加剧，进而更加凸显彼此之间的差异性和矛盾性，阻碍东亚地区国家之间凝聚力的形成和加强，这会在一定程度上致使东亚地区主义进程发展缓慢。

第三节 经济发展水平与地区主义发展

东亚地区各国经济发展很不平衡，既有发达国家，诸如日本、新加坡等，也有新兴经济体国家，诸如中国、韩国、马来西亚、泰国等，还有经济比较落后的国家，诸如老挝、柬埔寨、缅甸等国。根据国际货币基金组织2016年成员国GDP排行榜，日本人均GDP为38917美元，新加坡人均GDP为52961美元，中国人均GDP为8113美元，韩国人均GDP为27539美元，马来西亚人均GDP为9360美元、泰国人均GDP为5899美元、菲律宾人均GDP为2924美元、印度尼西亚人均GDP为3604美元、越南人均GDP为2173美元，老挝人均GDP为1925美元，柬埔寨人均GDP为1230美元，缅甸人均GDP为1269美元。同为东亚地区国家，这种巨大的贫富差距以及历史上形成的经济体制上的矛盾，不可避免地影响到东亚地区国家间的经贸合作关系。

一 经济发展水平与合作意向上的差异

经济发展状况与地区合作意愿的正相关性特点在东盟国家表现得尤为明显，成员国经济发展水平与东盟内部合作意向呈现出一个明显的阶段性变化。东盟成员国经济发展较好的时期，其推动地区合作的意愿也会更加强烈，反之，其推动地区合作的意愿则明显降低。

在东盟成立初期，东盟各国普遍面临着改造旧的殖民地经济和加快发展本国经济的双重任务，因此东盟各国都把国内经济发展作为国家生活中的重要一环，而对地区经济合作的热情普遍不高。在东盟成立后的前几年，东盟在促进经济合作方面所取得的成绩不是很大，在扩大东盟内部贸易和促进工业合作方面进展甚微。戴安·K.莫齐在《东盟国家政治》中指出"东盟之间的贸易与东盟五国的外贸总额相比是微不足道的。工业合作在巴厘会议之前毫无进展。"①

　　进入 70 年代以后，一些发达国家在全球范围内进行产业结构调整和劳动密集型产业的转移，这给东盟各国带来了重要的发展机遇，大多数国家都把握住了这个机遇，积极引进外资，充实和完善具有本国特色的工业体系，使本国工业发展向前迈进了一大步。东盟各国在对外贸易方面，也改变了过去单一产品或初级产品的出口，使出口结构多元化，大大增加了工业品出口比重，贸易范围也大大超出了旧体制下的狭小范围，扩大到全球范围，使对外贸易成为国民经济的重要支柱之一。另外东盟各国积极发展第三产业，特别是旅游、金融、保险服务业等。在这样的背景下，东盟回应时代的需要横空出世。根据东盟成立时的《曼谷宣言》的规定，经济合作是东盟各国之间最重要的合作目标之一。② 特别是 1976 年第一次东盟首脑会议的召开，东盟相继采取了一些新的措施，加大了东盟成员国在经济领域的合作力度。在这次会议上签署了《东南亚友好合作条约》《东盟协调一致宣言》、巴厘首脑会议的《最后公报》以及《关于建立东盟秘书处的协议》，都将经济合作作为强调的重点。与会成员国深入讨论了加强经济合作的问题，并一致同意于 1976 年 3 月在吉隆坡召开一次经济部长会议，考虑采取切实有效的措施来执行首脑会议关于经济合作的决议。这次经济部长会议不仅就粮食、能源等基本商品的合作，工业合作以及贸易合作和对外经济合作进行了讨论，还决定成立一个专家组，对建立五个东盟共同工业项目的可行性进行研究。1977 年 8 月初在吉隆坡召开的第二届东盟首脑会议，五国元首表示应该采取积极措施使这五个工业项目尽快上马。新加坡总理李光耀指出："我们的经济

---

　　① ［英］戴安·K.莫齐：《东盟国家政治》，中国社会科学出版社 1990 年版，第 277—278 页。

　　② http：//www.aseansec.org/4933.htm，原文内容如下：To accelerate the economic growth, social progress and cultural development in the region through joint endeavours in the spirit of equality and partnership in order to strengthen the foundation for a prosperous and peaceful community of South-East Asian Nations.

部长们没有能够尽快解决五个东盟工业项目问题，而这五个项目是巴厘首脑会议上定下来的。我们应加快这一进程。"① 东盟各国外长又于1977年2月24日在马尼拉签署了《东盟特惠贸易安排协定》。在1977年8月召开的第二届东盟首脑会议上，东盟成员国同意在紧急情况下，将按照特惠原则，相互给予供应和购买的优先权。如在石油方面，东盟各国一致同意，在出现短缺和供应过剩的情况时，实施紧急分摊原油（或）石油产品的计划。各国首脑一致同意要采取措施来刺激本地区的工业项目，引进成员国和非成员国的技术、专门技能和私人投资来提高东盟各国和地区的抗御力。这次会议还决定要在能源的勘探和开发、研究和发展石油代用品和非常规能源以及设置训练设施方面加强合作，加紧进行东盟的贸易谈判并迅速把在特惠贸易安排方面取得的成果付诸实施。另外还就交通、通信方面的合作提出了设想，包括拟铺设东盟海底电缆系统和建立东盟地区卫星通信系统，促进东盟各国之间的邮政和边境汇款业务，促进公路、铁路、轮渡的运输和实现公路交通规划的统一，加快东盟航空合作以及在海运方面的合作等。②

自巴厘首脑会议以后，贸易和旅游委员会几乎每季度都要举行一次关于适合享受贸易特权的产品的谈判。到1977年8月召开吉隆坡首脑会议时，东盟成员国就第一批71种商品的特惠贸易达成了协议，其中21种商品是在贸易和旅游委员会第四次会议上达成的。在各成员国积极的推动下，特惠贸易安排从1978年1月1日起开始生效。此后东盟内部贸易额也逐年增加，在1978年，新加坡在东盟内部的贸易额达17亿多美元，马来西亚和印度尼西亚都在10亿美元左右。东盟五国之间根据特惠贸易进行的贸易，1978年是6300万美元，1979年增加到11700万美元，增长了85.7%。东盟国家内部贸易总额1978年达到452400万美元，比前一

---

① 王士录、王国平：《从东盟到大东盟——东盟三十年发展研究》，世界知识出版社1998年版，第111页。

② ［澳］托马斯·艾伦：《东南亚国家联盟》，新华出版社1981年版，第431—434页。

年增加了 14.6%。① 在 1978 年 6 月举行的第六届东盟经济部长会议同意再增加 755 种商品以贸易优惠，同年 12 月的举行的第七届东盟经济部长会议上又增加了 500 种商品，使其总数增加到 1326 种。②

东盟国家在金融合作方面也取得了可喜的进展。1976 年 8 月，东盟各成员国银行公会代表在新加坡举行了第一届东盟银行家会议，成立了东盟银行理事会。理事会就区域经济合作问题提出了一系列建议和措施，特别是在促进各国商业银行增加对农业贷款等方面发挥了一定作用。1978 年 8 月，东盟五国中央银行行长签订了建立 1 亿美元"通融资金"的备忘录，以帮助各成员国解决由于国际货币浮动而在国际收支平衡方面遇到的困难。东盟国家通过东盟银行理事会为东盟的工业合作筹集资金，并计划成立东盟金融公司。1981 年 1 月召开的第 16 次东南亚中央银行行长会议，讨论了与会国之间的经济合作，特别是财政和金融方面的问题。③

东盟国家的经济合作还反映在其他方面，比如，在航运方面，1976 年 4 月和 6 月相继成立东盟承运商理事会联合会和船主公会，提出了促进东盟国家航运业发展的种种建议和措施，对打破西方和苏联船运公司垄断东盟航运市场、维护各成员国的经济权益起了一定的作用。同时在这一阶段实施的"东盟工业计划"④ 也取得了一定的进展，1980 年 4 月确定了第一项具体的工业互补计划，即汽车制造工业互补计划，目的在于促进东盟内部的劳动分工和技术专业化，避免重复建设，扩大企业规模和经济效益，降低成本，增强外销竞争能力，促进工业内部的专业化。东盟五国经过多次协商，把发展汽车制造业作为首项工程，各国各建立一家汽车配件厂，然后装配成"东盟汽车"⑤。

---

① 《东盟国家的经济合作》，《人民日报》1981 年 6 月 19 日。
② 王士录、王国平：《从东盟到大东盟——东盟三十年发展研究》，世界知识出版社 1998 年版，第 116 页。
③ 《东盟国家的经济合作》，《人民日报》1981 年 6 月 19 日。
④ "工业互补计划"提出于 1976 年，它的基本原则是 1978 年由东盟经济部长会议审定的。
⑤ 《东盟经济合作与发展的十五年》，《人民日报》1982 年 8 月 8 日。

时任泰国总理炳·廷素拉暖曾在东盟第十次东盟经济部长会议上呼吁东盟国家在经济上进行更密切的合作，形成一个真正的经济实体。① 他的观点其实也代表了东盟区域很多国家领导人以及学者看法。从1976年3月到1980年10月，东盟国家先后举行了10次经济部长会议，商讨经济合作领域和具体项目的各种会议，每年要召开上百次之多，这充分表明了东盟各国对内部经济合作的普遍强烈愿望。这一时期是东盟成立发展和不断壮大的重要阶段，各成员国经济发展的良好状态使各国在这一时期对推动区域经济合作表现出很大的积极性。东盟各国希望通过区域内经济上的合作交流，能够进一步巩固经济发展的成果，壮大自己的综合国力，从而在国际舞台上扮演更重要的角色。

进入80年代初期，由于受世界经济不景气的影响，东盟各国经济状况普遍不佳，出现衰退迹象。这一时期的东盟内部的经济合作趋于平寂，从80年代初期直到1987年以前，东盟在经济上的合作也仅仅表现在1983年11月正式签署了《东盟联营企业基本协定》，除此之外，基本上没有了其他的区域内经济合作的重大决策或者具体的推动区域经济合作的步骤。但进入80年代末期，特别是1987年以后，随着东盟各国经济的恢复增长，东盟谋求区域经济合作的行动又开始频繁起来，东盟成员国的经济合作也步入了一个新阶段。时任泰国总理克立·巴莫曾在1985年建议举行东盟首脑会议讨论加强经济合作问题。克立·巴莫说，这次首脑会议应当为签订一项关于地区性经济一体化、自由贸易、放宽关税优惠和建立共同市场的条约奠定基础。在1987年12月14—15日的第三届东盟首脑会议上制定了此后5年乃至20世纪末以前的东盟经济合作蓝图。批准了《关于改善东盟特惠贸易安排的议定书》《关于不再增设撤销非关税壁垒的备忘录》《东盟工业联营企业基本协定修正案》和《促进和保护投资协议》。这些协议集中反映了有关东盟经济合作的一些新规定，反映出东盟各国对区域内部经济合作的高度重视，这些经济合作计划都投入

---

① 《东盟国家的经济合作》，《人民日报》1981年6月19日。

了实施运作,并取得了不同程度的进展,经济合作的势头也得到明显加强。1988年10月召开的东盟第20次经济部长会议讨论了有关进一步加强东盟国家之间经济合作等问题。泰国总理差猜·春哈旺在开幕式上致辞说,东盟国家经济合作的前景十分光明,自1987年12月在菲律宾首都马尼拉举行的第三次东盟首脑会议以来,东盟国家在扩大相互间贸易方面已经取得了稳步和显著的进展。菲律宾贸易和工业部长小何塞·康塞普西翁说,"这次东盟经济部长会议将与以往历次不同,它将讨论上次东盟首脑会议作出的有关决议的具体贯彻等问题"。[①] 这实际上表明了东盟成员国将有关决议的贯彻和执行提到了一个新的高度,不是仅仅说说而已,而是要具体地贯彻落实。

90年代以后,东盟各国普遍进入了经济发展的快车道,这一时期是东盟成员国历史上最好的经济发展阶段。经济的飞速发展使成员国对进一步加强内部经济合作的愿望也更加强烈,1991年7月泰国临时政府总理阿南在访问新加坡时提出建立"东盟自由贸易区"[②] 的建议,很快得到积极响应。在多次探讨和协商的基础上,于1992年1月底在新加坡举行的第四次东盟首脑会议上签署了《加强东盟经济合作框架协定》和《共同有效优惠关税协定》,规定了未来15年内建立东盟自由贸易区的基本方向,拟定了建立自由贸易区的具体行动计划,为东盟国家间未来的经济合作确定了新的方向。东盟提出拟建立东盟自由贸易区是东盟贸易合作的新阶段,比起以往的经济合作方案来,自由贸易区计划有很大进步。它对实行减税做出了有力的保证,规定减税的进程表,确定了减税的商品种类,而且东盟自由贸易区计划更加实际,可操作性更强。根据《新加坡宣言》,东盟将从1993年1月1日起的15年内,以《共同有效优惠关税协定》为主要机制,建立东盟自由贸易区。根据《共同有效优惠关

---

① 《东盟经济部长会议开幕——差猜指出东盟经济合作前景光明》,《人民日报》1988年10月19日。

② 建立东盟自由贸易区的构想最早是由菲律宾在1982年提出的,1986年科·阿基诺总统在访问印度尼西亚和新加坡时又重提这一倡议。

税协定》的规定，东盟成员国在未来15年内将关税降至0—5%。在这次会议上，东盟各国还就加强东盟内部的工业合作、相互投资、交通通讯做出了一般性的呼吁。在《加强东盟经济合作框架协定》中对东盟未来经济合作的原则、合作领域、合作方式、合作监督以及检查机制等作了框架式的规定。这是东盟各国参与多方面经济合作的一份总体性的原则协定。特别是1992年新加坡首脑会议以后，东盟区域内部的贸易发展比任何时候都快。据统计，1994年，东盟内部的贸易额达1157亿美元，比1993年增加29%；成员国之间的相互投资为33亿美元，比1993年增长49%。[①] 这一年泰国对东盟其他成员国的出口已超过其对日本和欧盟的出口，仅次于对美国的出口。印度尼西亚、菲律宾、新加坡对东盟其他成员国的出口增加也引人注目。印度尼西亚在区域内的贸易，从1993年的情况来看，对日本、美国的出口增加9%和4%，而对东盟的出口则增加22%，是增加最多的。1993年菲律宾对东盟的出口也比上一年大幅度增加，达到46%，大大超过对美日欧的出口，新加坡对印度尼西亚的贸易数字虽然没有公布，不过对其他4国的出口，1991年增加了24%，比对日美欧的出口增加了将近一倍。

到90年代中期，东盟的区域经济合作已经发展到一个新的高度，合作扩展到整个东南亚地区，包括几乎所有的产业和行业领域，建立起一套较有效的协调、管理、仲裁组织机构。东盟的区域经济合作既不同于一些发展中国家组成那种徒有其名、虎头蛇尾的区域经济集团，也不同于发达国家组成的区域经济集团如欧共体、北美自由贸易区等那样高起点、高水平、高效率，可以说东盟的区域经济合作完全是循着从无到有、从小到大、从弱到强这样的途径发展起来的。这一时期东盟在次区域经济合作上出现了大的突破，东盟各国十分重视开展双边或多边的经济合作，在临近的地区组成经济合作圈，东盟南部成长三角经济区于1990年建立，由新加坡、马来西亚柔佛州和印度尼西亚廖内省组成，现已取得

---

① 《东盟：国际舞台的重要力量》，《人民日报》1997年8月8日。

明显成效。印度尼西亚廖内省的巴淡岛几年前还是一个荒芜的小岛，现在岛上已有100多家外资企业，投资总额达16亿美元，岛上20多家星级饭店、度假中心和高速公路正在兴建。巴淡岛将成为一个旅游、度假和国际会议中心。马来西亚柔佛州发展也很快，现已建成20多个工业区，仅新加坡在柔佛州的投资项目就达20多项，投资总额达8亿多美元。① 另外还建立了北部成长三角经济区（泰国、马亚西亚、印度尼西亚三国之间的相邻地区）和东部成长三角经济区（马来西亚、菲律宾、文莱、印度尼西亚四国相邻地区）等。东盟成长三角经济区充分发挥合作伙伴的互补优势，耗资少、风险小、见效快，促进了东盟各国的经济合作，为东盟经济发展注入新的活力，成为东盟经济合作有效的模式。

在1995年的第五届东盟首脑会议上，东盟各国一致同意不但将增加到2000年使关税降低到零的商品数目，而且要把2000年使关税降低到0—5%的商品数目增加到最大限度。并且同意取消所有的数量限制和非关税壁垒，制定取消关税壁垒的时间表。同意在2003年前将东盟内部多数工业产品的关税降至零。在1996年召开的第29届东盟外长会议上，时任印度尼西亚总统苏哈托指出，东盟已经成为一个维护地区安全和有成效的区域组织。它不仅是东南亚地区，也是整个亚太地区的一支维护和平与稳定、促进经济繁荣的重要力量。东盟国家正在加速建立东盟自由贸易区，支持次区域性经济成长三角区的开发，加强东亚经济论坛和积极参与亚太经合组织的活动。② 在1996年底召开的第一届东盟非正式首脑会议上，区域经济合作仍然是会议的主要议题之一，充分表现出东盟成员国对区域内部经济合作的高度关注。

1997年7月爆发的亚洲金融危机，给正在进行的东盟区域内经济合作以重创。这次危机发展迅速，牵涉面广。在金融危机的冲击下，东盟各国的货币大幅度贬值，股市暴跌，经济衰退，人均国民收入急剧下降

---

① 《东盟加速发展三举措》，《人民日报》1996年8月22日。
② 《东盟外长会议在雅加达开幕——讨论非正式首脑会议和自由贸易区等问题》，《人民日报》1996年7月21日。

各成员国经济状况急剧恶化。面临金融危机困扰的东盟各国直到1998年底才召开东盟第六次首脑会议,这一阶段东盟各国对拯救国家经济的措施各持己见,东盟的凝聚力明显下降,国际影响力也受到很大影响。这次会议通过了《河内宣言》和《行动纲领》,公布了一系列增进经济合作,促进经济复苏的措施等。从东盟这次会议通过的行动计划内容上看,东盟各国在建立货币、汇率等关键领域的合作用词含糊,只是要"研究其可能性",这表明在东盟各国经济普遍衰退时期,东盟各国没有信心和愿望在这一领域推动合作取得进展,只是探讨一下今后的发展方向。各国更多地是关注自己的经济状况,寻求如何通过区域外部的力量来促进经济的恢复发展,各成员国都把目光投向了欧美、日本、中国等区域外大国,而不是通过区域内的经济合作。东盟各国在这种思想的指引下,都将精力放在本国经济的恢复发展上,致力于本国经济状况的好转。

在各国的积极努力和国际社会的帮助下,东盟各国逐步走出金融危机的困境,经济开始恢复发展。经济相对的稳定发展,使各国开始策划新一轮的区域经济合作步伐。在2000年11月举行的第四次东盟领导人非正式会议发表的一项声明中,东盟领导人在这次会议上同意将东盟国家视为一个经济体并在国际上采取整体行动,以提高东盟的竞争力和实现地区一体化。东盟领导人还达成了"推进东盟一体化计划"。这项旨在缩小东盟国家间发展差距和增强东盟竞争力的计划建立了由东盟较发达国家在教育、技能开发和工人培训等方面帮助欠发达国家的基本构架[①]。2001年东盟十国领导人审议通过了《河内行动计划》的中期报告,并确定了加速东盟区域一体化、发展信息和通信技术以及人力资源开发等方面的优先合作项目,决定继续加快东盟自由贸易区的建成时间,并达成共识,签署了《东盟旅游协定》,继续推动区域经贸方面的合作进程。2002年10月召开的东盟第32届经济部长会议上,各国代表一致同意加

---

① 《东盟首脑非正式会议闭幕——就推进东盟一体化计划达成共识》,《人民日报》2000年11月27日。

快东盟自由贸易区的建成时间。在各成员国的积极推动下,东盟自由贸易区在2002年提前宣布成立。它意味着东盟最早的6个成员国内部所有商品的关税都将降至0—5%,六国的货物、资金和人员可以自由流通。在2003年9月在柬埔寨首都金边举行的第35届东盟经济部长会议上,各方一致同意加速成立东盟自由贸易区。2003年10月7日东盟第九次首脑会议在印度尼西亚巴厘岛举行,与会的东盟领导人在这次首脑会议上还签署了一份具有历史意义的文件,旨在2020年成立类似于欧盟的"东盟共同体"的宣言,这份被称为"巴厘第二协约宣言"的文件主要包括"东盟安全共同体""东盟经济共同体"和"东盟社会与文化共同体"三个部分。其中的"东盟经济共同体"强调到2020年把东盟地区建成以商品、服务与投资自由流动和资本更为自由流通为特点的单一市场与生产基地,建立一个东盟内部共同市场,实现《东盟2020年设想》所确定的实现经济一体化的最终目标,并使东盟成为全球供应链最有活力和强劲的组成部分。[1] 根据实现经济共同体的行动计划,东盟各国已经确定在11个领域优先启动一体化进程,其中包括航空、旅游、卫生保健、农业、纺织、渔业以及电子业等。为及时解决一体化进程中可能出现的新问题,在这次首脑会议上,东盟国家还初步确定建立一个解决纠纷的专门机构,重点是解决东盟国家内部在商品原产地、海关程序、解决贸易纠纷机制、商品与服务标准等诸多方面存在的分歧。东盟的目标不仅是要成为单一市场,而且还要成为一个具有竞争力的生产基地,向全球推出"东盟制造"的品牌。[2] 东盟各成员国经过不断努力,各国在经济互补性上明显增强。2003年,东盟国家之间的零部件贸易比重已经占本地区贸易总额的29%,大大高于18.5%的世界平均水平。[3] 由于优势互补,东盟企业在世界市场的竞争力不断增强,提高了企业参与全球生产体系的积极性。东

---

[1] 《东盟领导人签署"巴厘第二协约宣言" 东盟国家支持推动建立单一市场》,《人民日报》2003年10月8日。

[2] 邓仕超、曹云华:《东南亚国际关系2003年回顾与2004年展望》,《东南亚纵横》2004年第2期。

[3] 李罗力:《对东亚区域经济一体化发展趋势的十大判断》,《开放导报》2004年第1期。

盟各国企业已经在一定程度上形成了合理分工的生产体系,如在电脑制造业方面,新加坡制造电脑硬件,马来西亚生产半导体晶片,泰国生产显示器,组织这一系列生产活动的是新加坡企业。合理进行生产体系分工和合理配置资源也被纳入到实现经济一体化的目标中来。这种地区合理分工的生产体系不断强化,必然促进地区经济内在联系不断深化,也推动了地区经济合作关系的不断强化。2003年9月初在柬埔寨首都金边举行的东盟经贸部长会议上,对东盟内部各国工业部门的协调分工达成共识。根据这一共识,印度尼西亚负责木材制品和汽车产品,马来西亚负责橡胶和纺织品,缅甸负责农业和渔业,菲律宾负责电子产品,新加坡负责电子网路与医疗卫生,泰国负责旅游与航空业。[①]

总的来看,这一时期东盟各国在经济上的合作经历了一个大的转变,由金融危机时期的合作相对缺失转向复苏后的合作深化发展。2002年,提前建成东盟自由贸易区,2003年,东盟又提出建立东盟共同体的构想,并于2015年底宣布正式成立以经济共同体、政治安全共同体和社会文化共同体为三大支柱的东盟共同体,成为亚洲地区第一个次区域共同体,是东盟地区一体化进程中的新的里程碑式的事件。2017年初,根据东盟公布的最新数据,东盟经济总量已达约2.6万亿美元,成为全球第六大经济体。预计到2020年,东盟将有望在世界经济体排行榜上位居第五大经济体。东盟国家经济发展的良好态势极大地调动了东盟参与地区合作的热情,成员国间的合作意向大大增强。

二 经济发展水平与合作面向上的差异

众所周知,一国经济发展水平不仅影响到其合作意向,也会显著影响到国家对外合作面向,而且单纯的合作意向并不能带来实实在在的区域内经贸合作的成果,尤其是考虑到区域内国家经济领域的互补性。在构建一个自由贸易区的过程中,特定区域内各经济体经济发展水平的差

[①] 李罗力:《对东亚区域经济一体化发展趋势的十大判断》,《开放导报》2004年第1期。

距无疑是决定该经济一体化组织能否持续稳定发展、始终保持对其成员具有足够约束力以及能否使其成员国充分享受到贸易自由化所带来的利益的重要因素。经济发展水平的差异使得各经济体对市场开放的承受力不同，在关税和产业保护的政策上趋向不同，从而对东亚经济的进一步合作构成了现实的障碍。在东盟的10个成员国中，既有新兴的工业化国家，如新加坡、马来西亚、泰国等，又有缅甸、老挝、柬埔寨等世界上最不发达的国家，在经济发展水平和阶段上存在巨大差异。东盟内部经济发展的不平衡极大地限制了各成员国相互协调经济政策的余地。由于东盟国家间的经济互补性不强，其成员国大多追求同地区外国家的贸易，要求区域自由贸易的愿望并不是很强烈。东盟自由贸易区计划虽然使东盟区域内贸易有所增加，但对东盟的整体贸易而言，其仍然占很小的比例。在20世纪90年代的大部分年份中，区域内贸易占东盟整个贸易的份额一直徘徊在20%左右。大部分东盟内部贸易是在新加坡与东南亚其他国家间进行的。如果将从新加坡转口的货物除外，东盟内贸易占其贸易总额的份额下降到12%。如果再将新加坡因素除外，则东盟内贸易份额下降为5%左右。因为新加坡是个自由港，从东南亚国家出口到新加坡市场的大部分货物已经免税，因此，东盟自由贸易区的规定对大部分东盟内贸易而言没有实质意义。大部分东盟国家主要是同东南亚地区外的国家进行贸易。①

  以日本、韩国、新加坡等东亚发达国家和新兴工业化国家为例，其知识经济以及高科技产业在国民经济中占了相当大的比重。而对地区内的老挝、柬埔寨、缅甸等国而言，农业与林业仍是国民经济的主导力量，知识经济以及高科技产业在国民经济中所占比重微乎其微。正是由于东亚各国处于不同的经济发展阶段，东亚各国对关税、产业保护等政策存在不同的利益与价值取向，而且在开放市场的承受能力上也存在较大的

---

① 韦红：《地区主义视野下的中国—东盟合作研究》，世界知识出版社2006年版，第100—101页。

差异。发达国家希望通过建立自由贸易区、降低关税门槛等途径,试图尽快打开欠发达国家的大门,把自己过剩的产品和技术向不发达地区推广,从而获得实际的经济收益;而地区内欠发达国家则希望对本国企业进行扶持和保护,并不急于开放市场和推动地区贸易自由化进度,而是要求采取更多一点的保护,以发展本国的民族工业。地区内一些欠发达国家担心,如果开放本国市场,可能会造成一些发达国家对其进行贸易性和资源性掠夺。这种经济发展水平的差异造成了发达国家与欠发达国家对于市场开放的不同态度,给东盟与中日韩"10+3"合作造成一定的阻力,影响了东亚地区合作向更高层级发展。因此,如何缩小东亚地区国家之间经济发展水平的差异是东亚各国面临的推动地区合作的当务之急。

第四节 美国因素与地区主义发展

除了上述的影响因素之外,还有一种因素不可忽视,即东亚地区国家对地区外力量的依赖,主要是对美国的依赖。美国在东亚地区主义发展进程中一直发挥着关键性作用。虽然从地理上来讲,美国并不属于东亚,而是一个相对于东亚地区的地区外国家,但美国在东亚地区主义发展中占据着非常重要的地位。作为唯一的超级大国,美国凭借其超级大国的综合实力以及长期以来的苦心经营和部署,在东亚地区事务中发挥着举足轻重的作用,美国几乎介入了东亚地区所有重要事务,无论是地区主义的重大发展还是地区主义的短暂挫折,都能够从中看到美国的影响力。

一 美国作为多数地区国家资金技术主要来源国的地位

虽然东亚地区构建了地区性的生产网络,但这种网络在很大程度上依赖于外部,尤其是美国长期作为东亚地区国家最大的终极产品消费市场。而且,东亚地区国家之间的相互需求相对有限,美国则是东亚国家长期以来的贸易顺差国,这使得东亚一些国家的利益与美国的利益紧密地绑在一起,形成了相互之间"捆绑"和"共生"的关系①。基于彼此之间的相互依赖,以及经济安全在美国东亚战略的支柱地位,使美国对于东亚地区经济合作和地区经济集团化的趋势非常关注。

目前,美国作为全球最大的消费市场,每年要花费大约 1 万多亿美元进口各种各样的消费品,美国的贸易赤字相当于全球贸易盈余的三分之二。包括中国在内的东亚经济体对美国的贸易顺差越来越大,外汇储备迅速增多。不过,这些外汇储备大部分流入美国,通过购买美国的股票、债券和其他资产等,实际上填补了美国的巨额财政赤字。据有关资料显示,2005 年 7 月,日本持有美国国家债券 6833 亿美元,中国持有 2421 亿美元。只要东亚经济依靠投资与出口拉动的模式不变,东亚经济体的美元储备就会源源不断地流回美国,东亚经济对美国的依赖就难以解除。

这种依赖的风险在于东亚经济是否能够承受美元动荡带来的巨大损失。有研究表明,为使美国贸易差额恢复到可持续的状态,美元必须大幅调整。美元贬值有利于美国扩大出口、纠正贸易失衡、创造更多就业机会并减轻债务负担。经济合作与发展组织的一项研究显示,为了使经常项目赤字占 GDP 比值下降一个百分点,美元的实质价值就要下跌 22.5%。以此推断,为使美国贸易赤字回归到占 GDP 的 3% 这一容许范围,美元最大需贬值 45%,那将使东亚国家持有的美元储备蒙受巨大损失。

众所周知,内需、投资与出口是拉动经济增长的三驾马车,东亚经济体内部需求乏力是导致东亚经济对美国依赖而区域内合作困难的一个主要因素。事实上,东亚区内多数经济体经济发展战略属出口导向型,长期以来消费率居于较低水平,没有随着经济增长和人均收入水平的增

---

① 王缉思、倪峰、余万里:《美国在东亚的作用:观点、政策及影响》,时事出版社 2008 年版,第 295 页。

加而显著提高，低于美国经济学家钱纳里等给出的标准结构中工业化中期阶段消费率65%的水平。据世界银行统计，2003年中国内地最终消费支出在GDP中所占比重为53.05%，新加坡为53.31%，马来西亚为57.65%，韩国、中国香港特别行政区和泰国约为68%，日本为74.43%。扩大中国、东亚工业经济体和东盟国家的需求有很大潜力，区域经济一体化程度最高的欧洲，区域内贸易占到其贸易总额的70%。扩大东亚区域内部需求、加强内聚力，这是加速区域经济一体化进程的基础性条件。实现这一目标，没有区域内经济体积极主动的建构，仅仅靠市场驱动的区域经济合作是难以想象的。①

二 美国作为唯一在东亚地区驻军的域外国家的地位

由于历史原因，"二战"结束以后美国持续在东亚一些国家驻扎军队，成为左右地区权力结构变动的重要力量。以东北亚地区为例，迄今为止，美国已在东北亚地区构建了两线军事基地体系，第一线是由驻韩美军基地构成，第二线则由日本的横须贺和三泽基地构成。在这一基地体系中，驻韩美军基地作为美国在东北亚军事力量的指挥中枢和保障中心，是美国东北亚一线军事基地的轴心。驻韩美军基地在美国的全球军事体系中也具有重要的地位。美国已建立起由本土战略基地向全球热点地区辐射的基地网，驻韩美军基地是加强美国本土战略基地与战略前沿地带联系的重要环节，对于在危机及战时快速投送军事力量具有重要作用。②

第一线军事基地体系构建始于1953年10月韩美签订的《韩美共同防御条约》。根据条约，韩国给予美国在韩国领土上及周边部署军队的权力，允许美国长期驻军，负责朝鲜半岛韩国一方军事分界线全线警备任务。从20世纪90年代开始，随着冷战的结束和美军编制的重新调整，驻

---

① 段霞：《区域经济合作与东亚之未来》，中国城市发展网，http://www.chinacity.org.cn/cstj/zjwz/46957.html。

② 赵杨：《韩国军队发展史》，世界知识出版社2015年版，第198页。

韩美军规模逐步缩减。奥巴马政府时期积极推行"重返亚太"战略,强化了在亚洲的军事存在。为此驻韩美军提议保留韩美联合司令部,并让驻韩美军第二炮兵旅继续留守汉江以北。并且,驻韩美军还急速增加其地面部队的战斗力配置,其中包括对地战术导弹和射程为 5 万米的多管火箭等新武器的配置。目前驻韩美军总兵力约为 28500 人。[①] 从历史角度看,驻韩美军是朝鲜战争的直接产物,并由此构成了美韩政治安全关系极为重要的组成部分。冷战时期,作为一个对美国利益至关重要的亚太地区前沿军事部署的一部分,美国一直将驻韩美军视为半岛乃至东北亚地区均势的"稳定器"和美国对这一地区安全义务的象征。

第二线军事基地体系构建始于"二战"结束初期,美国排斥盟国,单独对战败的日本实行军事占领,接管了日本的军事基地。1952 年《日美安全条约》生效之时,驻日美军人数达到 26 万人之多,遍布从北海道至冲绳的整个日本。随着美国冷战战略的变化、远东军事形势的变化以及日本防卫力量的增强,驻日美军人数相对减少。到 1960 年《日美安全条约》修订之际,驻日美军人数逐渐减少至 46000 人。随着驻日美军人数的减少,驻日美军基地数量也相应减少。到 1973 年,美国驻日本基地总数为 172 个,占地 549 平方公里。根据日本《防卫白皮书》(2000 年版)资料显示,驻日美军基地占地面积约为 314 平方公里。驻日美军共包括两个部分,即日本本土驻军和琉球群岛驻军(日本周围岛屿的驻军),其中琉球群岛驻军最多。在琉球群岛驻军中,又以冲绳县驻军最多。[②] 驻日美军目前仍是亚洲最强大的海外驻军,尤其是美国海军规模和综合作战能力最为强大,其中美国海军第七舰队的海上控制能力和两栖突击登陆作战能力在亚洲均居首位。根据 2012 年的数据。驻日美军总兵力为 35688 人,其中陆军总兵力为 2541 人,海军总兵力为 3740 人(地面

---

① 赵杨:《韩国军队发展史》,世界知识出版社 2015 年版,第 183 页。
② 徐万胜等:《日本国情解读系列·当代日本安全保障》,南开大学出版社 2015 年版,第 224—225 页。

兵力），空军总兵力为 12398 人。① 驻日美军的庞大军事存在对地区大国构成威胁，不仅影响了整个西太平洋、东北亚、东南亚和东南亚地区国家的军事发展、防务政策以及安定与动荡的局面，同时，它对这一地区国家的政治、经济以及民众的生活都带来了深刻影响。美国政府可以根据美国国家利益需要随时通过它搅动这一地区的整体安全形势。

除了在日本和韩国驻军外，美国也与东南亚的泰国、新加坡、菲律宾，甚至马来西亚和印度尼西亚都有长期的军事合作关系。② 其中，菲律宾曾是美国的殖民地，美国在菲曾拥有多座军事基地和大量驻军。1991年，菲参议院废除了美菲军事基地协定，结束了美在菲 93 年的驻军历史。1992 年，美国关闭在菲最后一座军事基地。1998 年，美菲两国签订《访问部队协定》，使美军能够以"访问"的名义实现在菲律宾的长期军事存在，美军得以重返菲律宾。但菲律宾民众对于美国的驻军一直持比较强烈的反对意见。2014 年 4 月 28 日，美菲签署《加强防务合作协议》，根据协议，菲方将允许美军在指定区域兴建军事设施或升级现有基础设施。此外，美军还可以在菲律宾预先部署武器装备、补给物资和人道主义救援物资等。2016 年 3 月 18 日，美国和菲律宾达成一项为期 10 年的协议，该协议允许美军以轮换驻扎的形式使用 5 座分处不同地点的菲律宾军事基地，美军将在这些基地进行人员部署和相关后勤工作，帮助菲律宾改进雷达并加强其在南海侦察和监控的能力。这项协议的实施将使美国在菲律宾有更多的军事存在，进一步强化美菲军事同盟。

美国和新加坡两国的军事合作也由来已久，在 20 世纪 70 年代美国退出东南亚海军基地时，美国同新加坡曾签署了保留军事驻留权的协议。由于新加坡拥有如此重要的地缘战略价值，新加坡已成为美国强化西太平洋军事存在、推进亚太再平衡战略的重要战略支点。自 2008 年以来，为了遏制中国的地区影响力，美国打造了重返亚太的"再平衡"战略。

---

① 曹晓光：《深度解密日本海军》，清华大学出版社 2013 年版，第 4 页。
② 陈奕平：《依赖与抗争——冷战后东盟国家对美国战略》，世界知识出版社 2006 年版，第 97—106 页。

而新加坡作为连接印度洋和太平洋的海上要冲，白宫自然把新加坡看作"再平衡"战略棋局上的重要棋子。在美国看来，新加坡拥有天然良港。樟宜海军基地经 2000 年、2003 年两次修缮，可供美国航母等大型舰只进驻和补给，从基地向西海上机动 24 小时便可抵达印度洋的中心水域，向东可以驶入南中国海。可以说，樟宜基地就是为美国航母战斗群"量身定做"的，它使得美国驻军既能保持充足的补给，又能快速进入热点海域进行干预。从新加坡的角度来看，为美国提供军事基地，一方面可以解决自身安全问题，避免周边国家对新加坡战略利益的侵占；另一方面，通过美国搭建的军事和外交平台，提升了新加坡的国际地位和军事交流中的话语权。此外，美国强大的军事工业体系和先进的作战训练思想，还能帮助新加坡建设一支现代化的军队。新加坡和美国在 2012 年 6 月达成一致，同意美国在新加坡部署濒海战斗舰。2013 年，美国海军的第一艘濒海战斗舰下水后，就在新加坡部署了长达 8 个月。截止到 2016 年，美国在新加坡已轮换部署多艘濒海战斗舰。

美国作为唯一在东亚地区驻军的域外国家，其与东亚国家构建的同盟关系和军事合作关系，势必影响到这些东亚国家的外交政策，包括对外经济政策。美国这种不是地区成员却胜似地区成员的特殊地位，使东亚地区合作始终不能摆脱美国的影子，都直接或间接地受到美国影响。

三 美国对东亚国家的意识形态影响依然根深蒂固

近些年来，随着中国国力增强，"中国威胁论"此起彼伏，东亚地区一些国家对中国的和平崛起仍然持有疑虑和不信任，这给美国在东亚地区继续存在与发挥影响力提供了机会。一些东亚国家寄希望于美国在东亚地区继续保持影响力，从而能够达到制衡地区大国的效果。另外，"推广民主"在冷战后首次公开成为美国对外战略的主要政策目标之一，并成为美国东亚战略的不可或缺的一个重要支柱。一方面美国通过经济援助和政治外交相结合的手段推广其民主人权的价值观念，另一方面则直接干涉别国内政，从意识形态方面同化东亚国家的政治价值观，通过规范非西方国家的世界观和政治体制,彻底改造东亚国家,确立以其主导的世界秩序。此外,东亚地区安全问题仍然是美国东亚战略的至关重要的内容。冷战结束以来,美国发表了多份东亚安全战略报告,这足以反映出美国对于东亚安全的重视。2006年的《美国国家安全战略报告》明确提到,"东亚是巨大机遇与持续紧张并存的地区","东亚的稳定与繁荣取决于我们的持续介入","与美国享有共同价值观的亚洲国家能与我们一道在本地区加强民主并促进民主改革"。[①]

虽然美国在西欧实施的是一种多边主义政策,但在东亚地区却长期采取截然相反的单边主义政策。自"二战"结束以来,美国一直通过单边主义试图保护和促进其在东亚地区的利益。这些利益包括:防止任何单一的地区力量主导这一地区,保持一个合理的地区秩序和地区稳定,维护其在东亚地区的经济合作伙伴。为达到这一目的,美国实际上扮演了地区霸权者的角色。为了防止任何单一的对东亚的主导力量的出现,美国一直致力于抵制任何有可能的东亚内部强大的地区联系的生成,倾向于更愿意维持对单个东亚国家的影响力。因此,伴随东亚地区主义的发展,美国不仅开始担心中国在东亚地区的影响力以及由此带来的对于美国在东亚地区影响力的相对减弱,而且对未来东亚可能出现的中日合作主导的局面也表示出了一定的担忧。在美国的东亚战略中,利用中日之间的矛盾使其相互制衡是美国在东亚布局的重要内容,如果中日在东亚地区合作框架内携手合作,会被美国视为其在东亚地区的重大战略损失和威胁。事实证明,目前还没有任何迹象显示美国愿意让任何东亚国家,甚至包括日本这样的一个盟友,来共享维护东亚地区稳定的责任。这不仅反映在美国对马哈蒂尔提出的"东亚经济集团"计划的阻挠,也反映在美国对日本提出的"亚洲货币基金"计划的反对,这些都是美国确保其在东亚地区国家利益的具体对策。美国的这些行为直接影响到整

---

① 张继业、郭小兵:《2006年〈美国国家安全战略报告〉评析》,《现代国际关系》2006年第4期。

个东亚地区主义发展进程。

2004年7月14日,美国国务卿鲍威尔在接受日本媒体采访时,就拟议中的东亚共同体发表看法,他严厉表示,一体化不应当损害美国在这一地区的利益。鲍威尔说:"主权国家的人民有自由行动的权利,但是他们的行动不应破坏美国同亚洲朋友之间非常好而且牢固的关系。"他说,亚洲已经有不少多边组织,如亚太经合组织,以及以东盟为基础加上美俄中日和其他一系列国家成立的地区安全问题会议。"我们至今不相信有必要达成新的协议"①。美国政府明确无误地向东亚盟友传递信息,美国反对这种将美国排除在外的东亚一体化。

此后,美国的态度有了一定的变化,尤其是首届东亚峰会以后,美国似乎变得更加务实。2006年1月,美国亚太经合组织高官麦克尔·麦克拉克就东亚一体化进程发表评论称,美国不认为"10+3"会损害美国的利益,美国也不需要参加亚洲国家之间举行的每一次会议和对话,但是麦克拉克强调泛太平洋伙伴关系和机构的重要性。② 同年5月,助理国务卿希尔更明确表示,亚洲国家希望加强他们自己的地区架构。就像世界上其他地方的地区集团所做的那样,这是完全可以理解的。这种一体化的制度建构的努力是亚洲内部发展着的经济与金融一体化的反映,这并不令人意外,美国对此表示欢迎。③ 尽管如此,由于东亚地区一体化的未来发展方向尚不明朗,美国仍在持一种观望的态度,显示出来的是一种谨慎的有条件的支持,以确保美国在东亚地区的利益和影响力。

对于正在推进中的东亚地区主义,有些学者认为,美国似乎抱着一

---

① 《中国东盟等协商自由贸易区 美视为威胁力图阻止》,http://news.xinhuanet.com/world/2004-08/20/content_ 1835513. htm。

② Michael Michalak, U. S Senior Official for APEC, Remarks at International Institute of Monetary Affairs, Tokyo, Japan, January 25, 2006. 转引自吴心伯《美国与东亚一体化》,《国际问题研究》2007年第5期。

③ Christopher Hill, The U. S. and Southeast Asia, Remarks to the Lee Kuan Yew School of Public Policy, Singapore, May 22, 2006. 转引自吴心伯《美国与东亚一体化》,《国际问题研究》2007年第5期。

种"走着瞧"的态度,"谈论华盛顿对不断变化的东亚共同体的态度的底线仍为时过早。这在很大程度上将取决于这一共同体如何演变以及其如何与美国和其积极参与与支持的机构进行积极互动。而且新的共同体表达出其多大程度上至少与美国共存的意愿,即使它不接受美国成为正式成员,而至少不被视为威胁或企图破坏美国的双边同盟及其在东亚安全事务中的核心作用或其所参与的更广泛的亚太地区机制。那么美国就不存在反对或去阻止或破坏地区共同体建设的努力的理由"。[1] 鉴于美国在东亚地区的特殊利益,美国对于一个排他性的东亚地区集团抱有的疑虑在短期内没有改变的可能,除非美国确信这样的一个制度化的东亚地区合作会促进而非阻碍全球贸易和投资的自由化,能够确保美国在该地区的利益不受损害。

当然,美国在该地区的存在也有另外一种意义,对于那些东亚地区较小的国家行为体而言,它们甚至表现出对美国在东亚地区存在的含蓄的欢迎。因为,通过美国在该地区的存在,可以达到平衡中国和日本两个地区大国的效果。新加坡总理李显龙2005年在中共中央党校演讲时曾说:"如果世界分裂成排他的国家集团,或相互对立的势力范围,冲突的局面将难以避免。"因此从战略的角度分析,他认为亚洲如果有开放的框架,可以让美国、欧盟以及其他国家参与,将有助于稳定中国跟其他大国的关系。"美国在本区域的经济及安全角色,短期内很难被其他国家取代,中国也明白并欢迎美国继续在本区域扮演积极和建设性角色。"[2] 他的这种言论实际上也是东亚地区其他小国对美国在该地区存在的一种基本态度取向。

---

[1] Ralph A. cossn, Simon Tay and Lee Chung-min, "The Emerging East Asian Community: should Washington be concerned?" *Issues & Insights*, Vol. 8, 2005, Pacific Forum CSIS, Honolulu, Hawaii, http://csis.org/files/media/csis/pubs/issuesinsights_v05n09.pdf. pp. 10 – 11.

[2] 叶鹏飞:《李总理在中共中央党校以华语演讲:中国落实和平崛起有赖于三大策略》, http://www.zaobao.com/special/singapore/pages3/sg_cn051026a.html。

四　美国对东亚地区主义的基本立场

从历史经验来看，美国对东亚地区主义的发展长期保持高度关注，尽管并非东亚国家，但东亚地区主义发展的每一个阶段都可以清楚地看到美国的影子。美国之所以密切关注并积极干扰或介入东亚地区主义发展进程，与其在该地区的国家利益定位有着直接的关系。长期以来，美国在东亚地区有两大核心利益，一是确保其在地区政治与安全事务上的主导权；二是确保其在东亚地区经济秩序塑造中的主导权。无论是哪一种国家利益定位，都决定了美国反对任何试图将美国排除在外的类似于欧盟的封闭性的地区集团。正是基于这一立场，美国更加关注东亚地区主义的性质与未来动向，关注东亚地区是致力于构建一个具有更多包容性的还是一个具有更多排他性特征的地区经济集团。美国希望东亚一体化的制度建构既是开放的和包容性的，又具有较强的解决问题的能力。①

这种利益定位也使得美国对东亚地区主义的发展一直保持复杂而微妙的心态。早在20世纪90年代马来西亚总理马哈蒂尔提出构建一个不包括美国在内的"东亚经济集团"之时，美国就表达了强烈的不满。尽管最初拟议中的"东亚经济集团"的合作框架几易其名，试图以此降低或消除美国对于一个封闭性、排他性集团的担忧，但此举收效甚微，因为这一拟议中的国家集团的核心内容并没有发生根本性改变，其仍然将致力于构建一个将美国排除在外的地区合作集团，因此，美国反对的基本立场并没有发生改变。美国前国务卿詹姆斯·贝克在《外交政治》一书中指出，美国不仅仅反对EAEC，而是要尽力消灭它。② 而且美国不仅自己反对东亚国家实现经济上的整合，而且还竭力反对其东

---

① 吴心伯：《美国与东亚地区一体化》，《国际问题研究》2007年第5期。
② James Addison Baker, Thomas M. Defrank, The Politics of Diplomacy: Revolution, War, and Peace, 1989–1992, G. P. Putnam's Sons, 1995. 转引自王秋彬《美国对东亚一体化政策的演进》，《国际关系评论》第8卷，南京大学出版社2015年版，第201页。

亚盟友参与地区经济整合进程。在美国的强大压力之下，东亚地区主义最初的设想也不了了之。

如前所述，1997年亚洲金融危机的爆发是东亚地区主义发展进程得以开启的里程碑式的事件，由于当时美国等西方国家，以及西方国家主导下的国际组织应对危机时的消极态度让遭遇金融危机重创的国家大失所望，而同为东亚国家的中国和日本等国则给予了他们宝贵的支持与帮助，这对一些东亚国家触动很大，使他们进一步认识到加强地区合作的重要性和紧迫性，东盟与中日韩的"10+3"机制由此应运而生。东盟与中日韩"10+3"机制起于金融危机之时，尽管美国对此充满疑虑，但基于当时的特殊状况，美国也只能选择暂时被动地接受，但美国对这种将其排除在外的合作框架非常不满。时任美国国务卿鲍威尔在接受日本媒体采访时称，东亚一体化进程不能削弱美国的影响力。据日本共同社报道，鲍威尔就日中韩及东盟联合推进的"东亚共同体"构想发表意见时称："如果美国同地区各国间的双边关系在任何方面都不会遭到破坏，那么各国可以自由加入这一组织。"鲍威尔的讲话是美国政府首次就东亚地区一体化发表正式评论。共同社认为，从中可以看出，美国并不希望东亚一体化削弱其影响力。鲍威尔指出，亚太地区已经存在了有美国参与的东盟地区论坛（ARF）和亚太经合组织（APEC）等地区合作组织，因此"难以认同寻求其他框架的必要性"，此外他还强调，反对"任何削弱美国同其亚洲盟友之间牢固关系的进程"。[①] 为了瓦解这一地区合作进程，美国不断地通过其东亚地区盟友，或者采取直接与成员国对话等多种方式，制造与放大"中国威胁论"，不断干扰东盟与中日韩"10+3"机制的深化发展，最终在东亚地区合作即将迈上新阶段的关键时刻，美国的这种分化瓦解的努力取得显著成效，促使拟议中的东亚峰会最终沦为一个松散的地区论坛，而且东亚峰会的成员也超出了东亚地区范围。从首

---

① 《鲍威尔：日本修宪须斟酌 东亚一体化不可削弱美国》，http://mil.news.sina.com.cn/2004-08-13/1736217226.html。

届东亚峰会时的"10+6"（涵盖澳大利亚、印度和新西兰等3个地区外国家）机制，变成目前的"10+8"（俄罗斯、美国也陆续加入）机制，基本上成为一个超越东亚地区范围的国家间"清谈俱乐部"。尤其是随着美国成为东亚峰会成员国以后，它在这一机制中的影响力也与日俱增，这种局面距离东亚地区国家最初设定的以东亚峰会机制推动地区一体化进程的理想目标渐行渐远。

2009年以来，随着美国"重返亚太"战略的实施，美国进一步强化东亚地区的存在，通过推动与深化美国主导的地区合作框架，诸如APEC、TPP等，借以消除地区内排他性合作集团的产生，对东亚地区主义进程产生了明显的消解作用。这也正应了美国的战略诉求，即反对东亚地区将美国排除出去的区域整合的局面，而非反对任何形式的东亚区域整合。正如莫顿·阿布拉莫维茨和斯蒂芬·博斯沃思所指出的那样，美国也不应该试图挤进东亚的地区组合中去，或告诉东亚哪些国家应被包括在这一进程中。美国应该强有力地支持东亚更加深入的地区合作，包括最终创立东亚共同体。他们相信，东亚更大程度的联合将促进美国的利益。[①] 而且美国完全可以在东亚地区一体化进程中发挥建设性作用，助推东亚共同体建设，加强与东亚国家在非传统安全领域的功能性合作，以及支持东盟在东亚共同体建设中的主导作用等。

无论东亚国家接受与否，美国的影响力都将在东亚地区持续存在，而且美国在东亚地区舞台上将持续扮演重要角色。因此，在可以预见的未来，东亚地区主义发展进程仍然难以消除美国因素的影响，美国成为塑造东亚地区主义发展路径的重要变量因素之一。

---

① Morton Abramowitz and Stephen Bosworth, *Chasing the Sun: Rethinking East Asian Policy*, New York: The Century Foundation Press, 2006, pp. 135-136. 转引自吴心伯《美国与东亚地区一体化》，《国际问题研究》2007年第5期。

第 四 章

东亚地区主义路径塑造：目标因素

　　东亚地区主义向何处去？这是许多东亚领导人与社会精英普遍关注的一个问题。毋庸置疑，任何一项合作都需要有其预期目标或方向，这是合作得以顺利推进的前提条件。如果没有目标导向，合作就失去了应有的方向，也就无法体现合作自身的意义和价值趋向。具体到地区层面的合作也是如此，只有设定了基本目标或方向，才会有朝向这一目标前进的具体步骤与行动。当然，不同的地区合作、不同的合作领域，在其发展目标的设定上会存在一定差异。一般而言，地区合作既有短期目标，也有长期目标。短期目标体现为在较短的一个时期内，地区内参与各方在具体事务与领域上有针对性地推进合作进程；而长期目标则是指相关参与各方为地区合作设定的理想目标，在这一长期目标的指引下，参与各方通过单向推进式的或者多项分进式的方式，朝着这一目标展开一系列步骤与行动。从这个意义上，地区合作的长期目标是由多个短期目标累加而成的，长期目标需要这些具体的短期目标去支持和巩固，而短期目标也是实现长期目标的必然步骤与过程。以地区机制化合作为内容的地区主义也存在同样的逻辑，地区主义发展也存在其长期目标和短期目标，它们共同构成了地区主义的目标导向，引领了地区主义的发展方向。

第一节　经济成长目标定位与地区主义发展

　　东亚地区主义发展起步较晚，加之诸多制约因素的存在与持续影响，诸如经济发展水平的差距、各国制度上的较大差异、地区合作主导权的问题、一些历史遗留问题以及领土与领海争端等，这些都使东亚地区各国在一些地区性问题上存在较大的分歧，致使东亚地区合作的制度化安排处于一个相对较低的水平。事实表明，东亚地区主义发展进程中诸多制约因素的存在影响到东亚地区主义目标的设定，东亚各国都是基于自身的经济与社会发展状况谋划利己的地区主义发展目标，这使得地区各国目标和主张之间存在明显的分歧或冲突。

一 问题导向的务实目标定位

东亚地区主义开启之初，实际上并不存在一个长期发展目标的问题。东亚与欧洲不同，东亚合作进程是从务实需要开始，通过设定具体合作项目，进而不断增加合作内容，在实现每一个具体合作目标的基础上，逐步建立和完善地区合作机制的过程。这应该被视为东亚合作的一个突出特点。例如，在1997年东盟与中日韩第一次领导人会议上，与会各国领导人只是集中精力探讨了东南亚金融危机和深化东亚地区各国经济合作的问题等。此次会议针对的就是一个具体问题的对策，而且也只是仅仅表达了未来地区合作与国家间协调的一个意向，并没有具体规划东亚地区范围的合作领域与目标。第二次东盟与中日韩领导人会议在继续探讨东盟与中日韩在地区经济恢复方面合作的同时，也仅仅增加了一个谈论的内容，即面向21世纪维护和促进地区和平、安全与稳定方面的合作问题，不过只是作为一般性话题加以讨论，既没有设定具体合作安排，更谈不上未来地区主义发展目标的设定。

直到1999年11月28日在菲律宾首都马尼拉举行第三次东盟—中日韩领导人非正式会议，东亚地区合作的具体规划才被提上议程，并且在会后各国领导人共同发表的《东亚合作联合声明》中，提出了东亚地区合作的方向和重点领域，这被视为东亚地区主义发展的一个重要转折点。东亚地区历史上第一次有了地区制度化合作的方向与目标。虽然这些是具体问题领域的合作目标设定，但对于情况相对复杂的东亚地区而言，也是非常可贵的。《东亚合作联合声明》确定的方向或目标主要包括：在经济和社会领域，各国同意加速贸易、投资和技术转让，鼓励信息技术和电子商务方面的技术合作，推动工农业合作，加强中小企业发展，推动旅游业的发展，鼓励积极参与东亚增长区的发展等；在货币与金融合作领域，各国同意在金融、货币和财政问题上加强政策性对话、协调与合作，初始阶段可以集中在宏观经济风险管理、加强公司管理、资本流通的地区监控、强化银行和金融体系、改革国际金融体系以及通过"10+3"的框架（包括正在进行的"10+3"财政和央行领导人的对话与合作机制）加强自救与自助机制；在新的千年中存在着挑战和机遇方面，各国一致同意要推动对话与合作，以加速对话进程；加强并巩固集体的努力，以促进相互理解、相互信任、睦邻友好关系以及东亚乃至整个世界的和平、稳定与繁荣。另外，各国一致同意加强在科技发展领域、文化和信息领域、发展合作领域、政治领域、跨国问题等领域的合作，达到实现本地区持久和平与稳定的目的。而且各国领导人还同意在诸如联合国、世界贸易组织、亚太经济合作组织、亚欧会议和东盟地区论坛等各种国际和地区场合中，加强协调与合作。这些都是东亚地区范围的一些具体领域的合作，而且比较有针对性，是推动东亚地区合作的一些重要步骤。从这些合作方向与重点合作领域的安排上可以看出东亚地区主义与欧洲地区主义的发展进程上存在着明显差异。欧洲地区主义的发展，首先是设定目标和方向，尽管存在是联邦主义还是邦联主义之争，但两者主张的基本方向都是建立一个超国家的行为体，只是这个超国家行为体的权限有差异。而东亚地区主义的发展首先着眼于具体领域或问题为导向的合作安排，只是有了具体合作的现实需要才去推动地区合作进程。

二 价值导向的理想目标定位

虽然东亚地区主义开启之初，缺少一个明确的未来发展目标，但这并不意味着东亚地区缺少对未来地区制度化合作目标的设想。在2000年11月召开的第四次东盟与中日韩领导人会议上，时任中国总理朱镕基在

《东亚合作联合声明》的基础上,进一步明确了中国对东亚地区制度化合作目标的主张,即应以发展为目标,尊重多样性,循序渐进。朱镕基指出,无论是在世界范围内还是本地区范围内,和平与发展的问题都未得到真正的解决。维护世界和平、促进共同发展,既是各国人民的共同愿望,也是东亚合作的宗旨和目标。东亚不同于欧洲,东亚国家之间在经济、政治、宗教等方面的巨大差别是建立类似欧盟一样的共同体的一个严重障碍。即便东亚国家把合作的目标设定在建立一个地区共同体,或者是一个实体性的地区合作组织,实现这个目标也需要比欧洲更长的时间。因此,东亚合作只能是循序渐进的,这是东亚地区主义目标设定的基本依据。国务院总理温家宝在 2007 年 1 月 15 日召开的第二届东亚峰会上进一步完善和发展了中国对东亚地区合作目标的主张,他认为东亚地区合作的目标就是促进地区的和平、稳定与发展。首先,东亚合作应是实现地区共同发展与繁荣的合作,要从各方最关心、共识最多的领域开始,从交流发展经验、现代信息和先进技术入手,让各国从合作中得益,逐步增强合作的信心和动力。应推动东亚合作朝着均衡、普惠的方向发展,通过双边和多边的务实合作,密切彼此经贸联系,形成互利、互补的合作格局。其次,东亚合作应是促进国家之间和谐相处的合作。各国要建立一个能够在安宁的时候共同发展、危机的时候共同应对的新型命运共同体。东亚合作的目的是为了促进地区的和平、稳定与发展。实现这一目标需要东亚各国通过平等对话弥合分歧,通过友好协商化解争端,营造一个相互信任、持久稳定的地区安全环境。最后,东亚合作应是尊重社会制度和文化多样性、多元化发展的合作。东亚地区合作要从东亚国家的特点和发展不平衡的实际出发,相互尊重,照顾不同国家的需求和能力,循序渐进地推进合作。同时要坚持开放性,欢迎地区外国家和组织的参与,不断拓宽合作的范围,加强合作的基础。东亚开放型地区主义的扩展是东亚国际秩序建构中的一件大事,它为所有国家的互动提供了一个平台,遏制恶性竞争,鼓励良性竞争。中国作为一个地区大国,参与和推动东亚合作的目标是实现东亚地区的秩序,而不是建立紧密型的地区制度。因此，中国推动东亚地区合作，重点是放在推动东亚的多重合作机制和地区的稳定关系秩序上，即中国主要的努力是放在推动具有实质内容的功能性合作之上。因此，中国在参与和推动地区合作上是灵活的，追求的是一种东亚地区的合作与和谐，这符合中国提出的构建和谐地区的倡议，也有利于营造一个相互信任、持久稳定的地区安全环境。

中国的主张得到了不少东亚国家的认可，但同时也出现了不同的针对东亚未来制度化合作目标的主张，这主要体现在"东亚展望小组"在2001年向第五次东盟与中日韩"10+3"首脑会议提交的《迈向东亚共同体——区域和平、繁荣和进步》的研究报告中。该报告的结论指出："建立东亚共同体的时代已经到来，具有强烈的地理、历史和文化联系的东亚国家，正在积极寻求区域合作的基础。新的全球趋势，如全球化和区域间的相互依赖也使东亚合作便利化。要真正实现东亚共同体需要有很多的时间和努力。建立东亚共同体的进程是不确定的，方向是明确的，现在的趋势也是不可避免的。我们将找到共同点，利用我们的智慧和资源，实现共同的目标，建立新的制度，实现和平、繁荣和进步。"对于这种主张，时任中国总理朱镕基也给予了肯定，并表示中方支持"东亚研究小组"以"东亚展望小组"的报告为基础，探索符合东亚实际的区域合作长远目标。他在讲话中指出，东亚各国应着力健全地区贸易和投资的合作框架，促进金融、科技、信息、环保等领域互利合作，谋求本地区经济的更大融合和共同发展。同时，可以本着协商一致、稳步前进的原则，逐步开展在政治、安全领域的对话与合作。而且还应保持地区合作的开放性，适时探讨同其他区域合作机制建立联系的方式等。"东亚研究小组"经过对"东亚展望小组"的报告论证后，也强调"建立'东亚共同体'符合各国的利益和愿望，同时也将是一个长期渐进的过程"。在2002年第六次东盟与中日韩"10+3"首脑会议上，与会领导人进一步明确了走向东亚共同体的17项短期和9项长期措施。

在2005年12月召开的第九次东盟与中日韩"10+3"领导人会议

上,与会各国领导人同意将建立东亚共同体作为东亚地区合作的长期发展目标,但这并不意味着东亚各国在合作目标上不再存在分歧。就东亚共同体概念本身而言,东亚各国仍然存在不同的认知与解读。日本和东盟一些国家试图将一些非东亚地区的国家拉入到东亚共同体内,这显然超出了地区范围,也就不能再将其称为东亚共同体。东亚国家在东亚共同体认知上的差异在后来正式的文本表述上也能够体现出来。其中,"共同体"一词使用的是英文小写,而不是大写,这无疑表明东亚共同体仍然停留在一种设想层面,而不能视之为一个未来地区主义发展趋向的实体地区组织。张蕴岭认为:"中国虽然接受了东亚共同体这个概念,但是,对于共同体中国有自己的理解。按照我的理解,中国理念的'共同体'可能主要是一种协商、协调、合作的和谐地区秩序,而不一定是一个具有管理功能的超级地区组织。""东亚共同体的建设并不是要寻求建立一个超级地区组织,对地区事务进行管理,而是在于建立一种新的地区秩序,这种秩序是建立在所有地区成员拥有共同或者共享利益的基础之上的"。[1] 也有学者指出,"东亚共同体应由东亚地域内的国家所组成,不应接纳区域外的国家参与其中","而且也不可能有构建东亚共同体的具体时间表"[2]。日本是东亚共同体这一目标的积极推动者,时任日本首相小泉纯一郎早在2002年1月访问新加坡的时候提出了"并行并进的共同体"目标,这被认为是较早提出"东亚共同体"构想的国家领导人之一。当然,小泉所讲的"共同体"不仅包括东盟和中日韩,也包括澳大利亚和新西兰,后来又涵盖了印度,这明显背离了东亚共同体的概念本身。

虽然各国在东亚共同体认知上存在分歧,但作为东盟与中日韩第一次集体公开表述的地区合作目标,东亚共同体在东亚地区主义发展进程中具有非常重要的意义,这是继东亚各国在确定了重点合作领域和短期

---

[1] Zhang Yunling, *East Asian Regionalism and China*, World Affairs Press, 2005, p.12.
[2] 远山:《谁来主导"东亚共同体"?》,http://www.gcpnews.com/articles/2009-12-16/C1165_46830.html。

目标之后，第一次有了长远的谋划。对中国而言，将建立东亚共同体作为东亚地区合作目标，符合中国和平外交方针和周边外交政策，不仅有利于改善中国与东亚邻国的关系，而且还可以通过推动东亚地区合作，更好地将中国睦邻友好周边外交政策付诸实施。

第二节 权力平衡目标定位与地区主义发展

长期以来，谋求大国平衡战略一直是东亚地区小国对外战略的优先选择。毋庸置疑，一方面，这一大国平衡战略实践使得地区小国能够在大国之间寻求平衡，以谋求自身利益的最大化。这种大国平衡战略实践能够较好地维护与增进小国国家利益，而且，也在一定程度上助推了东亚地区主义发展。但另一方面，也必须看到这一大国平衡战略实践导致东亚地区主义发展目标定位出现泛化与模糊，一些地区中小国家将能否实现地区权力平衡作为推动地区主义进程的优先考量而非单纯的经济收益，这种以权力平衡为导向的目标定位显然不利于推动东亚地区主义的深化发展。

一 均势思维导向的泛化目标定位

在亚洲金融危机发生之后的最初几年，东盟成员国为了早日摆脱危机困扰，普遍对地区主义发展持开放积极的态度，这也促成了东亚地区主义在开启之初取得了举世瞩目的成绩。但随着东盟成员国逐步走出金融危机阴霾，权力平衡思维再度左右了这些国家参与地区一体化进程的态度。2005年首届东亚峰会的召开，被普遍视为东亚地区主义发展进程中遭遇的一次重大挫折，它在一定程度上减缓了东亚地区制度性合作推进的步伐。

按最初设想，东亚峰会的成员就是东亚十三国，并逐渐以东亚峰会形式取代东盟与中日韩"10+3"机制，因为东亚峰会和东盟与中日韩"10+3"机制存在实质性区别。东盟把"10+3"机制称为"东盟+3"，这种结构是以东盟为东道主,邀请中、日、韩三国作为客人与会,地点限于东盟成员国内,主办者为东盟成员,时间安排在东盟每年举行的领导人会议期间。而按照东亚峰会最初的倡议,各国以平等的身份与会,无主客之分,东盟国家也不再以一个整体出现,会议由东亚各国轮流主办,地点不局限于东南亚,时间也不一定安排在东盟年会期间。但这一倡议引起了东盟的忧虑,东亚峰会取代"东盟+3",不但东盟的名字没有了,而且东盟对东亚合作的主导权也可能旁落,今后东亚合作必将被大国所主导。因此,倡议提出后的一段时间里,一直没有被东盟所接受。在中国等地区主要国家的妥协之下,东盟成功地改造了原先的倡议,把东亚峰会的主办权牢牢控制在自己手中,不但时间、地点仍按"东盟+3"模式进行,连与会者的资格也要由东盟来审定。东盟将选择与其战略利益和发展机遇最密切的国家入会,而不受地域的限制。

日本首先提出扩大成员的倡议,要求允许澳大利亚、新西兰这两个位于大洋洲的发达国家参与峰会。但在马哈蒂尔执政时期,被其视为"不是亚洲人,而是欧洲人"的澳、新入门无望。马哈蒂尔离任后,东盟出于"大国平衡"的战略以及地缘政治和经济利益的考虑,最终同意澳、新与会,但同时要求把亚洲大国印度请入会场。后来,俄罗斯、美国也加入进来。毫无疑问,东亚峰会成员国构成与最初的设想相去甚远,成员构成超出了东亚地理区域范围,偏离了东亚概念本身,这使未来地区合作的前景出现变数。之所以出现这样的结果,主要原因在于日本希望将澳大利亚、新西兰、印度拉入其中以平衡中国的影响力,而东盟则担心被中日两个大国边缘化,而丧失地区合作的主导性地位。首届东亚峰会之后,许多积极推进东亚地区主义的官员与学者普遍陷入悲观情绪之中,未来东亚地区主义发展究竟何去何从?是原有的"10+3"机制基础上的共同体建设,还是现有的"10+8"机制基础上的共同体建设?这种"10+8"基础上的共同体是否还是东亚共同体?地区国家的均势思维动摇了先前的地区制度安排的基础,使得地区主义发展目标模糊和泛化,这在很大程度上销蚀了自1997年以来逐渐高涨的地区合作的热情。

二 权益思维导向的差异化目标定位

对于东亚合作的目标定位,到底东亚地区合作的目标是什么?这一问题在2009年再度成为热议话题,并且有了进一步的表述。2009年9月,日本时任首相鸠山由纪夫履新伊始即抛出"东亚共同体"的构想。中国对此给予了积极回应,在2009年9月17日外交部例行记者会上,外交部发言人姜瑜表示,中方愿同东亚各国深化合作,向建立东亚共同体目标迈进。她说:"中方致力于同包括日本在内的东亚各国进一步深化东亚合作,朝着东亚共同体的目标不断迈进。"2009年10月10日,第二次中日韩领导人会议在北京举行。中日韩三国领导人规划了三国合作的未来,并发表了《中日韩合作十周年联合声明》。声明指出:"三国致力于在开放、透明、包容原则基础上建设东亚共同体的长远目标,致力于区域合作。"《中日韩合作十周年联合声明》明确了中日韩未来合作的方向,即以推进东亚共同体为方向和目标。鸠山由纪夫在2009年10月25日会见记者时说:"东亚共同体构想是一个长期性目标,不可能在5年或者10年时间内就简单地实现,须一步一步积累。"同年12月12日,中国时任国家副主席习近平在北京人民大会堂接受日韩媒体联合采访有关建立东亚共同体问题时表示,东亚共同体构想符合亚洲一体化进程的大趋势,也是包括中日两国在内的本地区各国共同追求的目标。构建东亚共同体是一个系统工程,既要立足现实,又要着眼长远。当前最重要的是各国应加强对话沟通,达成共识。习近平明确表述了中国的立场和态度,即东亚共同体是东亚各国努力的方向和目标,但是要立足现实,从具体领域的合作出发,实现东亚地区的和平、稳定与发展,构建一个和谐东亚。"尽管中国政府并不否认东亚共同体的设想,但也没有太多的热情。对中国来说,鸠山倡导的'东亚共同体'的概念并不明确,包括亚洲共同货币在内的一些设想过于理想。但也可能有其他的原因。如果在十多年前的亚洲金融危机的时候,日本的这个建议可能对中国具有比今天更大的吸引力。""中日双方的民族主义是客观存在的,双方政府不可能对之漠视。所有这些因素使得中国政府在追求东亚共同体方面小心谨慎。"①

可以看出，虽然东亚主要国家对于东亚地区长远目标是通向东亚共同体有着较为一致的认可，但在东亚共同体的具体内涵上仍然存在不同的解读。中国政府倾向于将东亚共同体解读为一种和谐秩序，而不必是一个制度化的区域组织，这是一种灵活的、务实的地区主义观。在中国看来，东亚合作是一个循序渐进的过程，谋求的是稳定和良好的地区关系，而不是取得地区霸权或支配地位。这种立场和态度也是基于东亚地区现实的理性定位，这不仅有利于减少地区合作的内外阻力，尤其是来自外部的阻力，也有利于在具体问题上开展务实合作，通过渐进的方式推动东亚地区主义的发展。

而且，东亚共同体构想的倡议者是日本首相鸠山由纪夫，他在东亚共同体构想中加大了日本的权重，而且，在鸠山由纪夫看来，中日韩三国才是构建东亚共同体的核心力量，因此，他认为，建设东亚共同体的重任应落在中日韩三国肩上。显然，这种关于东亚共同体的构想忽略了东盟的作用，这与东盟有关地区制度化安排的设想相去甚远。众所周知，当初东亚峰会还在酝酿阶段时，就是因为东盟担心东盟峰会被实力强劲的中日韩主导而危及东盟的利益，而选择对最初的东亚峰会构想持较为消极的态度。直到后来在中日两国一致认可东盟在东亚峰会中的主导地位，并做出了诸多有利于东盟主导地位的安排以后，改头换面的东亚峰会才得以召开。由此不难看出，东盟对东亚合作的主导权是极其看重的，这也导致东盟将推进地区主义发展的重心置于东盟自身一体化进程之上，而对东亚共同体的构想兴趣索然。

---

① 郑永年：《中国需要什么样的东亚共同体？》，http://www.zaobao.com/special/forum/pages7/forum_ zp091013.shtml。

第 五 章

东亚地区主义路径塑造：机制因素

东亚地区层面合作起步较晚，到目前为止，真正严格意义上的地区合作的制度性安排和基本原则还没有完全建立起来，而仅仅只是存在一些不具约束力的对话合作机制，成为东亚各国讨论地区性问题、进行协调与合作的平台，展示出一个多元对话机制的组合。一般认为，东亚地区的对话合作机制主要是四个：第一是"10+3"机制，即东盟与中日韩之间的对话与合作机制；第二是"10"，即东盟自身的发展与合作机制；第三是"10+1"，即东盟分别与中日韩之间的对话与合作机制；第四是"3"，即中日韩之间的对话与合作机制。这里并没有将亚太经济合作组织、东亚峰会等地区组织与对话机制涵盖在内，笔者的主要考量是，这些地区组织与对话机制并非单纯的东亚地区合作的范畴，这对于强化一个单一的东亚地区主义的概念没有帮助，也超出了本书研究的范围。

第一节 东盟与中日韩"10+3"机制与地区主义发展

"10+3"机制是指东盟十国和中日韩三国合作机制的简称。这一地区合作机制的产生与1997—1998年的亚洲金融危机密切相关，是在这场金融危机之后逐步形成的东亚地区范围的对话与合作机制，这一对话机制已经成为东亚地区各国对话与合作的主要渠道。"10+3"机制的直接前身就是时任马来西亚总理马哈蒂尔1990年提出的"东亚经济集团"

(EAEG),后来被更名为"东亚经济核心论坛"(EAEC),但这两个倡议版本无一例外都遭到了美国等国家的强烈反对。尽管"东亚经济集团"与"东亚经济核心论坛"的倡议无果而终,但东亚地区各国特别是东南亚各国致力于一个大的东亚地区合作的意愿却进一步增强。东亚地区合作的转折点发生在1994年10月,时任新加坡总理吴作栋在访问法国期间提出了召开亚欧会议的构想。这在实践中证明是东盟与中日韩"10+3"机制得以确立的催化剂。而东盟与中日韩"10+3"机制得以确立的直接导火索则是亚洲金融危机的爆发和以美国为首的西方国家在这场危机中的表现。美国和其他西方国家不仅没有能够给予东亚国家急需的帮助,而且还进一步加剧了危机的程度。在这一过程中,作为东亚地区邻国的中国和日本给予了受危机困扰的东亚国家以宝贵的援助和支持,有效地缓解了危机的程度,也促使东亚国家开始重新思考原有的地区战略,积极谋求地区范围合作成为东亚国家的一种必然选项。为应对这场地区性金融危机,1997年,东盟与中日韩领导人在马来西亚的吉隆坡举行了首次非正式的聚会,东盟与中日韩"10+3"对话机制正式启动。

东盟与中日韩"10+3"合作作为东亚合作的主渠道,目前已在财金、粮食、减贫、灾害管理等24个领域开展了务实合作,建立了65个对话与合作机制,形成了以领导人会议为核心,以部长会议、高官会、东盟常驻代表委员会与中日韩驻东盟大使会议(CPR+3)和工作组会议为支撑的合作体系。其中,领导人会议是最高层级机制,每年举行一次,主要对"10+3"发展做出战略规划和指导。17个部长级会议机制具体负责相关领域政策规划和协调。高官会则负责政策沟通。东盟大使会议负责就合作具体问题进行协调。此外,10+3框架下还建有官、产、学共同参与的东亚论坛(EAF)及二轨的东亚思想库网络(NEAT),为"10+3"合作提供智力支撑。①

---

① 董漫远、苏晓辉:《中国周边安全环境评估及政策选择(2010—2020)》,世界知识出版社2015年版,第335页。

一 东盟与中日韩"10+3"政府层面对话机制

东盟与中日韩"10+3"政府层面对话机制主要包括4个方面：第一是东盟与中日韩"10+3"领导人会议。自1997年12月15日在马来西亚吉隆坡举行首次东盟与中日韩（时为"9+3"，因柬埔寨尚未加入东盟）领导人非正式会议到2017年11月14日在菲律宾马尼拉举行的第20次东盟与中日韩"10+3"领导人会议，东盟与中日韩"10+3"领导人会议已经走过了20个年头，成为地区政府首脑沟通交流的最主要的平台，对于推动地区合作进程发挥了关键性作用。第二是部长级会议。主要包括外交部长、经济部长、财政部长、能源部长、旅游部长、卫生部长、新闻部长、环境部长、农林部长会议以及打击跨国犯罪部长级会议等14个部长会议机制。第三是高官会议。一般由各成员司局级或大使级官员组成。高官会的主要任务是负责执行领导人和部长会议的决定，并为下次领导人和部长会议做准备。截至目前，东盟与中日韩高官会议已经举行了很多次，涉及的领域也比较广泛。第四是工作层会议。主要任务是处理与协调领导人会议、部长级会议以及高官会议等具体事务的安排，起到沟通与协调的功能。

经过多年的发展，东盟与中日韩"10+3"政府层面对话机制已初见规模与成效。东盟10个成员国和中国、日本、韩国3个东北亚国家的政府领导人、部长，以及其他一些高级官员等，一起参与东亚地区范围问题的协商与对话进程中，而且这一对话机制以经济合作为重点，开始逐渐向政治、安全、文化等领域拓展。

二 东盟与中日韩"10+3"框架内民间层次对话机制

东盟与中日韩"10+3"框架内的民间层次对话机制主要体现在东亚地区范围的第二轨道外交，这是具有东亚特色的一种多边合作方式，是对东盟与中日韩"10+3"官方层面对话机制的重要与有益补充。1998年，根据韩国总统金大中的建议，东盟与中日韩领导人一致同意，在

"10+3"框架内建立的5个关于东亚事务的研究机制。其一就是"东亚展望小组",这是东亚国家的一个民间非政府组织,其主要功能是作为"10+3"框架下的主要咨询的非官方机制。"东亚展望小组"于1999年正式成立,主要由东亚各国著名学者组成。其所讨论的内容涉及东亚国家合作机制的定性、东亚合作的形式,以及政治、经济、金融、科技合作,等等。2002年10月该小组正式形成了一份题为"走向东亚共同体"的东亚展望小组报告,成为"10+3"领导人非正式会议讨论东亚合作的重要依据。其二是"东亚研究小组",该小组主要是对推进东亚合作的具体领域和可以采取的措施进行研究。2002年该小组正式形成了题为"东亚研究小组最终报告",就东亚区域合作提出了17项近期措施和9项中远期措施。其三是"产业和商业论坛",主要由一些工商界人士和学者组成,不定期地商讨东亚国家间的企业合作事宜。其四是"东亚论坛",这是根据"东亚展望小组"和"东亚研究小组"的两个报告所提建议而设立的,由来自各方面的政府和非政府的人员构成,这一机制建立的目的在于促进广泛的社会交流和区域合作。该论坛由韩国牵头,2003年12月召开了第一届年会。其五是"东亚思想库网络",这是根据"东亚研究小组"的报告所提近期措施的第九项的建议建立起来的,由中国政府承接并得到东亚非正式首脑会议认可。开始由中国社会科学院亚太研究所作为"总协调员"(General Coordinator),后转由中国外交学院接办。

尽管东盟与中日韩"10+3"机制还存在诸多的难题,但不能否认东盟与中日韩"10+3"机制的创设是东亚历史上的一个重要里程碑,它开启了东亚地区国家间合作的新篇章,也展示了东亚地区各国共同维护地区和平与发展的共同愿望,对于东亚国家未来合作的推进与发展具有深远意义。

第二节 东盟与中日韩"10+1"机制与地区主义发展

东盟与中日韩3个东北亚国家在确立"10+3"机制的同时,也建立了针对双边实质性合作的具体平台,具体表现为东盟分别与中日韩之间的3个平行的对话机制,即中国—东盟领导人"10+1"对话机制、日本—东盟领导人"10+1"对话机制和韩国—东盟领导人"10+1"对话机制。这3个平行的"10+1"机制的设立是东盟与中日韩务实合作的具体表现。无论是东盟,还是中国、日本与韩国的领导人都认识到该地区在"10+3"层面所面临的困难与阻力,需要各国采取更积极灵活的方式去推进地区合作。在这一基本思路引领下,东盟与中日韩领导人采取了通过3个平行的"10+1"机制来推动地区合作务实战略,以此较好地绕开"10+3"层面面临的合作障碍。事实证明,3个"10+1"对话机制的形成和完善,对于推动中国与东盟合作、日本与东盟合作以及韩国与东盟合作等都发挥了越来越大的作用,也有力地促进了东盟与中日韩"10+3"合作的开展,推动了东亚地区主义的发展。

一 中国与东盟"10+1"机制

中国与东盟的"10+1"机制是开始最早的,也是东亚地区以东盟为核心的3个"10+1"机制当中发展成果最为突出的一个。早在1997年12月举行的首次东盟与中国的首脑会议中,双方就同意提高双边和多边合作层次,通过促进贸易、投资、市场准入、技术交流和信息分享来加强相互间紧密的经济关系。此后,东盟与中国的合作关系得到了不断加强,在此良好的合作背景下,中国率先在2000年提议建立中国—东盟自由贸易区,这一决定在次年举行的第五次中国—东盟领导人会议上,得到了与会领导人的一致赞同,中国与东盟同意将在10年内建立中国—东盟自由贸易区。在2002年举行的第六次中国—东盟领导人会议上,中国采取了一系列重大措施,将中国与东盟关系提升到一个全面发展新阶段。这主要体现在,中国以签署《中国与东盟全面经济合作框架协定》为契机,启动了中国与东盟建立自由贸易区的进程;以发表中国参与湄公河次区域合作《国家报告》为基础,启动了中国与东盟湄公河流域开发的全面合作;以发表《关于非传统安全领域合作联合宣言》为契机,启动了中国与东盟在非传统安全领域的实际合作。中国决定从2004年起,向老、柬、缅大部分对华商品提供零关税待遇,以及出资3000万美元帮助修建昆明至曼谷公路的老挝境内部分路段等,这些举措都得到东盟相关国家的欢迎和好评。2003年4月29日中国与东盟十国领导人在曼谷举行关于非典型肺炎问题的特别会议,发表了相互交流与合作以共抗非典的"特别会议联合声明",这被普遍认为是中国作为负责任的地区大国的具体实践,受到东盟各国的普遍欢迎。2003年10月,中国与东盟国家签署了《面向和平与繁荣的战略伙伴关系联合宣言》,这是中国第一次与一个地区组织建立战略伙伴关系,中国成为东盟的第一个战略伙伴。中国还正式加入了《东南亚友好条约》,成为第一个加入该条约的大国,这标志着双方关系进入了新的发展阶段。据统计,自1997年中国与东盟第一次领导人会议至今,已经举行了13次领导人会议,很好地推动了双边互动与交流,深化了合作的基础。自2010年中国—东盟自由贸易区正式宣布启动以来,中国对东盟的投资呈现快速增长态势。从2011年至2014年,中国对东盟国家直接投资分别为78.6亿美元、57.18亿美元、67.78亿美元、88.69亿美元。2015年,中国对东盟直接投资流量首次突破百亿美元达到146.04亿美元,同比增长87%,创历史最高值。投资领域也从传统的建筑业、承包工程逐步向能源、制造业和商业服务领域转移。随着中国—东盟自贸区的发展,成员国之间的相互投资不断增加,跨国企业数量的增加和业务的发展有利于减少双边贸易的交易成本,从而弱化边界效应,促进贸易的开展。① 这无疑将极大地密切中国与东盟之间的经济联系,也推动东亚地区主义的不断发展。

二 日本与东盟"10+1"机制

日本与东盟"10+1"合作也紧随中国之后迅速推进。1997年东盟国

---

① 郭晓合:《中国—东盟自由贸易区建设:现状与前瞻》,《人民论坛》2016年10月(上),第38页。

家领导人也与日本领导人进行了会晤,双方决定加强双方伙伴关系,扩大贸易、投资和产业分工合作。2002年2月,日本提出了类似中国—东盟自由贸易区的日本与东盟全面经济伙伴关系(JACEP)倡议,旨在通过经济伙伴关系协定(EPA)深化与东盟的关系。日本与东盟的这一经济伙伴关系协定比自由贸易区更全面,不仅包括货物贸易,而且包括服务、投资、贸易便利化措施,以及其他领域的合作。在2003年12月举行的日本和东南亚国家联盟特别首脑会议上,日本与东盟联合发表了旨在加强日本与东盟各国经济、政治和安全关系的《东京宣言》和《行动计划》,并正式提出将"东亚共同体"作为东亚地区合作的目标。此外,日本对湄公河流域的开发展现出积极的态度。2007年1月,日本与柬埔寨、老挝和越南三国的外长会议上通过了"日本—湄公河地区伙伴关系计划",强化了对湄公河地区的援助。2008年,日本明确提出援助该地区建立"东西经济走廊"和"南部经济走廊",并将2009年定为"日本—湄公河交流年"。2008年6月,日本国会通过了与东盟签署的《日本—东盟全面经济伙伴关系协定》,东盟10个成员国中的8个也已经批准了该协定。根据协定,日本与东盟各国将在10年内基本上实现贸易投资自由化,其中,日本将对从东盟进口总额93%的产品取消关税,印度尼西亚、马来西亚、菲律宾、泰国和新加坡六国将对从日本进口总额的91%的产品实行零关税。① 同时,日本也与除老挝、柬埔寨、缅甸之外的7个东盟成员国签署了双边经济伙伴协定(EPA),并且全部已经生效。日本通过这种贸易安排,推进了日本与东盟"10+1"合作的广度和深度,不仅使双边经贸关系进一步发展,而且使双方战略伙伴关系也进一步加强。

三 韩国与东盟"10+1"机制

继中国与日本与东盟确立"10+1"合作框架以后,韩国也展开了一

---

① 刘昌黎:《日本东盟经济伙伴关系的新发展》,http://blog.sina.com.cn/s/blog_52ed126f0100du5m.html。

系列具体步骤，推动建立韩国与东盟"10+1"合作平台，以促进双边的贸易与投资合作。2004年12月，韩国也成为继中国和日本之后加入《东南亚友好条约》的国家，同年韩国与东盟签署了《全面合作伙伴关系联合宣言》，将东盟与韩国的双边关系提升到新的高度，韩国与东盟在政治、经济和安全领域的合作也都有新的突破。2005年，韩国与东盟签署了《全面经济合作框架协议》，该协议规定韩国与东盟的自由贸易区计划于2008—2010年建成。2009年东盟与韩国正式签订双边自由贸易协定框架下的投资协定，这意味着一个涵盖超过6亿人口和国内生产总值总和超过两万亿美元的自由贸易区建成。这是东盟与中日韩3个"10+1"中首个完成双边自贸协定框架下的货品贸易协定、服务业协定、投资协定及争端解决机制协定这四大协定的国家，虽然韩国是继中国与日本之后，才同东盟展开自贸协定谈判的国家，然而继双边自贸协定框架下的货品贸易协定在2007年生效后，双方加快谈判进程，赶超了中国和日本两个东北亚邻国。[①]

实践证明，东盟与中日韩之间的3个"10+1"合作机制是一个务实有效的地区机制，是东盟地区合作进程中发展最快、最具有实质性内容的合作框架。虽然这3个平行的"10+1"合作机制创建时间与推进速度不同，但无论是中国与东盟、日本与东盟还是韩国与东盟的3个"10+1"都获得了较快的成长，实实在在地推进了东亚地区国家间合作。这不仅是全球地区主义大潮以及东亚经济体经贸联系日益增长的结果，也很大程度上得益于中日韩3个大国的力量在东亚地区相互竞争和相互作用的结果。[②]"10+1"机制的良好运转也势必会推动"10+3"机制的发展进程，如果中国、日本和韩国与东盟的互动关系模式发生结构性的变化与实现整合，东亚地区经济的内部张力将远远超过欧盟。

[①] http://www.zaobao.com/wencui/2009/06/zaobao090603.shtml.
[②] 秦亚青主编：《东亚地区合作：2009》，经济科学出版社2010年版，第57页。

第三节　东盟机制与地区主义发展

东盟机制是东亚最早开启的地区合作机制，也是目前世界范围内由发展中国家构建的地区合作组织中最为成功的一个。东盟机制发端于20世纪60年代末，成立之初主要是出于防范共产主义力量在东南亚地区扩张、维护本国国内社会的稳定以及抵制西方国家在该地区存在的需要。东盟最初由印度尼西亚、马来西亚、菲律宾、新加坡和泰国等5个创始成员国发起与组建，文莱在1984年加入东盟，越南于1995年加入东盟，缅甸和老挝于1997年加入东盟，1999年4月，柬埔寨成为东南亚地区最后一个加入东盟的国家。至此，东盟实现了将所有东南亚10个国家涵盖其中。经过50余年的发展，东盟日益成为东南亚地区以经济合作为基础的政治、经济、安全一体化合作组织，不仅建立起一系列地区合作的制度安排，诸如东盟秘书处、东盟首脑会议、东盟外长会议及其他部长会议，等等；而且也以东盟为中心，构建了一系列东盟"10 + X"机制，将地区大国乃至全球大国纳入其中，在大国平衡战略中攫取国家利益。

一　东盟秘书处

作为东盟行政总部的东盟秘书处是在1976年2月召开的首次东盟首脑会议上确定设立的机构，根据此次会议签署的《关于设立东盟秘书处的协议》，东盟设立了负责日常事务的秘书处。协议规定，秘书处的最高行政长官为秘书长，秘书长人选将由东盟外长会议按缔约国的提名来任命，秘书长任期为两年。秘书长的职责主要包括两大方面：一是在东盟外长会议召开期间对会议负责；二是主管秘书处并负责执行东盟部长会议和常务委员会授予的全部职责。尽管秘书处在设立初期还存在诸多问题，但毋庸置疑，秘书处的设立使东盟首次有了一个固定的协调与处理地区内事务的行政机构，这对于东盟内部机构间的协调与沟通、日常事务的处理以及东盟成员国合作的深化等都具有十分重要的意义。

此后，东盟秘书处承担的职能不断增多，东盟成员国赋予秘书处的权限也在不断扩大，而且各项工作也逐步规范化。为了给东盟秘书处扩充官员提供法律依据，东盟在1983年专门通过了一项修正案，以调整与解决东盟秘书处的岗位设置及人员招聘办法等。为了寻求东盟成员国在东盟秘书处职员招聘层面的平等性，修正案中要求东盟秘书处的一部分专业职员须按成员国获得的配额来招聘，以确保每个东盟成员国在秘书处都有本国代表；另一方面，绝大部分专业职员岗位都是公开招聘的，这样能够确保把真正能够承担相应工作职责的专业人员选聘进来，以提升秘书处的工作效率。另外，为了减轻秘书长的工作任务，东盟还决定设立了两名副秘书长以协助秘书长的工作，设立4名局长分别负责各相关领域的行政事务。此外，还设有其他级别较低的官员及专业职员，并且人数不断增多。秘书处设立了许多专门委员会，以处理经济、贸易、金融、对外联系乃至移民和缉毒等领域的事务。这说明它自身的组织机制已经比较完备。①

为了增强东盟秘书处工作的相对稳定性，1985年，东盟将秘书处秘书长任职年限也从设立之初的两年调整为3年，到了1992年，东盟秘书长任期期限又由3年调整为5年。而且在新加坡召开的东盟第四次首脑会议上签署的《新加坡宣言》中，东盟各国一致同意，要进一步强化东盟秘书处的行政职能，具体内容包括，将"东盟秘书处秘书长"改称为"东盟秘书长"，并给予部长级地位，作为整个东盟的发言人和代表。而且东盟秘书长一职将根据备选对象的资历和条件来任命。这种做法赋予了东盟秘书长更多的权限，提升了秘书长的地位、声望和权威，扩大了秘书处在东盟组织机构中的影响，有利于秘书处工作的连续性和稳定性。②

随着东盟秘书处工作内容的增加，对秘书处工作人员数量的需求也

---

① 周岭：《东盟秘书处的产生、演变与发展前景》，《东南亚》2004年第1期。
② 同上。

不断增大，为了适应工作需要，1997年东盟秘书处又增设了一位副秘书长。东盟秘书处设有秘书长办公室以及四个分局，其中包括经济一体化局、金融与综合支持局、外联与协调局、资源发展局。秘书处拥有大约300名工作人员，包括65名管理人员和专家、180名当地雇员和55名援助组织的雇员。东盟秘书处的使命是发起、建议、协调、执行东盟的各种活动，主要是组织正式和非正式的高层会议、东盟部长年会、东盟经济部长会议和其他区域性会议等。[1]

此后，东盟秘书处执行功能也得到不断的扩展和强化。诸如为了便于为成员国之间商贸法律纠纷的解决提供咨询而建立的法律部门、直接代表东盟参与国际会议与协调内部事务的协调等。东盟秘书处显然已经成为国际舞台上活跃的参与者。2008年12月15日，在东盟成立40周年之际，各成员国都签署了《东盟宪章》，在这份宪章中对东盟秘书处的规定相当具体。这种做法一方面反映出东盟秘书处的所承担的行政工作量的增加，另一方面也可以看出东盟成员国并不愿"加强东盟秘书长在许多问题上的权力，以防止其自行其是，削弱东盟成员国的主权独立"。[2] 2009年，时任东盟秘书长素林对东盟秘书处进行了改组，将东盟秘书处划分为4个部门，分别处理经济、政治和安全、社区和企业，以及社会文化的事务，以便助力东盟成为类似于欧盟的共同体。

作为东盟成员国沟通与协调的常设机构，东盟秘书处在东盟地区一体化发展进程中扮演着非常关键的角色，成为凝聚地区共识、塑造地区共有观念的物质载体。尤其是随着东盟一体化程度的进一步提升，东盟秘书处发挥的功能会更加凸显，对整个东亚地区主义的发展势必产生更大的影响力。

二 东盟首脑会议

作为东盟最核心的决策机制，自东盟成立以来，东盟首脑会议共举

---

[1] 周士新：《试析东盟秘书处的权力限度》，《东南亚纵横》2016年第5期。
[2] 同上书，第10页。

行了 31 次正式首脑会议和 4 次非正式首脑会议，就东盟发展的重大问题和发展方向做出决策。东盟首脑会议的开启并非一帆风顺，在东盟成立之后的近十年中，东盟没有举行过一次首脑会议，毋庸置疑，这与东盟成员国提升地区合作的意愿不高有着直接的关系。东盟首次首脑会议于 1976 年 2 月在印度尼西亚巴厘岛举行，在这次会议上签署了《东南亚友好合作条约》和《东南亚国家联盟协调一致宣言》。这是东盟国家首次通过文件的形式清楚表达推进区域合作的强烈愿望，是东盟成员国合作得以再次启动的里程碑式的重要事件。众所周知，在东盟成立初期，其并非聚焦于地区经济合作，但进入 20 世纪 70 年代以后，随着国际与地区形势的变化，东盟加强经济合作的意愿日愈强烈，在 1977 年 8 月召开的第二次东盟首脑会议上确定东盟扩大区域经济合作，尤其要加强同美、韩、印、中、日、澳、新西兰和欧共体的对话和经济联系。尽管东盟成员国承诺在经济加强合作，但此后近十年时间，东盟没有举行一次首脑会议。这也从一个侧面反映出当时东盟成员国对提升彼此之间合作水平的意愿并不强烈。直到 1987 年 12 月东盟才在菲律宾的马尼拉举行第三次首脑会议，这是凝聚地区国家共识、提升地区国家合作水平的重要会议。在这次会议上，与会首脑签署了《马尼拉宣言》《东南亚友好合作条约》修正议定书和 4 项经济协定，表达了各国推进地区经济合作的意愿。此后，随着地区合作意愿的增强，东盟首脑会议也逐渐被制度化。1992 年 1 月在新加坡举行的第四次首脑会议上，各国不仅签署了推动地区经济合作发展的《东盟经济合作框架协定》和《有效普惠关税协定》两个重要文件，而且决定今后每三年召开一次正式首脑会议。这是东盟做出的一个非常重要的制度化安排，对推进地区一体化进程具有重要的机制引领功能。正是这种制度化安排所引发地区内外的支持与关注，东盟首脑会议越来越多地担负起谋划地区一体化进程的关键平台。在 1995 年 12 月泰国曼谷举行的第五次首脑会议上，与会领导人共同签署了《促进东盟一体化和形成东盟整体意识实施方案》，这是东盟自成立以来，首次在东盟成员国国家首脑层面提出、讨论并共同签署这一具有战略性的地区谋划，在推动一个东盟形塑过程中具有里程碑式的意义。为了具体推动东盟一体化进程，与会领导人还签署了《关于加强东盟经济合作框架议定书》，通过了有助于凸显东盟组织地位的《东盟组织机制调整方案》，而且决定今后在两次正式首脑会议之间每年召开一次非正式首脑会议，实际上形成了每1—2年召开一次东盟首脑会议的制度安排。与会首脑还一致同意继续推动由马来西亚总理马哈蒂尔倡议的"东亚核心经济论坛"（EAEC），决定由马来西亚牵头组织湄公河流域经济合作。1998年12月东盟第六次首脑会议在越南首都河内举行，面对汹汹而来的金融危机乱象，各国领导人将协调化解危机、恢复经济、争取稳定、均衡发展等作为会议讨论的基本内容。为此会议通过了《河内宣言》《河内行动纲领》和《"大胆措施"声明》三个文件，决定加快东盟自由贸易和东盟投资区的进程。为了实现东盟成员国之间更好的沟通，共度时艰，2000年在新加坡举行的第四次非正式首脑会议决定取消正式非正式之分，每年召开一次东盟首脑会议。

  2003年10月7日在印度尼西亚巴厘岛举行第九次东盟首脑会议成为东盟地区一体化进程中的另一个里程碑式的事件。在这次会议上，与会领导人通过了一份旨在2020年成立类似于欧盟的"东盟共同体"宣言即《东盟协调一致第二宣言》，东盟将于2020年建成以安全共同体、经济共同体和社会文化共同体为三大支柱的东盟共同体。为了加快这一进程，东盟各国领导人在此后召开的第十次首脑会议上会议签署了《万象行动纲领》和《东盟关于一体化优先领域的框架协议》两份文件，并通过了《东盟社会文化共同体行动纲领》和《东盟安全共同体行动纲领》两个文件。2005年12月举行的第十一次首脑会议上还通过了关于制定《东盟宪章》的《吉隆坡宣言》，以加快实现东盟共同体的建设。

  在2007年1月13日在菲律宾中部城市宿务举行第十二次东盟首脑会议上，东盟国家领导人通过了关于制定《东盟宪章》的宣言，并决定成立高级别特别小组，负责起草《东盟宪章》。会议签署了有关在2015年前建成东盟共同体、保护和促进海外劳工权益等宣言，还签署了本地区第一份反恐公约，东盟一体化进程明显加快。在同年举行的第十三次东盟首脑会议上，东盟领导人还签署了《东盟宪章》和《东盟经济共同体蓝图宣言》等重要文件。东盟成立四十年后，终于有了一部《东盟宪章》，东盟共同体日见雏形。2009年2月28日在泰国华欣和差安举行的第十四次东盟首脑会议上，与会领导人深入讨论了推进东盟共同体建设的路线图，围绕这一愿景，东盟各国领导人共同签署了《2009—2015年关于东盟共同体路线图的差安华欣宣言》《东盟政治与安全共同体蓝图》《东盟社会与文化共同体蓝图》《东盟一体化工作计划第二份倡议》等。此后的几次首脑会议，与会领导人围绕进一步提高效率落实现有各项协议、加强东盟共同体建设、积极推动《东盟宪章》转化为现实等展开了深入广泛的讨论，也发表了一系列的宣言。2012年11月召开的第二十一次东盟首脑会议上，与会东盟领导人决定将2015年12月31日设为建立东盟共同体的最后期限。2015年11月，在第二十七次东盟首脑会议上，东盟领导人签署了《关于建立东盟共同体的2015吉隆坡宣言》，宣布2015年底正式建成东盟共同体。会议同时通过了愿景文件《东盟2025：携手前行》，为东盟未来十年的发展指明方向。

从历次东盟首脑会议及其发表的宣言、签署的合作文件中，可以清楚地感受到东盟首脑会议机制在东盟共同体建设中发挥的关键作用，它在东盟地区一体化进程中扮演着非常重要的角色。可以预见，机制化程度越来越高的东盟首脑会议将成为东南亚，乃至整个东亚地区主义发展的晴雨表。

三 东盟外长会议及其他部长级会议

东盟外长会议是东盟组织机构主要部分，东盟外长会议由东盟成员国外长组成，主要负责解释规则、方针和协调东盟的活动，审查所属下级部门的决议和提案，代表东盟成员国签署重要宣言、条约、协定和发布会议公报、声明等。在东盟首脑会议创建之前，东盟外长会议是东盟的唯一决策机构，东盟的正常运转一直依赖于外长会议的决策，外长会议在东盟早期的经济及社会合作等领域中扮演了重要角色。① 根据惯例，东盟外长会议每年召开一次例会和至少一次特别或非正式会议，按照成员国国名的英文字母顺序在各国轮流举行。自 1967 年 8 月举行首次东盟外长会议至今，已经举行了 50 届会议。

东盟成立之初，东盟外长会议主要聚焦于地区经济与安全方面。随着 20 世纪 70 年代以后美英在东南亚地区的战略收缩以及苏联的介入，东盟各国外交政策出现调整，东盟外长会议关注的主要议题也开始转向政治领域。在 1971 年举行的东盟外长会议上，与会外长联合发表东南亚中立化宣言，提出要在东南亚建立一个不受外部强国干涉的和平、自由和中立区。在 1973 年举行的东盟外长会议上，各国一致拒绝苏联提出的亚安体系。针对越南入侵柬埔寨，自 1979 年 1 月至 1991 年 7 月的多达 13 届的东盟外长会议上均讨论柬埔寨问题，而且明确支持柬埔寨人民的抗越斗争，以及积极推动柬埔寨国内和平进程的实现。在柬埔寨问题得到解决之后，东盟外长会议还开始关注与推动东盟扩员，1992 年 7 月举行的第 25 届东盟外长会议首次邀请越南和老挝出席会议并被吸收为东盟观察员。在第 28 届东盟外长会议上，越南正式被接纳为东盟成员国，柬埔寨被接纳为观察员。在 1997 年举行的第 30 届东盟外长会议上，老挝和缅甸正式成为东盟成员国，两年后，柬埔寨也正式被接纳为东盟成员国。此外，东盟外长会议还积极推动东盟一体化进程，甚至在更大的东亚层面谋划地区制度化合作安排。诸如在第 26 届东盟外长会议上，各国外长一致决定成立东亚经济核心论坛（EAEC）和东盟地区论坛（ARF）。东盟地区论坛的建立，标志着亚太多边安全对话机制已从设想和议论的阶段进入实践阶段。② 2002 年 7 月，第 35 届东盟外长会议在文莱举行，会议强调东盟的首要任务是进一步推进东盟一体化，确保东盟实力和竞争力的增强和提高。会议批准了"东盟一体化倡议工作计划"，确定了 4 个

---

① 曹云华：《东南亚国家联盟：结构、运作与对外关系》，中国经济出版社 2011 年版，第 125 页。

② 同上书，第 132 页。

有效合作和具体合作项目。2003年6月，第36届东盟外长会议在柬埔寨举行。会议就东盟经济一体化、地区政治和安全合作、东盟对外关系及共同关心的国际和地区问题发表了联合声明。此后十多年的东盟历届外长会议均讨论了东盟一体化与东盟共同体建设，以及酝酿、通过与落实《东盟宪章》的问题。尤其是在第40届东盟外长会议上，东盟各国外长一致建议将每年的8月8日定为"东盟日"，以推广东盟一体化理念。第42届东盟外长会议发表的联合公报称，将增强东盟在地区建设中的中心作用，以确保东盟继续成为本地区的主要推动力量，同时携手共同应对全球挑战，缩小东盟国家之间的发展差距，积极推进东盟共同体建设。在第46届东盟外长会议发表的《联合公报》中，再一次肯定了通过落实《东盟宪章》和东盟共同体建设路线图继续共同努力建设一个政治团结、经济一体化、共同担负社会责任的东盟共同体的决心。东盟各国外长强调了东盟在正在形成的区域架构的核心作用，重申东盟成员国将继续通过东盟与中国（ASEAN+1）、东盟与中日韩（ASEAN+3）、东盟地区论坛（ARF）、东盟防长扩大会议（ADMM+）和东亚峰会（EAS）等机制维护本地区的和平、安全、稳定与繁荣。2015年8月召开的第48届东盟外长会议联合公报强调了东盟各国在实现2015年底建成东盟共同体的目标，以及在解决地区问题和全球问题中的团结。联合公报明确了东盟在政治安全、经济、文化社会等三大支柱的政策和方向。2016年7月，第49届东盟外长会议在老挝首都万象召开，在会议发表的联合公报中强调，东盟将全面、有效落实《东盟共同体愿景2025》，以建设一个法治和以人为本的东盟共同体。公报从政治安全共同体、经济共同体和社会文化共同体3个方面详细阐述了东盟共同体面临的挑战，以及应对解决这些问题的方针和原则。2017年8月，第50届东盟外长会议在菲律宾首都马尼拉举行，此次外长会议正值东盟成立50周年，各国外长回顾了东盟共同体的建设进展，展望了东盟未来发展方向，并就紧迫的地区问题和国际问题交换意见。

回顾东盟外长会议发展历程，可以清楚看到东盟外长会议在东盟一体化进程中发挥的独特作用。该会议不仅是东盟地区一体化进程的具体推动者,更是东盟地区一体化决策的具体实践者。除东盟外长会议外,东盟其他部长级会议也是东盟各国沟通与交流的重要渠道。以东盟经济部长会议为例,东盟经济部长会议也是东盟最重要的部长会议之一。东盟经济部长会议是东盟经济合作的决策机构,主要掌握东盟经济领域合作的决策权,在区域经济合作方面发挥主导作用,通过定期召开会议将其经济决策权制度化,形成东盟经济部长决策制。在东盟首脑会议成为最高决策机构之前,东盟实行的是以外长会议和经济部长会议构成的二元决策机制。自从第一届东盟首脑会议提出将经济部长会议正式设为促进区域经济合作的重要的常年性会议,定于每年8月举行。截至2017年10月,东盟已经举行了49届经济部长会议。除了东盟经济部长会议之外,东盟还根据经济合作需求不定期地举行非正式会议,截至2017年底,东盟已经举行了22届东盟经济部长非正式会议。东盟经济部长会议对于引领东盟成员国的经济政策走向以及制定东盟各国间、东盟与对话伙伴之间关系的指导方针发挥了重要作用。①

另外还有十几种部长级会议,几乎涉及东盟各国政府的所有部门,包括经济会议、金融会议、农林会议、能源会议等等。2007年东盟还破天荒地举行了首次东盟国防部长会议,并将这一部长级会议列为日常项目,就东盟成员国共同打击恐怖主义和维护海洋安全进行合作。而具体负责筹办、落实这些部长级会议的机构是"29个高级官员委员会和122个技术工作组"。② 这些部长级会议在增进东盟成员国沟通交流的同时,也助推了一个东盟意识的强化,对于东南亚地区主义的发展发挥了重要作用。

虽然东盟日趋成熟,但东盟自身存在的一些缺陷仍是阻碍其进一步发展的难题,其成员国之间不仅存在领土与领海纠纷,而且部分成员国

---

① 曹云华:《东南亚国家联盟:结构、运作与对外关系》,中国经济出版社2011年版,第137页。
② 同上书,第148页。

国内政局也不稳定,加上各成员国之间经济发展的不平衡以及恐怖主义和跨国犯罪等非传统安全问题的挑战,使东盟未来发展之路仍然坎坷。因此,东盟各成员国需要进行不懈的努力,以消除分歧、强化互利合作等。新加坡总理李显龙在庆祝东盟成立 40 周年的演讲中表示,东盟要让人们相信,该组织能够成为亚洲区域内交流的平台,并能发挥积极的、公平的和有建设性的作用。虽然东盟各国情况不同,但东盟应该寻求创新与灵活的方式,加快一体化进程。[①]

第四节　中日韩对话机制与地区主义发展

中国、日本和韩国之间有着悠久合作与交往的历史,而且各方既有经济合作的优势,也有政治与安全合作的共同需求。但基于众所周知的原因,这三个东亚大国却成为世界主要经济体中合作步伐最为缓慢的一个群体。1997 年亚洲金融危机的爆发,使这一状况开始有所变化,中日韩合作逐渐步入正常发展轨道。制度化安排的中日韩领导人会议和中日韩部长级会议共同构成了中日韩三国之间合作对话的平台。

一　中日韩领导人会议

1997 年的亚洲金融危机,促使东亚各国走到了一起,东盟与中日韩领导人的定期会晤,为中日韩三国领导人之间建立对话机制提供了可能。1999 年 11 月 28 日,中国总理朱镕基、日本首相小渊惠三和韩国总统金大中举行非正式"早餐会",开启了中日韩三国在"10 + 3"框架内的合作,此后,三国领导人会借助东亚峰会等国际场合进行会晤。

2001 年,在韩国时任总统金大中的提议下,"早餐会"正式升格为"10 + 3"框架内的中日韩峰会。在 2003 年 10 月第五次会晤期间,三国

[①]《李显龙呼吁东盟深化地区一体化》,http://news.xinhuanet.com/newscenter/2007 - 08/08/content_ 6490665. htm。

领导人签署了《中日韩推进三方合作联合宣言》，确定三方将在 14 个领域开展相互合作。由于中日韩领导人会晤是在"10+3"这一大的框架之下，因此在最初八年的会晤地均选在东亚领导人会议的举办地即某一个东南亚国家。

2008 年 12 月 13 日，中国总理温家宝、日本首相麻生太郎、韩国总统李明博共同出席了在日本福冈首次单独举行的中日韩领导人会议，这次会议是中日韩领导人在"10+3"框架之外单独进行的正式接触，是中日韩在"10+3"架构外建立定期对话机制的一个良好开端。在福冈领导人会议上，三国领导人签署了《三国伙伴关系联合声明》。这次会议上还确立了三国伙伴关系，标志着中日韩合作进入了新的发展阶段。这不仅为讨论解决三国之间存在的问题提供了平台，也有助于推动三国之间的合作，维护东亚地区的稳定。

2009 年 10 月在北京举行的第二次"10+3"框架外的中日韩领导人会议，三国领导人发表了《中日韩合作十周年联合声明》，中日韩三国一致同意将致力于在开放、透明、包容原则的基础上建设东亚共同体的长远目标。日本时任首相鸠山由纪夫指出，日本"此前稍有些过于依附美国。虽然日美同盟很重要，但作为亚洲国家，日本将制定更为重视亚洲的政策"。他还表示非常期待中日韩峰会"成为具有更大行动能力的峰会"。就东亚共同体构想，鸠山由纪夫表示，中日韩三国将成为共同体的核心，并希望首先从加强经济合作做起。温家宝建议中日韩三国加强在本地区事务中的协调与合作，支持东盟一体化和东亚一体化建设，推进多种形式的区域、次区域合作，促进东亚经济和社会发展。韩国总统李明博也主张中日韩三国要加强在地区和国际事务中的沟通协调，逐步推动实现东亚共同体的目标。中日韩领导人同意争取尽早签署一份三边投资协定，并为未来三国签订自贸协议奠定基础。这次会议达成了加快推进由政府、产业、学界共同参加的中日韩自贸区联合研究、建立中日韩经济团体合作交流机制、举行中日韩工商峰会以及开通中日韩合作网络秘书处等 10 项成果。

2010年5月29日,第三届中日韩领导人会议在韩国济州岛举行。中日韩三国领导人通过了《2020中日韩合作展望》,表示将秉承正视历史、面向未来的精神,坚持不懈推动三国关系朝着睦邻互信、全面合作、互惠互利、共同发展的方向前进。三国提出将于2011年在韩国建立三国合作秘书处,三国共同分享相关信息和技术以共同应对自然灾害,减少东北亚灾害风险,而且还将建立防务对话机制,加强安全对话,提升警务合作。三国还将加强环保合作,扩大人员和文化交流合作,包括扩大人员交流规模,持续举行大学交流合作委员会会议,建立三国教育部长会议机制并加强体育合作等。这次会议具有一个里程碑的意义,它意味着东亚地区机制化取得很大突破,这不仅有利于整个东北亚地区的持久和平、安全与发展,也有利于整个东亚地区主义的发展与深化。这次会议被国际社会普遍认为是中日韩合作的新起点。

从1999年至2007年11月,在东盟与中日韩"10+3"框架内,中日韩三方领导人共举行8次会议。其间,由于2005年日本首相坚持参拜靖国神社,中日韩领导人会议直到2007年1月才得以在菲律宾恢复举行。2008年12月中日韩领导人会晤首次在"10+3"框架外举行,三国决定在保留东盟和中日韩("10+3")领导人会议期间会晤的同时,将三国领导人单独举行会议机制化,每年在三国轮流举行。此后,中日韩领导人会议每年举行一次,从2008年12月至2012年5月,共举行了5次会议,此后由于日本在历史问题以及钓鱼岛问题上的立场,中日韩领导人会议被迫搁浅,直到2015年11月1日举行的第六次中日韩领导人会议,这是时隔三年,中日韩领导人会议再度重启。

二 中日韩部长级会议

伴随1999年中日韩领导人会议的开启,中日韩三国部长级会议也拉开序幕,并且逐渐走向制度化,成为中日韩三国沟通与协调的重要平台。据笔者的统计,中日韩三国的部长级会议主要包括中日韩外长会议、中日韩经贸部长会议、中日韩旅游部长会议、中日韩卫生部长会议、中日韩环境部长会议、中日韩信息通信部长会议，等等。自2007年6月举行首次中日韩外长会议到2016年8月在日本东京举行的外长会议，总共举行了8次中日韩外长会议。中日韩外长会议的议题涉及中日韩合作未来发展方向与领域、共同关心的国际和地区问题，等等。中日韩经贸部长会议于2002年9月正式启动到2016年10月，共举办了11次中日韩经贸部长会议，这一机制既是中日韩三国重要的经贸合作平台，也是为三国领导人会晤做准备和落实领导人经贸领域共识的重要渠道。经贸部长会议由中、韩、日三方轮流主办，会议议题涉及三国共同关心的国际和地区问题，以及在物流、软件、保护知识产权、能源等领域内的合作。中日韩旅游部长会议从2006年至今，共举办8届，其主要议题是如何加强中日韩旅游交流与合作，以及应对自然灾害与气候变化等问题。2016年在中国武汉举行的第八届中日韩旅游部长会议上，三国旅游部长就进一步扩大三国旅游交流达成一致意见，将提升人员往来便利化，在三国间人员交流规模2014年达到2047万人次的基础上，争取到2020年实现3000万人次的互访目标。为此，三国将促进航空和邮轮航线的扩充和各国国内交通的便利化，优化信用卡结算环境，为游客提供更加便捷的旅行环境。中日韩卫生部长会议开启较晚，自2007年4月在韩国首尔举行的首届中日韩三国卫生部长会议至2017年11月在中国济南举行的中日韩卫生部长会议，共举办了10届中日韩卫生部长会议。会议的议题涵盖流感大流行问题、食品安全问题、临床研究、自然灾害卫生应急、慢性非传染病的预防和控制等。中日韩环境部长会议是中日韩部长级会议中开启最早的一个，从1999年1月在韩国召开了首次中日韩环境部长会议至2017年8月25日在韩国水原召开的中日韩环境部长会议，共举行了19次中日韩环境部长会议。会议议题涉及区域环境合作、促进本地区可持续发展等，其中包括空气污染问题、沙尘暴问题、全球变暖对策、建设减少废弃物的循环型社会，等等。自2007年首届中日韩文化部长会议在中国南通举行至今已经举办了9届，中日韩三国业已形成文化部长定期稳定的对话机制，这一机制为持续推动中日韩三国文化交流与合作提供了重要平台。中日韩信息通信部长会议截至 2017 年共举办了 5 次，会议议题包括互联网、数字电视与广播、网络与信息安全、第三代（3G）及下一代移动通信、开放源代码软件、电信服务政策等。

虽然，中日韩领导人会议和中日韩部长级会议的制度化安排较好地推动了东北亚地区合作进程，但该地区存在的矛盾与问题仍然极大地制约着中日韩合作的进一步深化，诸如领土领海纠纷问题等，仍然考验着中日韩三国合作的耐心与诚意，相关各方需要保持克制与冷静，避免事态恶化，才不至于破坏现有的难能可贵的地区合作成果。

第六章

多变量交互作用与东亚地区主义路径形塑

通过对东亚地区主义发展的动力、制约因素、目标和机制等参与塑造东亚地区主义路径的探究，基本可以明确，东亚地区主义自身发展的动力、各种制约因素的存在、未来发展目标的设定及独特的机制的创设等影响因素的交互作用，使东亚地区主义呈现出与其他地区主义不同的特征，凸显出东亚地区主义发展道路的独特性。而且这种独特性的存在不能简单地运用已有的地区主义的发展逻辑简单地套用，而是应从东亚地区主义自身发展的内在逻辑出发，呈现一个符合东亚地区实际的地区主义发展路径。

第一节 东亚地区主义核心特征：政府主导

探究东亚地区主义发展路径除了准确把握塑造东亚地区主义发展路径的主要因素外，还应准确地把握由这些影响因素交互作用而生发出来的东亚地区主义发展的特征，对这些特征的把握既是创设东亚地区主义路径的前提和基础，也是东亚地区主义路径创设的经验支撑。

毋庸置疑，按照对地区主义概念的界定，地区主义本身就是政府主导和推动的过程，无论是欧洲的地区主义，还是北美的地区主义的发展都是类似的过程。国内外很多学者将东亚地区的地区化进程视为东亚地区主义发展的前奏，这在理论上符合地区主义发展逻辑，但也不能简单地将东亚地区化视为一个自然而然地由市场驱动的过程，还应该看到地区各国政府在其中发挥的关键作用，东亚的地区化进程本身就是一个地区国家政府间实施和推进的进程，国家间的关系直接影响到双边合作以及由此产生的地区化进程。

一　以政府为主导的地区化进程

对于东亚地区化进程开始的时间，学界存在有不同的看法。有些学者将东亚地区化进程延伸到20世纪初期，并通过东亚地区国家间的贸易额等具体数据来印证这种地区化进程的存在。也有些学者认为东亚地区化进程开始于冷战时期，但是，由于美国在东亚地区采取的不同于欧洲的地区政策导致东亚偏好于双边合作而非像西欧那样走向多边合作。虽然这种双边合作的进程没有促成东亚地区主义的出现，但美国为了维持与东亚地区某些国家的盟友关系以及确保其在东亚地区的主导地位而推动的双边合作实践开启了东亚地区化进程。这两种地区化观点都没有能够得到地区国家学者的普遍认可，东亚国家学者普遍接受这样一种观点，即认为东亚真正的地区化进程开始于20世纪80年代之后，随着日元升值引发的日本产业转移，日本企业构建了被称为"雁阵模式"的地区生产网络，这一生产网络不仅引发了地区国家间贸易上的大规模互动，而且极大地促进了东亚其他国家的经济发展与产业升级。另外，伴随中国的改革开放进程，大批华人到中国投资，形成了一个建立在血缘关系上的华人商业网络。日本企业生产网络和华人商业网络在东亚地区化进程中发挥了重要作用，不仅密切了东亚地区各国间的经贸联系，同时也极大地推动了东亚国家社会与经济发展。在肯定日本企业生产网络和华人商业与生产网络重要作用的同时，也应该看到东亚各国政府的政治决策在这一地区化进程中的关键作用。东亚的地区化进程不是单纯的市场推动的结果，而是基于东亚各国政府主导下的一个双边合作基础上的网络交叉，况且，地区化与地区主义本身就是"你中有我，我中有你"的过程。

首先，由日元升值引发的日本产业转移不是一个简单市场导向的结果，而是日本政府受到美国要求日元升值压力而被迫妥协的结果，结果导致日本外向型产业出口受阻。日本政府为了保持经济增长速度，不得不在政策上做出重要调整，实现经济政策的战略转移。经济发展的重心由商品输出型转为资本输出型，日本将钢铁、电机、机械、汽车制造的部分产品和基础材料转移到其他国家去生产，再从这些国家和地区购买这些工业产品和零部件，这样可以使日本减少对欧美市场的依赖，摆脱日元升值带来的困境，加固其在世界特别是东亚地区经济上的主导性地位。这一政策调整对日本企业开拓东亚地区市场，建构东亚企业生产网络起到了积极的导向作用。例如，日本政府采纳大来佐武郎1987年提出的"日本式马歇尔计划"，即"日本需要调整政策，实行利息补贴和低投资风险等措施来促进资本流到发展中国家去"。日本时任首相中曾根发表的"关于在巨大历史转折时期中探索新富裕社会"的五项原则中第3条的和平原则指出，日本对外以经济、文化合作为基本，"没有南方繁荣就谈不上北方繁荣"，对其周边发展中国家进行"重点的、战略性的合作"①。并提出从1987年6月起3年内向发展中国家回流资金300亿美元的计划，以此带动日本商品输出，开辟新的国家市场。② 日本采取的资本输出和贸易多极化策略，带动一批东亚国家走向出口导向型工业发展布局，这无疑加强了这些国家在经济上对日本的依赖。有学者就明确指出，日本公司的活动是被日本政府强烈支持的，其政府通过发起商业论坛和组织贸易协会等扮演了一个"协调的角色"③。此外，日本政府还力图对国外政府输出其商业管理领导体制来施加影响力。

日本政府对日本企业实施产业转移的推动与其东亚战略是密不可分的。在战后较长的历史时期内，日本一直将经济外交作为外交主轴，试

---

① 《日本经济战略的新发展》，《宏观经济研究》1984年第2期。
② 苏存：《日本经济战略的调整及影响》，《现代日本经济》1990年第3期。
③ Walter Hatch, "When Strong Ties Fail: U. S. – Japanese Manufacturing Rivalry in Asia", in Ellis S. Krauss and T. J. Pempel (eds.), *Beyond Bilateralism: U. S – Japan Relations in the New Asia-Pacific*, Stanford, Cal: Stanford University Press, 2004, p. 162.

图通过追求经济利益弥补其政治、军事外交手段欠缺，即被用以追求政治、安全上的目的，以至于使整个战后日本外交带上了经济外交的特征[①]。吉田内阁以来的历届内阁都把发展经济作为日本外交的核心，以经济外交和经济增长拓展外交空间。日本经济外交导向起始于20世纪50年代初期，并日益发挥越来越重要的作用，尤其伴随由日元升值带来的产业转移与升级以及对东亚地区国家的开发与援助，日本掀起了对东亚地区邻国投资的热潮。日本政府期望通过在东亚地区的经济活动来确保产品销售市场和生产必需的原材料，并能够以经济促进政治关系的发展，提升在东亚地区的国际地位与影响力。在日本外务省1980年版《外交蓝皮书》中将政府开发援助称为"为确保日本综合安全保障而付出的建立国际秩序的代价"。

进入20世纪80年代以后，日本针对国际形势的剧烈变化，从自身战略利益出发，对其外交政策作了重大调整。日本时任首相中曾根康弘在"战后政治总决算"的口号之下，1983年中曾根康弘明确表示日本不只满足于做经济大国，还要成为政治大国，今后要承担更大的国家责任，要在世界政治中加强日本的发言权，不仅增加日本作为经济大国的分量，而且要增加作为政治大国的分量。[②] 这一国策的提出，成为日本争做政治大国道路的起点。而且在越来越多的在日本决策者和领导人中间达成共识。在日本看来，成为一个政治大国的起点首先在于成为一个地区大国，在本地区政治与经济活动中起到领头或核心作用。因此，日本政府将亚洲地区视为其和平与繁荣的"具有生死攸关的重要性"。特别是冷战结束以后，日本政府进一步确立了以亚洲为依托，争当亚洲盟主，进而成为世界政治大国的战略方针。日本新闻媒体也大肆鼓噪"脱美入亚"和"脱欧入亚"。日本政府则明确提出"立足亚太是日本外交的基本方针"，把亚太地区作为实现其政治大国目标的出发点和立足点。日本前外相河

---

① 渡边昭夫编：《战后日本外交政策》，有斐阁，1991年，第219页。转引自金熙德《战后日本经济外交的作用及其演变》，《日本学刊》1995年第4期。

② 金熙德：《日本政治大国战略的内涵与走势》，《当代世界》2007年第7期。

野洋平在其文章中阐述道:"由于冷战后国际环境发生巨大变化日本已不能再用西方一员的概念去作外交政策的判断。加强亚太地区的合作,已成为日本外交的当务之急。"[①] 为推进这一战略,日本政府首先以加强经济关系和扩大经济援助为先导,进一步密切同亚太国家的关系。尤其是日本将东亚划为自己的势力范围,通过贸易、直接投资、经济援助等手段,对东亚各国进行渗透。在这一思想主导下,日本积极地推动日本与东亚其他国家的贸易以及在这些国家的直接投资,构筑以它为主导的东亚经济圈,以此达到扩大影响力,增强自身经济实力的目的。在80年代末90年代初,日本同东亚地区国家之间的贸易额逐年扩大。1991年对东盟六国、中国香港和中国台湾的出口额相当于1985年的3倍。从这一时期开始,东亚地区成为日本最大的贸易伙伴和最大的直接投资目的地,特别是日本对东亚的直接投资占其海外投资的60%[②]。1994年8月,村山首相提出旨在加强日本与亚洲国家之间经济关系的"和平友好交流计划",设立了长达10年总额1000亿日元的交流基金。该计划在"二战"结束49年后才提出,绝不能简单地视为是日本为了反省过去的侵略战争,而是带有明显的政治目的的。日本还不断强化政府发展援助(ODA)的力度。迄今,日本提供的政府发展援助累计净增值仅次于美国,位居经合组织发展援助委员会(DAC)成员国第二位。[③] 这些都是日本试图通过经济手段提升自身政治影响力的目的,这是日本整体对外战略的具体体现。

由此不难看出,日本企业网络作为东亚地区化进程中的一个重要推动力量,明显与日本的"经济大国"以及"政治大国"的总体战略构想是密不可分的,特别是通过在东亚地区各国的直接投资,以及经济援助

---

① 日本《文艺春秋》1992年4月号。转引自张骥《90年代以来日本政治大国战略的新发展及对国际关系的影响》,《当代世界与社会主义》1996年第2期。
② 张骥:《90年代以来日本政治大国战略的新发展及对国际关系的影响》,《当代世界与社会主义》1996年第2期。
③ 《对外援助和开发合作:且看日本如何做》,国家发展和改革委员会宏观经济研究院,http://www.amr.gov.cn/ghbg/qyjj/201702/t20170227_35318.html。

等各种手段，不断增强日本在地区范围的影响力，获得更大的地区话语权，进而谋求成为东亚地区的主导力量。很显然这是日本的总体战略部署和既定方针，是日本企业在东亚地区投资的背景。当然，笔者并不否认对利益的追逐是驱使日本企业在东亚地区构建生产网络的重要动机，但日本的国家宏观战略导向的作用不容忽视。另外，日本企业的在东亚地区投资的热潮也是日本政府基于日元升值带来的经济困境而做出的战略推动，不仅可以有效缓解出口面临的困境，而且可以增加日本在东亚地区的影响力。当然，日本企业的直接投资也要有投资环境的基本保障，这一时期中国和东南亚各国政府普遍采取了积极的吸引外资的政策，并保持了与日本良好的双边关系，这是日本企业生产网络建立的重要基础。

另外，华人商业与生产网络得以构建与东亚地区相关国家的政策密不可分，特别是中国对内对外政策的调整。1978 年开始，中国提出并积极实践了对外开放战略，在这一宏观战略指引下，中国逐渐改变了过去保守的对外经济政策，成为东亚地区化进程得以顺利推进的关键因素，也凸显出中国政府的决策对东亚地区化的深刻影响。正是由于中国政府政策的转变，才开始引发地区内投资的热潮，也有力促成了东亚华人商业与生产网络的构建。从 20 世纪 80 年代中后期开始，中国就开始采取激励政策，加大对外资的吸引力度，取得了很大的成绩，特别是 1992 年邓小平的南方谈话进一步阐明了中国创建特区的重要作用，由此中国迎来了吸引外商直接投资的热潮，这种地区内资本的流动增强了中国与东亚地区其他国家和地区经济联系。作为东亚新兴经济体的中国香港、中国台湾和新加坡等都成为中国大陆直接投资主要资金与技术的来源地，华商成为这轮投资的主角，由此构建的东亚华人商业与生产网络成为东亚贸易和投资最显著的地区化特征。根据《中国外商投资环境研究报告》显示，截至 2009 年，来自中国香港的实际外资额达到 3956.4 亿美元，占比高达 40%，居第一位；来自日本的实际投资额为 694.8 亿美元，占比为 7.02%，位居第三位；来自中国台湾的投资额为 495.4 亿美元，占比为 5.01%，位居第五位；来自韩国的投资额为 446.1 亿美元，占比为

4.51%，位居六位；来自新加坡的投资额达 414.3 亿美元，占比为 4.19%，位居第七位①。从来源地区结构来看，港澳台同胞及海外华人对祖国大陆的投资占我国引进外商投资总额的比重高达 50% 以上，凸显出华人商业与生产网络在东亚地区化过程中的重大意义。根据中国商务部网站公布的《2016 年 1—12 月全国吸收外商直接投资情况》显示，对华投资排名前十位的国家和地区中，中国香港排名第一，投资额为 871.8 亿美元；新加坡排第二，投资额为 61.8 亿美元；韩国排名第三，投资额为 47.5 亿；中国台湾排名五，投资额为 36.2 亿美元；中国澳门排名第六，投资额为 34.8 亿美元；日本排名第七，投资额为 27.1 亿美元。从这一进程的发展演变中可以明显感受到华人商业与生产网络在东亚地区化进程中的巨大作用，同样，也可以强烈感受到中国政府政策的转变在东亚地区化进程中的关键作用，成为促成这一网络的形成和发展的关键动因。

因此，政府在东亚地区化进程中扮演着非常重要的角色，甚至可以直言不讳地说，政府主导了东亚地区化的进程。这与世界其他地区的地区化发展进程明显不同，东亚地区化进程不是简单的市场推动的结果，而是政府主导下基于双边合作的市场所推动的。

二 以政府间合作为核心内容的地区主义进程

基于研究的需要，笔者主要将 20 世纪 80 年代之后的东亚地区合作纳入考察范围，这也是国内外学者普遍认为的东亚地区化开始的重要时期。通过笔者对 20 世纪 80 年代以来的东亚地区合作的考察，并结合已有的相关研究成果，可以肯定的是，东亚地区合作的主要渠道是东亚国家间双边层面的合作，这几乎构成了东亚地区合作的主要方面。

首先，政府间双边谈判与对话是解决地区国家间争端的主渠道。

在东亚地区，涉及相关国家问题以及地区问题的解决途径往往不是

---

① 《发达经济体对华投资出现下降趋势》，http://news.xinhuanet.com/fortune/2010 - 08/27/c12491620_2.htm。

在地区层面的多边框架内加以讨论与解决，而更多的是建立在双边对话和谈判的基础上。尤其是在缺乏相关地区制度设计的前提下，很多地区内的问题，都是在双边对话的层面进行沟通和解决。在涉及中国国家主权的南海问题上，中国在较长的一段时期内都是秉承着双边对话解决的原则，反对诉诸多边的谈判。这是因为，南沙群岛自古以来就是中国的领土，中国政府一贯坚决维护领土完整和海洋权益，多次申明对南海诸岛的主权和有关权益，对周边一些国家侵犯我主权、掠夺我资源的行径进行了有理、有利、有节的斗争。中国政府从维护地区稳定的愿望出发，奉行"主权归我，搁置争议，共同开发"的政策，主张通过双边途径以和平协商的方式寻求问题的解决。虽然在近些年来，南海问题更加复杂化，但借助双边对话解决这一问题仍是中国采取的基本对策，反对将这一问题多边化。

此外，东南亚国家之间也存在领土争端以及其他一些棘手问题，但这些国家通常选择双边谈判或提交第三方仲裁，而非通过东盟以及相关地区安全合作机制解决。新加坡、马来西亚在相邻海域中的白礁岛的主权问题上各不相让，后经双方同意，将这一争端提交国际法院仲裁。审判机构是马来西亚选择的，从其不选择将东盟作为争端解决机制（虽然当时已经启动）来看，还是国际法院更具吸引力。正如一位东盟的高级官员指出的："实际上马来西亚和东盟的每个国家都有领土争端，它们感觉如果提交高级理事会，可能很难从其他成员那里得到可观的裁定。"[①]印度尼西亚和马来西亚之间的领海争端主要分歧集中在苏拉威西海域。苏拉威西海处在印度尼西亚、马来西亚和菲律宾包围之中，其西北通苏禄海，西南可进入爪哇海、巴厘海，东连太平洋，是沟通东南亚各国以及通往太平洋、印度洋的交通要道。该海域不仅拥有丰富的珊瑚礁和海洋动植物资源，而且还有大量的石油和天然气资源。2005年3月，为了

[①] Frank Ching, "Resolving ASEAN's Problems", *Far Eastern Economic Review*, Vol. 160, No. 4, January 1997, p. 28. 转引自王正毅、卡勒、高本诚一郎主编《亚洲区域合作的政治经济分析：制度建设、安全合作与经济增长》，上海人民出版社2007年版，第121页。

避免双方进一步陷入军事对抗的局面，马来西亚和印度尼西亚两国决定各自派出专家小组，通过双边对话与谈判，和平解决两国油田主权纷争。迄今为止，工作小组已经举行了20多次会议。2010年2月，两国海军同意最大限度减少领海冲突，尊重两国海军在各自海域边界巡逻的规定和程序。两国海军约定，一旦双方出现争端，应交由两国政府解决。2008年，泰国与柬埔寨因为柏威夏寺及其周边数公里的土地主权问题，在边境上发生军队对峙，甚至兵戎相见，造成人员伤亡。泰国呼吁双方应保持冷静与克制，希望通过双边途径来解决边境冲突问题。此后经过双方多次谈判，最终在边境问题上达成一致意见。在此过程中，两国都没有诉诸东盟和相关地区安全机制加以协调与解决。

另外，在东北亚地区争端的解决方式上也基本上通过双边对话与谈判的方式加以解决，虽然在朝鲜半岛问题上存在一个六方会谈，但严格来说它并非一个东亚层面的地区机制，而是一个相关国家参与的，寻求解决问题的平台，例如，在日本被绑架人质的问题上，日本一直希望在六方会谈的框架内谈判解决，通过这种方式既可以表现出促进东北亚地区和平与稳定的意愿，又可以借会谈达到解决被绑架人质的问题。但这种主张没有能够被与会各方接受，最后还是日本通过双边渠道，解决了日本被绑架人质的回归问题。当然，这与东北亚地区多边合作机制的缺失存在直接的关系，除了六方会谈（六方会谈也已陷入停滞）之外，东北亚地区还没有一个成形的地区安全合作机制。因此，这使得东北亚地区国家间争端的解决的途径也只能局限于双边层面，这从中日之间历次的争端与冲突的解决过程中可以清楚看到。与引发中日之间矛盾的问题主要集中在历史问题和领土、领海争端相似，日本与韩国之间存在的矛盾症结也大同小异。中日两国从2004年开始就东海油气开发已经进行了十多轮的谈判，2008年6月，中日双方通过平等协商，就东海问题达成原则共识。中日双方根据2007年4月中日两国领导人达成的共识以及2007年12月中日两国领导人达成的新共识，经过认真磋商，一致同意在实现划界前的过渡期间，在不损害双方法律立场的情况下进行合作。

2010年7月27日，中日两国在日本东京举行首次东海问题原则共识政府间换文谈判，中国外交部边界与海洋事务司司长宁赋魁和日本外务省亚洲大洋洲局局长斋木昭隆等出席了此次会议。另外，韩国与日本之间在竹岛（独岛）争端上的对话与协调途径也体现出同样的特点。韩国与日本对该岛的争端由来已久，尤其是2000年以来，双方之间在此问题上摩擦不断，成为日韩关系发展中的重大障碍。2005年3月，由于"调查船事件"使日韩争端再次浮出水面，并由此引发了双方关系的倒退，几乎到了剑拔弩张的地步。此后，双方进行了接触和磋商，最终经过双方努力，在2006年4月21日在韩国首尔举行的日韩副外长级上，双方达成共识，使一触即发的紧张气氛得以平息。日韩两国同意重启局长级协商（2000年6月以后中断），就双方有分歧的问题继续对话谈判。当然，日本与韩国的协商也仅仅局限于双边层面，并没有诉诸第三方或者通过已有的中日韩领导人会议机制或"10＋3"机制加以解决。

从上面的例证中不难看出，东亚地区国家间争端与矛盾的解决方式主要还是局限在双边层面，即使存在地区内安全合作机制（比如东盟），还是不存在地区安全合作机制（东北亚三国），这些国家基本上依赖于双边的对话与谈判，或者诉诸第三方仲裁，而非利用地区协调机制去加以解决。这与欧盟地区内部纷争的解决方式明显存在不同，也凸显出东亚地区国家对于政府间双边合作的路径依赖。

其次，政府间双边FTA是地区经济一体化的基本形式。

东亚是世界上国家间差异性最大的一个地区。首先东亚各国在经济发展水平上存在着巨大的差异。地区内既有发达国家，也有新兴工业化国家和欠发达国家。由于东亚各国在经济发展上处在不同的发展阶段，因此，彼此在地区合作目标上不同步。一些东亚地区发达国家更为看重地区内经济贸易自由化，以期实现比较利益的最大化；而地区内处于相对较低发展阶段上的国家更为重视经济与技术合作，期待发达国家给予更多的经济援助和技术支持。这种不同的利益需求必然在彼此合作过程中凸现出来，使彼此之间在目标的设定上以及对市场开放的态度上存在分歧，带来国家间的矛盾与摩擦，影响到地区合作的正常进行。其次，东亚地区各国在文化传统、政治制度、宗教信仰等方面存在着较大的差异，使东亚各国的地区意识比较淡薄，地区认同和归属感不强，所以，很难在短期内形成地区一体化所必需的目标共识和凝聚力。此外，东亚国家间还存在一些历史恩怨和现实的矛盾，诸如日本在"二战"期间对东亚各国犯下的累累罪行、中日之间钓鱼岛问题、日韩之间竹岛（独岛）争端、南海问题和东盟国家之间的领土与领海纠纷等，成为制约东亚地区主义发展的关键因素。因此，在亚洲金融危机之后，虽然东亚各国普遍认识到加强地区合作的必要性和重要性，也在努力加强沟通和了解，但这些现实问题无疑在很大程度上阻碍了地区合作的顺利进行，成为短时期内无法逾越的屏障。

在这样一个背景之下，东亚各国采取了一种非常务实的合作方案，通过推动国家间双边 FTA 的形式去追求贸易自由化，这应该是东亚各国应对现实困局的一种积极行为。因为，国家间双边 FTA 可以避开彼此间过大的差异性，尤其是可以选择相对容易开展合作的双方，并选择矛盾较少的领域，这样不仅可以避开领导权之争，而且双方在立场和利益上比较容易协调，易于在相关议题上达成协议，具有"短平快"的特点，这非常符合东亚地区的现实状况，也满足了地区内各国通过贸易自由化发展本国经济的需要。这种形式对于地区主义发展相对滞后的东亚地区而言有着重要的意义。

东亚地区谋求建立双边 FTA 是由中国首先倡导和推动的，早在 2000 年 9 月在新加坡举行的第四次东盟与中国"10+1"领导人会议上，时任国务院总理朱镕基就提出建立中国—东盟自由贸易区的建议，并得到东盟有关国家的赞同。2001 年 11 月，中国与东盟十国宣布将在未来十年内建成自由贸易区的目标。2002 年 11 月中国与东盟签署了《中国与东盟全面经济合作框架协议》，宣布 2010 年建成中国—东盟自由贸易区。经过 10 多年的努力，中国与东盟的自由贸易区建设也于 2010 年正式宣布启动。这将创建一个拥有 17 亿人口，GDP 总量超过 2 万亿，以及贸易总额达到1.23万亿的经济集团。这将极大地密切中国与东盟之间的经济联系，较好地推动东亚地区主义发展。

受中国与东盟创建自由贸易区的触动，日本与韩国也迅速跟上。2002年2月，日本也提出了类似中国东盟自由贸易区的日本与东盟全面经济伙伴关系协定，旨在深化与东盟的关系。日本与东盟的这一经济伙伴关系协定比中国与东盟的自由贸易区涵盖的内容更广泛，不仅包括货物贸易，以及服务、投资、贸易便利化措施，也包括其他合作。2008年4月，日本与东盟签署的《日本—东盟全面经济伙伴关系协定》，东盟10个成员国中的8个已经批准了该协定。协定包括货物贸易、服务贸易自由化以及投资与各领域经济合作方面的内容。日本通过这种贸易安排，深化了日本与东盟的合作，加强了双边经贸关系与战略伙伴关系。韩国与东盟的领导人在2003年决定推动建立东盟与韩国的自由贸易区的谈判。2005年，韩国与东盟签署了《全面经济合作框架协议》，该协议规定韩国与东盟的自由贸易区将于2008—2010年建成。2009年东盟与韩国正式签订双边自由贸易协定框架下的投资协定，也让韩国成为三个平行的"10 + 1"当中首个完成双边自贸协定框架下的货品贸易协定、服务业协定、投资协定及争端解决机制协定这四大协定的国家，赶超了中国和日本这两个东北亚邻国。

除了中日韩与东盟之间构建自由贸易区的努力之外，中日韩三国也与东盟的具体成员国签署了一系列自由贸易协定。日本分别于2002年与新加坡、2004年底与菲律宾、2005年与马来西亚等国分别签署了EPA (Economic Partnership Agreements)，而且也积极与泰国、韩国、印度尼西亚等国展开谈判。中国除了积极推进中国—东盟自由贸易区建设之外，也在2008年10月与新加坡签署了自由贸易区协定。韩国与新加坡也签署了自由贸易区协议。这些年来，明显可以感觉到，东亚地区构建FTA的步伐不断加快。这种双边的FTA形式，在具体实践中发挥了积极作用，促成了地区相关难题的化解。例如日本与新加坡的FTA就绕开了日本农产品市场开放这一对日本来说极其敏感的问题，如果在多边框架下，困难之大,可想而知。当然,尽管新加坡和日本的双边 FTA 可以绕开农产平市场开放问题,但其他东盟国家却无法回避。

东亚地区这种双边 FTA 网络,也符合美国在东亚地区的战略利益。长期以来,美国基于自身的战略利益考虑,千方百计地阻止东亚地区主义进程,打造有利于自身的东亚政治经济格局。为此,美国竭力扮演其在地区内的一个平衡者角色,这可以从美国在东亚地区构建的多个双边关系上清晰把握。在这些双边关系中,美国积极充当外来平衡者的角色,塑造了彼此双边关系的"斗而不破"的格局,通过微妙的平衡,使双方都依赖于美国,营造出美国霸权无法退出的局面,从而牢牢控制东亚局势的发展。为了实现这一目标,美国积极地与东亚各国特别是冷战时期的传统盟友签订双边 FTA,从而可以对东亚国家实现各个击破,最终消解东亚地区一体化趋势。美国最为担心中日两国联合主导东亚一体化进程,如果中日两国达成类似法德式的和解,那么东亚的一体化将如同欧洲一样会进入快速轨道,这与美国在东亚地区战略利益完全相背离。然而,如果东亚地区形成以中日两国为轴国、其他经济体为轮国的轮轴模式,则会加剧两国间的竞争性和紧张关系,这非常契合美国国家利益。美国将利用与东亚国家建立的双边 FTA 进一步阻止东亚一体化进程。[1]

此外,东亚地区的金融货币领域的合作被普遍认为是发展最好、最为成功的领域,这是亚洲金融危机催生出来的地区层面的制度合作安排。1997—1998 年金融危机之后,东亚国家普遍认识到加强地区金融领域合作的必要性和紧迫性,甚至日本在危机时期就提出建立亚洲货币基金的倡议,由于遭到美国的反对而不了了之。但东亚国家强化地区金融合作的意愿日益强烈,2000 年 5 月,东盟与中日韩"10+3"财长会议在泰国清迈共同签署了建立区域性货币互换网络的协议。虽然这一协议在多边会议上确立,但基于东亚地区的现实,各国采取了非常务实的做法,会议明确宣布,这一地区范围的货币互换仅仅在双边层面展开,即中日韩

---

[1] 孙玉红:《论全球 FTA 网络化》,中国社会科学出版社 2008 年版,第 277—288 页。

与东盟国家的双边互换货币协议，而非东亚层面的多边货币互换协议。明显可以看出，这一金融方面的合作仍局限在政府间双边层面，并没有上升到地区层面。

从以上的论述中不难看到，东亚地区合作仍然局限在政府间的双边对话、谈判与合作安排，东亚各国政府是机制建设和合作议题的倡导者、决策者和核心推动者。而且在实际操作层面，东亚地区制度化合作安排也通常由领导人会议高层驱动，制定统一的合作框架，进而各国部长及高官会议"各司其职"，推动合作框架的具体实施。东亚地区特有的历史传统以及政治经济文化基础的差异，使其走上了与欧洲不同的地区一体化道路。因此，在目前情况下要求东亚各国将主权让渡给某个超国家机构是完全不现实的。相比之下，东亚的"政府间主义"却有更明显的发展，各国政府在地区主义的发展过程中起着越来越重要的作用，它们通过各种层次上持续不断的"讨价还价"而达成正式或非正式的协议，为地区化和地区主义的发展创造更大的空间和更便利的条件。尽管如此，东亚地区的"政府间主义"与欧洲的还是存在很大不同，最根本的区别是，欧洲的"政府间主义"与制度化了的"超国家主义"交叉发展、相互促进，"政府间主义"既为"超国家主义"提供动力和约束，又常常被限制在"超国家主义"的范围内。而东亚的"超国家主义"尚处于萌芽之中，与"政府间主义"交叉互动的并不是"超国家主义"而是"非国家主义"，东亚地区虽然存在国家间机构，诸如东盟，但并非因此就可以证明"超国家主义"的存在。尽管东亚地区希望通过东盟与中日韩"10+3"机制走向制度化合作，进而形成更加紧密的、制度化的东亚合作模式，但现实问题是，如果"东盟方式"本身没有任何变革，也只能是另一个"东盟"或者是一个东亚经济合作论坛而已，超国家性机构的建立仍将是一个梦想。[①]

---

① 陈峰君、祁建华：《新地区主义与东亚合作》，中国经济出版社2007年版，第222页。

第二节 东亚地区主义核心特征:过程中展开

从以上对塑造东亚地区主义发展路径的主要因素的论述中,无论是东亚地区主义发展的动力,诸如国家间不断增长的经济上的相互依赖、地区外多重压力的推动、地区认同的不断增强以及地区内力量间的平衡等,还是东亚地区主义发展的制约因素,比如发展目标上的纠结与地区内合作机制的创设等,都能够清楚地展现出一个基本的逻辑,一切的影响因素都处于一个总的过程之中。截至目前,并没有出现一个东亚各国意见高度一致的地区主义发展目标,因此,也就不可能有一个清晰明确的朝向地区主义目标的路径设计,而只是在一个相对宽泛的层面,摸着石头过河。这种观念也反映在一些从事东亚地区主义相关研究的学者之中,他们普遍强调东亚特色,强调东亚地区的多元性与差异性,尤其强调东亚地区主义的开放性特征,殊不知,这种开放性本身就是地区主义概念的泛化,是缺乏凝聚力、认同感、明确的目标导向的一种表现。

一 以秩序构建为导向的过程

中国社会科学院亚太与全球战略研究院的张蕴岭认为,应将东亚合作作为一个进程来对待,其作用是通过合作,为地区合作各参与方制定共同接受、认可的行为规则。东亚共同体建设不是旨在建立一个具有超国家管理职能的超级地区组织,而是在发展各国共同利益的基础上,构建新的地区关系和秩序。[①] 也就是说,应把共同体建设这个进程作为一种工具,作为一种共同接受的精神,推动基于共同利益的地区合作。从东亚地区主义发展的现状可以清楚看到,东亚合作是一个次区域连接的进程,通过一个个次区域合作的开启和培育,进而逐步将次区域合作融合到一个更大的合作框架的过程中。因此,东亚地区主义从开启的那一刻

---

① Zhang Yunling, *East Asian Regionalism and China*, World Affairs Press, 2005, p. 12.

就不像欧洲那样是一种高度制度性的统合,而更多的是地区国家根据现实需要,应对地区面临的困难尤其是在急需开展合作的领域推动,实现各自现实利益,是其基本目标导向。东亚地区主义不是一个有规划的长效合作的制度性安排,虽基于跨国合作,但非一种类似于欧洲的跨国主义。当然,这也是东亚地区主义发展的特殊所在。因此,东亚地区主义是一种务实的运动,一个进程,没有明确的议程和目标。"运动就是一切",进程体现为结果,这是"弱势东亚地区主义"的一个特征。①

这种过程推进的特点也可以从东亚地区主义发展较为成熟的东南亚地区找到例证。东盟从20世纪60年代末启动到今天已经走过了50多个年头,应该说已经积累了丰富的地区合作的经验与明确目标导向下的制度化合作。但事实上,东盟各成员国对制度化合作的热情一直不高,而更喜欢采取一种非正式的、强调成员国舒适度的"东盟方式",并且小心翼翼地处理涉及各主权国家范围内的事务。这显示出东盟各国更多地倾向于以一种渐进的方式,根据现实的需要,以及特定的背景而采取相应的步骤,以进程为导向推动地区制度性合作的发展。作为一种地区性对话进程,"东盟方式"下的多边互动更多的时候是无构架的,决策和执行也没有明确的模式,并且通常缺少正式日程,大多数情况下只是在问题出现时才决定进行对话与合作。在此过程中,东盟并没有为取得所希望的结果而设定明确的协商方式。事实上,这种协商更多地倾向于自由方式,并不规定具体的时间表。这种东盟的多边主义是以过程而不是以结果为导向的,在这种多边互动中,进程即使不比结果更重要,至少也一样重要;进程是独立于结果的,即使没有最终的结果,它仍可能产生作用。即使要对制度和程序进行规则设计,那也只能是临时的,而不是长期的。② 而且,"如果预设目标的实现可能带来进程脱轨的风险,各国宁

---

① 任晶晶:《新地区主义视角下的中国东亚区域合作外交》,《东北亚论坛》2007年第1期。

② [加]阿米塔·阿查亚:《观念、认同与制度建设:由"东盟模式"到"亚太模式"》,载王正毅、卡勒、高本诚一郎主编《亚洲区域合作的政治经济分析:制度建设、安全合作与经济增长》,上海人民出版社2007年版,第135页。

愿推迟甚至新设目标来维持进程的延续",以致"进程的维持可能比任何实质性的、立竿见影的结果都更为重要"。① 所以,总体上说,这种进程导向的区域合作总是渐进地、缓慢地演进,而不是一系列戏剧性的突破,这就是东亚地区主义进程中独特的渐进主义。②

二 以孕育合作为导向的过程

应当承认,这一特殊的、在过程中展开的地区主义无疑又是符合东亚地区现实需要的一剂良方。从影响东亚地区主义发展的制约因素中可以清楚地看到,地区核心主导力量的缺失、内部凝聚力的缺乏、各国经济发展水平上的巨大差异以及美国在东亚地区特殊的利益存在等诸多因素的存在,是东亚地区主义发展无法绕开的现实环境与客观条件。因此,东亚地区主义无法在障碍尚未消除的情况下出现重大突破,而只能选择以务实的行动,通过政府间渐进式互动与合作,增进地区各国之间的理解与认同,通过不断地扩大地区合作的广度、强化合作的深度,实现和维护东亚地区的和平与繁荣。换言之,东亚地区的和平与繁荣是东亚地区主义不断发展的产物,这一地区进程在不同领域和不同层次上的展开,进而不断孕育共有规范和规则,赋予民族国家之间的互动以意义,催生集体认同,改变地区内的角色结构,从而规定行为体的利益,塑造行为体的行为模式等。

针对东亚地区主义的过程性特点,秦亚青提出了过程建构主义理论,当然他强调更多的是过程中的互动以及观念的建构,认为东亚一体化代表了一种以过程主导的社会建构模式,通过一体化进程实现渐进式的社会化和吸引主要国家参与进程。由于行为体在采取行动时设定了目标,

---

① 秦亚青、魏玲:《结构、进程与大国的社会化:东亚共同体建设与中国崛起》,载王正毅、卡勒、高本诚一郎主编《亚洲区域合作的政治经济分析:制度建设、安全合作与经济增长》,上海人民出版社2007年版,第10—11页。

② Fu-Kuo Liu, "East Asian Regionalism: Theoretical Perspectives", in Fu-Kuo Liu and Philippe Régnier (eds.), *Regionalism in East Asia: Paradigm Shifting*? London: Routledge Curzon, 2003, p. 21.

该目标与为之付出的努力之间的过程往往被视为"手段"因素。在进程主导型模式中,这一路径本身既被解释为手段,也被解释为目的。如果预设目标的实现可能带来进程脱轨的危险,行为体宁愿推迟甚至重新设定目标来维持进程的延续。进程强调的是"关系",也就是主体间互动本身产生的"化"力。进程主导型模式并不否定结果的重要性,行为体行动的目的是为了取得结果,所以东亚的"软"地区主义也有可能发展为"硬"地区主义。但是,在制度化程度尚低或无法提高的情况下,进程本身的动力和活力保持了地区的和平与合作。根据目前东亚地区的实际情况,需要将维持区域化的过程既作为手段,又作为目的,将加强区域化过程的动力当做重要的政治意愿,也需要意识到管理区域化的过程比急于取得区域化结果更加重要。①

基于这样一种过程性的认识,可以预期,东亚将在未来一个较长的时期内,主要还是将继续致力于现实利益基础上的务实合作,在未来发展的最终目标上保持各自的不同解读,实行地区各国平等的参与与协商,发展多层次合作框架,共同应对地区内可能出现的危机,以及寻求地区内共同发展与繁荣的机遇。东亚地区的制度性建设不会在一个短的时期内出现明显的提升。按照目前的制度设计,以东盟与中日韩"10+3"为基础的东亚未来合作还主要集中在具体问题领域的合作与协调,而不是推动共同体的制度化建设。尽管东亚地区主义的根基脆弱,共识不强,目标不明,未来的发展方向难以定论。但东亚地区合作的现实意义在于其自身发展的这一过程本身,只要这个过程沿着正确的方向发展,就可能产生理想的结果。

第三节 东亚地区主义发展路径:过程中的政府间合作

通过以上论述,可以清楚地看到,东亚地区主义是一个政府主导下

---

① 秦亚青、魏玲:《结构、进程与权力的社会化——中国与东亚地区合作》,《世界经济与政治》2007年第3期。

的地区国家间合作进程。政府间性与过程性是这一进程的两大特点,它们伴随着东亚地区主义成长。地区主义的政府间性展示出的是地区主义的普遍性特征,这是由地区主义自身内在逻辑决定的,地区主义本身就是基于政府间协议与条约的国家间制度化合作;而地区主义的过程性特点展示出来的是东亚地区主义的独特过程,是在过程中展开的地区合作进程,是东亚地区有别于其他地区的一种独有特征。因此,基于这种基本认知,将东亚地区主义发展路径描述为过程中的政府间合作是客观与准确的概括,能够呈现东亚地区主义本质特征。

一 多元动力:东亚地区主义发展路径形塑的助推器

将东亚地区主义发展路径描述为过程中的政府间合作与东亚地区主义自身发展的动力有着直接的关系,不同类型的地区主义发展动力及其作用方式直接影响东亚地区主义的发展路径。通过对东亚地区主义发展动力的论述,可以看到,东亚地区国家间不断增长的经济相互依赖、来自东亚地区外的多重压力的推动以及地区内认同的增强和地区内力量的平衡共同构成了东亚地区主义的发展动力。正是这些动力推动了东亚地区主义的产生与发展,塑造了东亚地区主义发展的基本形态,也正是在这些力量的推动之下,才有了这种过程中的政府间合作路径的塑造。因此,从这个意义上说,东亚地区主义发展动力是塑造东亚地区主义发展路径的前提和关键,过程中的政府间合作的地区主义发展路径也是这些动力交互作用在地区合作上的必然反映。

首先,从作为动力之一的东亚地区国家间不断增长的经济相互依赖来说,这一经济上的相互依赖本身就是一个渐进的发展过程,这一发展过程与地区各国政府是否能够积极推动有着直接的关系。虽然东亚地区有些悠久的交往历史,但东亚地区各国经济联系真正得到加强则是始于20世纪70年代以后,尤其伴随20世纪80年代日元的升值以及日本东亚外交的整体战略部署需要,掀起日本企业到东亚其他国家投资的潮流。紧随日本之后,韩国与中国台湾的企业也加入这一进程之中,从而引发了东亚地区范围的产业大转移，这在促进地区内贸易发展的同时，也增强了东亚国家间双边经贸联系，使地区内双边经贸关系的发展进入了一个快速发展阶段。尤其随着中国的改革开放与经济的飞速发展，使得中国与东亚各国的经济联系日益密切，这极大地带动了东亚地区各国的经济增长，成为一些东亚邻国经济增长的引擎。这种经济合作的加强以及由此导致的经济上的相互依赖使得东亚地区各国之间有了更多的互补性，进而使各国之间在经济上的敏感性和脆弱性日益凸显，成为东亚各国在1997—1998年亚洲金融危机后加强合作的潜在基础。在这一过程中，有3个突出特点：其一是这些经贸合作都是基于政府主导之下的合作，经贸合作的进程完全由政府间互动来推进，而且国家间关系直接影响到合作的进展。虽然中日之间曾经出现"政冷经热"现象，但不少学者都认为这种现象只是一种中间过渡类型，政冷最终将导致经冷。其二是东亚各国政府的政策导向在其中发挥了关键作用，诸如日本对外战略的调整、中国奉行改革开放的政策等，成为这一进程当中的关键性因素。其三是双边合作是地区合作的基本内容，虽然在这一过程中有了越来越多的多边合作的安排，但在地区经贸合作中所占的比重仍然很低，并没有撼动双边合作在地区合作中的核心地位。因此，在东亚地区出现了一个非常有趣的现象，虽然东亚地区内经贸额所占比例高于欧盟，但地区主义发展的程度却远远落在欧盟后面，这无疑显示出多边合作在东亚地区并没有得到充分的重视与合理的运用，而且仅有的多边合作也受制于各国政府间关系发展状况，有跨国合作但缺乏跨国主义，这使东亚地区主义发展呈现出过程性与政府间性的特点。

其次，东亚地区各国政府共同应对面临的外部压力也是塑造东亚地区主义发展路径的重要方面。从以上几个部分的论述中，可以看到，东亚地区各国对外部力量介入的态度存在一个阶段性的变化，在亚洲金融危机之前，东亚一些国家对美国等外部力量的介入表示了极大的兴趣与或明或暗的支持。这种状况在亚洲金融危机后的一段时间有所改变，特别是由于美国及其他西方国家在亚洲金融危机上的消极态度，使东亚国家普遍对美国等西方大国感到失望,这很大程度上激发了东亚地区合作的热情。东亚各国普遍认识到,必须通过增强地区内集体协调能力以应对来自美国及美国主导的制度的压力。另外,除了反对这种来自美国以及美国主导的制度压力之外,东亚地区各国对其他地区合作组织诸如欧盟以及北美自由贸易区等正在形成中的封闭性地区集团也深感担忧。东亚地区多数国家采取的是一种外向型经济为主导的发展模式,维持相对稳定的全球产品销售市场成为很多东亚国家的理性选择。因此,各国普遍对可能形成的封闭性地区集团充满忧虑,感受到巨大的市场压力。这种压力开始促使东亚各国政府着眼于打造一个本地区的经济集团,以增加在对外谈判中的筹码,降低在对外经贸合作中的不利地位。这是东亚地区各国政府舒缓外部压力的一种自然反应。东亚各国通过构建地区性合作框架,加强政府间的沟通与协调,不断增强各国应对外来压力的协调能力,从而不断推进全球贸易体系继续自由化,防止再次回归到贸易保护主义的危险。因此,这种现实的共同利益的需要促使东亚地区各国政府走到一起,正式开启了东亚地区合作框架创设的议程。很明显,在这一进程当中,东亚各国政府不仅是地区合作框架创设的主导者,而且也是地区合作参与主体与推动者。

再次,作为东亚地区主义重要动力之一的东亚地区共有认同,其本身就是一个渐进与漫长的过程。在这一过程当中,一个地区性的认同不会自发产生,而是依赖于地区各国有关地区观念的界定以及将这一地区认同观念在国内不断进行政治社会化的过程。对东亚地区而言,这一地区概念存在着一定的交叉与模糊。众所周知,传统上的东亚概念与现在普遍认可的东亚概念存在一定的差异,这一点在导论部分中的概念界定中有着明确的表述。一般而言,传统的东亚概念更多是在指东北亚国家。但随着东北亚与东南亚国家经济领域的不断融合以及现实合作的需求,使得原有的东亚概念得到拓展,东亚不仅仅指东北亚国家,而是涵盖了东北亚与东南亚国家的一个大东亚的概念,而且这一大东亚概念是在20世纪90年代以后逐渐提出并得到广泛认可的,并且在东亚各国政界与学界当中得到了广泛的运用。但必须指出,这种观念距离被东亚地区国家大多数民众接受与认同尚需时日。因此,如何有效地使东亚地区观念在东亚各国民众中得到最广泛的认可成为摆在各国政府面前的一项重要任务。这需要东亚各国的共同努力,通过在各国国内层面不断输入与强化这一观念,将其不断地社会化,从而逐步将一个大东亚地区的观念渗透于各国民众的观念之中,这样才会不断地孕育和强化东亚地区的认同感。由于这是基于民众观念层面的建构过程,因此,即使各国政府积极地推进东亚地区认同观念的教育,也需要一个长期过程,不可能一蹴而就,由东亚地区认同推动的地区主义的发展注定是一个漫长过程。东亚各国政府在这一地区认同建构过程中发挥着特殊的作用,它们对于这一地区认同孕育的态度直接关系到地区认同的形成与强化。近些年来,东亚地区各国政府积极努力,通过谋划的各种各样的地区性合作框架,在一定程度上强化了这种东亚地区的认同意识。

最后,作为东亚地区主义的另外一个动力,地区内权力平衡对东亚地区主义的推动,是地区国家间为了平衡地区内权力的不均衡分布而出现的自觉与不自觉地对地区主义的推动。这一动力作用的过程可以更清楚地展示出东亚地区主义的过程性与政府间性。第一,权力平衡自身就是一个权力主体间的互动过程,而且权力主体间相互作用是一个渐进而缓慢的过程;第二,这种权力主体间互动反映在具体实体层面就是地区内的各个国家。实际上,这种国家之间权力的对比以及相互之间的博弈是政府间合作的具体表现形式。合作对象的选择、合作内容的设置、合作的制度与框架与合作发展方向等是地区国家之间权力平衡的具体手段。因此,从这个意义上来说,这种地区主义权力平衡的动力反映在发展路径上也必然是一种基于政府间合作的过程,是地区政府间的一种良性互动。当然,这种权力平衡推动东亚地区主义发展是基于现实主义的逻辑,在现实主义者看来,东北亚和东南亚的融合以及东盟与中国关系水平的不断提升就是这种权力平衡思维的产物。正是由于日本与美国在该地区的影响巨大,出于对美国和日本权力平衡的需要,东盟才开始提升与中国的交往水平,如建立"10+1"对话机制和建立自由贸易区等,但东盟各国同时又对中国在经济和安全方面的威胁保持高度的警觉,这使中国与东盟表现出既合作又竞争的关系。按照这种逻辑以及该逻辑所诠释的东亚现实状况,过程中的政府间合作是这一动力塑造的东亚地区主义发展路径的具体呈现。

从上面的论述中,可以得出结论,东亚地区主义发展的动力是塑造东亚地区主义发展路径的前提与关键,正是在这些动力的推动下,东亚地区主义在具体发展过程中不断形成了自身独特的发展路径,体现出一种将过程性与政府间性紧密融合特点,形成了过程中的政府间合作的地区主义发展路径。

二 复合干扰:东亚地区主义发展路径形塑的制动器

东亚地区主义发展路径的形塑与东亚地区主义发展的核心主导力量缺失也有着直接关系。众所周知,相较于欧洲与北美的地区主义发展,在东亚地区主义发展进程中一直缺乏一个强有力的主导力量,这无疑是东亚地区主义发展相对滞后的主要原因之一。东亚地区出现了一个奇怪现象,地区合作的主导者并不是实力强大的中国与日本,而是各方面实力较弱的东盟,而理应成为主角的中国与日本却处于被主导者的地位,成为东亚地区主义发展的配角。当然,东盟在这一进程中居于主导地位,在一定程度上可以避免东亚地区主义发展的领导权之争,但也应该看到,由于东盟各国自身实力有限,难以真正地担负起推动整个东亚地区合作的重任。实践证明,东盟基于自身内在的约束与限制,使其在相关议题的沟通与协调能力上存在明显的欠缺,也无法通过提供地区公共产品与服务等方式,进而推进地区主义的发展。而且,作为东盟自身而言,目前也缺乏一个真正能够发挥核心领导作用的国家和有威望的领袖,这也导致东盟自身在一些重大问题上难以做到协调一致,更不用说在整个东亚地区发挥较好的领导作用。因此,就目前而言,由于东亚地区合作缺乏一个强大的核心主导力量,使东亚各国在地区合作的态度上很难保持一致,这不仅影响到东亚地区合作的顺利开展与合作水平的提升,也使东亚地区合作的机制化仍处于一个相对较低的水平,各国在这一进程中仍然基于各自利益需要而展开政府间博弈。

东亚地区主义发展的另一个突出的制约因素就是东亚地区各国内部凝聚力的相对缺乏。这主要表现在东亚各国之间,尤其是地区主要大国之间相互信任的基础很不牢固,使一些国家间的摩擦极易影响到整个地区范围的合作进程。这种相互不信任不仅因为各国在政治制度、民族、宗教和文化上存在的巨大差异,而且更为突出的原因是东亚地区历史上形成的国家间的离心力量和东亚国家之间经济上的竞争等,这些因素共同作用于东亚地区国家间的互动,阻碍了地区国家之间凝聚力的形成和强化。除这些因素外,地区国家间领土争端也在很大程度上削弱了东亚地区各国的凝聚力,这包括东南亚各国的边界与岛屿争端、中国与东南亚一些国家之间的南海问题、日本与韩国的岛屿争端等,至今都没有得到很好的解决,这些都是东亚地区各国合作中的障碍,就像一颗颗定时炸弹,如果处理不当就可能葬送东亚地区已有的合作基础。另外,还有一个因素也在一定程度上影响了东亚地区的凝聚力,那就是一个涵盖东南亚和东北亚的大东亚概念只是近些年来建构的新概念,要得到广泛的认同尚需时日。由此可见,东亚地区各国凝聚力的缺乏使得各国小心翼翼地参与地区合作,而且会预设防范各种可能出现的风险。东亚各国之间也因此长时期出于相互猜疑的状态,对地区其他国家的意图缺乏充分的了解与信任,各国倾向于通过国家间权力平衡的方式去确保自我利益的实现,而不是选择进一步地深化地区合作,创建与加强地区合作机制。这一特点使东亚国家间合作仍停留在走着瞧的地步,缺乏长远的规划,是一种过程中的政府间合作的过程。

此外,"10+3"框架下的13个国家,在经济发展水平上存在较大的差距,这种经济发展水平上的差距以及历史形成的经济体制上的矛盾,难免影响东亚地区各国之间的经济合作关系。这是因为,东亚地区各国处于不同的社会发展阶段,所以对于其他国家的需求有所不同。相较于地区内经济欠发达国家，地区内的发达国家希望通过推动建立自由贸易区、降低关税壁垒等方式，尽快打开欠发达国家的大门，以便将这些国家变成产品销售市场与技术输出的目的地，进而获取丰厚利益。而东亚地区的欠发达国家则以支持与保护本国民族企业为重，并不像发达国家那样急于推动地区内贸易的自由化，而是希望发达国家给予更多的资金与技术支持，以加快本国经济发展。很明显，这是两种截然不同的观点，在这种逻辑下，彼此很难有大的交集，这无疑为东亚地区合作的开展投下阴影，使东亚地区层面的制度设计面临困难。这也促使东亚国家不得不思考以更好的方式推进地区合作进程。因此，一些东亚国家开始更多地将目光停留在双边经贸合作层面，而在地区层面的制度设计上积极性不高，这明显影响到了东亚地区合作向更高层级发展。

除了上述制约因素影响之外，美国在东亚地区长期以来坚持的双边主义也是东亚停留在政府间合作的主要原因之一。美国虽然不是东亚国家却胜似东亚国家，在东亚地区有着重要的战略利益，成为东亚地区主义发展中无法回避的关键因素。美国在东亚地区长期采用双边主义政策，在很长的历史时期内反对东亚地区实践多边主义。美国的意图很明显，一直试图防止任何单一的地区力量主导这一地区，保持一个合理的地区秩序和地区稳定，维护其在该地区的经济合作伙伴，抵制任何有可能的东亚内部强大的地区联系的生成，从而维持美国对东亚国家的影响力。因此，美国不仅开始担心中国在东亚地区的影响力，也对未来东亚合作可能出现的中日合作主导的局面表示出了一定的担忧。而利用中日之间的矛盾使其相互制衡的战略手段就成为美国东亚棋局中的一枚重要棋子。美国凭借其超级大国的综合实力以及长期以来的苦心经营和部署，在东亚地区事务中占据了举足轻重的地位，由于美国力量以及其特殊利益在东亚地区的存在，使东亚地区合作很难朝向一个更为紧密的东亚集团的方向发展，也很难出现类似与欧盟那样的地区一体化。因此，东亚地区主义发展进程明显呈现出政府间性的特点，而且随时可能因为美国因素的干预，使东亚地区主义发展出现转向或停滞，这使东亚地区主义发展只能在一个过程中展开,并且在这一过程中表现为各种因素对政府间合作的干扰与推动。例如,在东亚地区主义发展进程中,美国为了保持在该地区的影响力,通过日本等施加影响力,使得原本"10+3"框架下的东亚峰会扩大到"10+6",进而直接参与其中,使东亚峰会发展到"10+8",这明显背离了东亚地区合作的初衷,超出了东亚地理范围,使得东亚峰会不仅没有起到加强东亚地区合作的目的,反而制约了东亚地区主义的发展。

三 目标定位:东亚地区主义路径形塑的导航仪

目标与路径本身就是一个发展过程中的点与线的关系,目标引导路径,路径指向目标,这是目标与路径的基本逻辑关系。东亚地区主义发展路径与东亚地区主义未来发展目标也存在这种基本的逻辑关联,东亚地区主义路径就是针对东亚地区主义发展方向或目标而做的具体安排,这一路径的直接指向就是东亚地区主义发展目标的实现;反过来,东亚地区主义发展目标引领了东亚地区主义路径的形成,是基于东亚地区主义发展目标而塑造出来的地区主义发展路径。因此,东亚地区主义发展路径受制于东亚地区主义发展的目标,东亚地区主义的发展目标是引领东亚地区主义发展路径的基本前提。

东亚地区主义进程开启时间较晚,而且在开启之初,东亚各国在一段时期内并不存在未来合作的明确发展方向或目标,而只是各国在应对亚洲金融危机以及其他一些问题的具体协调,是以问题为导向的,并没有一个得到各国认可的地区合作目标。因此,在一些学者看来,东亚地区性合作的开启在很大程度上是地区有关国家的权宜之计,是东亚各国针对亚洲金融危机的所采取的一种避险与防范机制,所以缺乏全面的思考与周密的部署。虽然这种观点有一定的片面性,但无疑反映出东亚地区合作的一些棘手的现实问题,这些问题使得东亚地区合作沿着一个所谓常规的途径推进。毋庸置疑,作为理性的国家行为体,东亚地区各国都将自我现实利益的实现与最大化作为思考问题的出发点,或者至少不会损害自身的利益。正是基于这种考量,东亚各国在地区未来合作方向或目标上存在不同的设想,既包含在短期目标之中,也可以从长远目标上显示出来。首先在地区合作的短期目标上,东亚地区各国即使在一些短期目标上取得一些共识,但在具体操作层面又人为地设置了重重障碍,使得这种合作安排流于形式。在东亚地区合作的长期目标上,由于东亚各国基于自身利益的考虑以及不同的目标指向使得东亚地区在一个相当长的时期内实际上并不存在各国公认的地区主义长远目标。

首先,就东亚地区两个主要大国——中国与日本来说,两国在东亚未来合作的目标上就存在实质性的分歧,这种分歧主要表现在,中国政府倾向于将未来东亚地区主义的目标解读为一种和谐秩序,而不必是一个制度化的区域组织。这是一种灵活的、务实的地区主义观。在中国看来,东亚合作是一个循序渐进的过程,谋求的是稳定和良好的地区关系,有利于自己可持续发展的地区合作机制,而不是取得地区霸权或支配地位。这种立场和态度也是基于东亚地区现实的理性定位,这不仅有利于减少地区合作的内外阻力,尤其是来自外部的阻力,也有利于在具体问题上开展务实合作。通过渐进的地区主义实践,推动东亚地区主义的发展与完善。而日本对于东亚地区合作的目标则是建立东亚共同体,但日本主张的东亚共同体不仅仅"10+3"框架下的中日韩与东盟十三个国家,还增加了一些非东亚地区的国家。日本这一主张的立足点就在于试图通过引入外部力量借以平衡中国在东亚地区内的影响力,借以达到维持日本在东亚地区影响力的目的。

其次,就东盟来说,一方面东盟成员国通过加强与中日韩三国开展合作以谋求经济利益;另一方面,东盟各成员国又在不断积极地深化东盟内部合作,建立东盟自由贸易区、深化东盟地区政治与安全合作等,借以增加与中国、日本以及韩国讨价还价的砝码。当然,东盟的焦点也不仅仅局限于东亚地区,特别是在近些年来,东盟各国不断地尝试引入外部力量,以平衡3个东北亚国家尤其是中国与日本在地区内的影响力。为了达到这个目的,东盟各国对地区发展目标选择更多地追随日本的主张，并且积极推动地区合作框架的改造，诸如将东盟与中日韩的"10＋3"扩大到"10＋6"（拉入澳大利亚、新西兰和印度），再到"10＋8"（拉入美国与俄罗斯），这些都清楚地展示出东盟在未来东亚地区合作方向与目标等方面的基本观点。

在这一过程中，东亚相关国家对未来地区合作目标的不同主张反映出各国对于东亚地区合作的各自基本利益主张，也反映出各国在地区合作上的基本态度与期望值。基于东亚各国利益需要上的差异，诸如中国希望一个和谐稳定的地区环境以谋求自身的经济与社会发展，实现中华民族的伟大复兴；日本希望通过其主张的共同体目标谋求一个地区力量的平衡以维持其地区大国地位，继续维持和扩大其在东亚地区的影响力；而东盟各国则是希望通过一种机制安排，平衡地区力量，谋求现实利益。正是地区内各国的不同心态，使东亚地区合作方向与目标很难在短期内出现广泛的共识或交集。因此，从这个意义上，东亚地区共有合作目标的相对模糊使各国之间的合作仍停留在一个实用主义的基础上，是为了现实需要而合作，而非为了一个共有的目标而共同努力。

这些有关东亚地区未来合作目标的不同主张，深刻地映射在东亚地区主义发展路径的塑造上，东亚地区主义发展共有目标的相对模糊也导致东亚地区主义路径的宽泛性与相对松散性，体现出一种类似于为需要而发展而非为目标而发展的轨迹。这种弱目标导向的发展逻辑使得东亚地区主义路径呈现出过程性与政府间性的特点，政府在这一过程中起着主导性的关键作用，是各国政府基于现实需要设定合作目标，这种合作目标又引领了东亚地区主义的发展方向。

四 机制创设：东亚地区主义路径形塑的方向盘

相较于欧洲、北美等地区合作的机制化程度，东亚地区机制化发展的水平相对滞后，尤其是缺乏类似欧盟那样拥有对成员国具有一定约束力的制度设计。在东亚地区合作进程中，东亚各国并不热衷于地区性制度的创设，甚至有时表现出明显的抵触情绪，这些明显地反映在有关东亚地区合作的制度框架的设计上。1997—1998年亚洲金融危机，使东盟十国与中日韩三国领导人第一次实现聚首，共同讨论应对金融危机的对策，从此拉开了东亚地区主义发展的大幕。此后，经过东盟与中日韩领导人的不断协调，东盟与中日韩"10+3"机制得以创建。"10+3"机制的初衷是为了东亚国家共同努力，应对东亚共同面临的挑战，预防类似的危机再次爆发，增强各国在地区层面上的协调能力。但随着东亚各国逐步走出金融危机阴影，这种危机时刻创设的合作机制遭到了现实的困难，尤其在几个东亚地区大国缺乏信任基础的情况下，使这一机制发挥的作用相对有限，使很多议题无法讨论，即使讨论也存在执行方面的困难。为了解决"10+3"机制发展面临的瓶颈，中国选择了首先与东盟深化合作，建立中国—东盟自由贸易区的"10+1"合作框架，这一框架不仅避开了一些现实障碍，而且也是推进东亚地区合作的有益尝试。中国的做法很快被日本与韩国学习，它们分别与东盟建立了两个平行的"10+1"合作框架。中日韩与东盟分别建立的三个平行的"10+1"合作框架，较好地回避了地区合作的主导权问题，而且也潜在地契合了东盟的平衡战略，使东盟有了能够在三个东北亚国家之间周旋以获得较大收益的机会。这种"10+1"机制设计是基于现实的需要，是一种较为灵活地突破合作障碍的框架设计。但是，"10+1"机制只不过是一个新的大双边合作的创设，而非地区主义所蕴含的多边主义的理念。这里凸显的是合作进程中的双方政府间的讨价还价的互动，而非简单地归之于地区层面的合作机制。当然，有些学者认为，随着这三个平行的"10+1"合作框架的不断发展成熟，会逐步实现三个"10+1"的融合，实现"10+3"机制的理想效果。但这只是一种猜测或假定，未来还有很多需要消除的矛盾和障碍。这一进程当中"10+1"机制的出现，应被视为从多边合作向双边合作的回归，政府间双边合作仍然是东亚地区合作的基本特征。

除了东盟与中日韩"10+3"和三个平行的"10+1"合作框架，东盟机制可以算作东亚次地区合作较为成熟的一套机制。虽然中国将其称之为东盟,其实东盟只是一种不太准确的翻译,更准确的应该翻译成东南亚国家协会,是一个相对松散的国家间协会或地区论坛,而不是一个类似于欧盟那样的紧密的地区联合体。这一合作框架强调的是东盟各成员国的差异性而非统一性,强调"东盟方式",充分尊重相关意愿度。因此,该合作框架缺乏强制性的约束机制,而且由于东盟成员国之间存在诸多矛盾与竞争,使这一合作框架自身的效力也一直备受质疑。东盟一方面作为一个整体在对外交往中增强自身讨价还价砝码,另一方面却在地区内部实质性机制安排上举步维艰,在更多方面呈现出来的仍是东南亚地区双边层面的合作与沟通,即使存在东盟层面的协调,也受制于被协调双方的态度与立场。这一点可以从东南亚一些国家双边的冲突诸如领土争端等事件的具体解决中清楚地看到,这在前面的章节有明确的论述。当然,近些年来,伴随东北亚与东南亚的不断融合,尤其是东亚地区内力量的此消彼长,东盟各国也开始逐步加快了深化东盟地区内合作的步伐,被普遍认为是东盟各国为了提升在东盟层面的协调与沟通能力,避免在东亚地区合作中被大国边缘化。由此可以看出,东盟合作框架本身也是明显在过程中展开的政府间合作,东盟成员国对未来的合作制度并不十分明确,而是根据现实的需要由各国协商加以解决,"东盟方式"仍是这一协调过程的基础。

此外,东亚地区主义的过程中的政府间合作的发展路径也可以从中日韩领导人会议安排上看出端倪。相较于前面三种合作框架,中日韩领导人会晤机制产生稍晚,尤其是确立正式的会晤机制的时间较晚一些,但这丝毫不能减轻这一合作机制在东亚地区主义发展历程中的特殊意义。中日韩三国的经济总量占到整个东亚地区的70%以上,不仅有最大的发展中国家、联合国安理会常任理事国——中国,也有世界经济强国——日本。因此,这三个国家的领导人会晤关乎未来东亚地区主义发展的方向,是东亚地区主义发展的风向标。从1999年,中国总理朱镕基、日本首相小渊惠三和韩国总统金大中举行非正式"早餐会",至2017年,中日韩领导人总共举行了14次正式与非正式会晤。但中日韩三国领导人会晤在很长的一段时间内都是在东盟与中日韩"10+3"会议间隙举行，而不是一个单独的会晤机制。直到2008年12月13日，中国总理温家宝、日本首相麻生太郎、韩国总统李明博共同出席了在日本福冈举行的中日韩领导人会议，是中日韩领导人首次在"10+3"框架之外单独进行正式接触，这是中日韩建立定期对话机制的一个良好开端。但也必须看到，中日韩领导会晤机制仍存在许多变数，尤其是在一些领土争端、历史问题等没有得到有效解决的前提下，很难期待这一合作框架发挥良好的效果。一旦有关争端处理不当而引发地区冲突升级，无疑会葬送东亚地区已有的合作成果。因此，中日韩领导人会晤机制很大程度上受制于国家间潜在的或一些突发性冲突，很难为合作设定明确的制度性框架，只能是根据现实的地区环境以及国家间关系状况进行调整。

笔者认为，尽管这些合作机制为东亚地区合作创设了一个平台，规范了地区各国多边合作的模式与途径，但合作机制自身存在的问题与缺陷，在一定程度上制约了地区合作机制作用的发挥，明显影响了东亚地区主义发展进程，使其更多地停留在政府间合作的层面，成为一个政府主导下的不断调整的地区合作进程。

结　　论

　　东亚地区主义从无到有，在较短的时期内经历了一个快速发展的过程，不仅创设了地区制度性合作框架，而且也在一些具体领域进行了切实合作，取得了令人称道的成就，诸如东盟与中日韩之间的"10＋3"与"10＋1"机制的构建、1200亿美元的东亚区域外汇储备库的启动，等等。国内外学者纷纷将东亚地区主义进程与欧洲及北美的地区主义相对比，运用欧洲或北美地区主义的发展逻辑去审视东亚地区，也因此提出了基于不同理论视野下的东亚地区主义的发展路径。诸如新现实主义、新自由制度主义、建构主义、功能主义与新功能主义、政府间主义与自由政府间主义以及开放的地区主义等不同理论视野下的地区主义路径模式，从不同视角呈现了东亚地区主义的特征，这对于认识和把握东亚地区主义有着重要意义，是研究东亚地区主义发展的理论准备与研究基础。当然，将这些理论运用到阐释东亚地区主义的发展进程必然存在一个理论与实践结合的问题，无论是国际政治的宏理论还是一些地区主义理论都不具备普适性的特点，都是对具体领域或具体层面的一种解读。

　　按照新现实主义的逻辑，东亚地区主义发展路径是地区霸权大国主导下的机制创设或大国间相互制衡下的协调安排。而事实上，目前东亚地区并没有出现一个占据主导性地位的地区大国，金字塔式的霸权稳定论明显没有能够为东亚地区主义发展提供合理解释。相反，东亚地区的机制并非是由主导性的霸权大国创设的，而是通过较弱的国家集团——东盟发起和首创的。虽然伴随中国的崛起引发了"中国威胁论"，但中国在东亚地区的周边邻国并没有明显表现出制衡中国的倾向，而是试图采取一种机会主义的平衡路线，甚至一些东亚地区国家采取了追随中国的政策，希望通过抓住中国发展的机遇，通过"搭便车"来提升本国国力。按照新自由制度主义的逻辑，理性的国家行为体仍会选择通过合作实现其利益的最大化，并通过创设地区合作机制来保障其利益的实现。东亚地区国家间的制度化合作降低了国家间信息交流的困难，进而增强了国家间的相互依赖程度，推动了东亚地区朝着更为紧密的一体化方向发展。尽管新自由制度主义在东亚地区主义发展路径的阐释上具有一定合理性，但东亚地区经济上的相互依存并没有削减地区大国，如中国与日本之间的不信任。而且事实表明，新自由制度主义所强调的制度合作也不能有效地解释东亚地区的合作状况，因为东亚地区合作更多的是非制度化的，强调彼此协商一致，充分关注各参与国的舒适度。按照建构主义的逻辑，东亚地区主义发展的路径是东亚地区社会化的过程，就是通过国家间以及地区组织、个人等正式与非正式的互动，逐渐强化一种地区认同，从而推动东亚地区主义发展。但这一逻辑过多地强调了观念认同在东亚地区主义发展中的作用，尤其是考虑到日本在"二战"中的暴行以及其对待历史问题的态度，使得日本在东亚地区并没有获得广泛的认可，反而有诸多证据表明中国和韩国至今都对日本存在一个较为负面的印象。按照功能主义及新功能主义的基本逻辑，东亚地区主义的发展路径也应该是由非争议性的技术、功能以及经济问题入手，通过合作产生的"外溢"效应，推进地区范围其他领域的合作，实现东亚地区一体化。尽管功能主义与新功能主义视野下的路径阐释得到了不少学者的认同与追随，但其自身存在的问题及有关东亚地区主义发展路径的解释效力却备受质疑。与欧洲相比，东亚地区功能性合作领域的相对缺失是东亚地区功能性合作的主要困难。虽然东亚地区各国能够在诸如自然灾害、卫生、气象等领域存在一些功能性合作，甚至在货币合作上取得了一定进展，但涉及各国战略利益的领域至今进展迟缓。按照政府间主义以及自由政府间主义的逻辑，东亚地区主义的发展是东亚各国政府获取自身利益最大化的一种渠道，通过政府间地区性合作去实现国家利益。地区一体化不是追求的目标，各自国家利益的实现才是地区一体化追逐的目标，如果有更合适的获取利益的方式，地区主义也就不再成为地区各国政府的一个选项。不能否认，政府间主义以及自由政府间主义在东亚地区主义路径的阐释上存在一定的合理性，但"东亚"之所以成为一个地区概念并非只是简单的政府间讨价还价的结果，而更多的是长期认同积聚的过程，而且美国力量在东亚的持续存在与发挥作用是东亚地区主义发展无法避开的重要因素。而且东亚地区国家行为体并非总是理性的，在某种情势下可能会出现非理性的选择。按照开放地区主义的逻辑，东亚地区主义发展是一个开放式的、不预设目标的地区性合作，这种开放不仅是地区内的开放，也包括对地区外所有其他国家或经济体的开放，实现一种非关税、非边界的便利化贸易体系，一定程度上具有全球性机制的倾向。虽然开放地区主义理论有关东亚地区主义发展路径的阐释在一定程度上反映了亚太地区一体化和地区主义发展的现实，但无疑是过于宽泛的，缺乏一个具体而明确的范围和实现的目标。既然是地区主义，就必然限定于某一个特定地区，如果是一种完全敞开的模式，那就偏离了地区主义发展的轨道，也很难将其规范到一个地区主义的范畴。

以对欧盟等较为成熟的地区主义的内在逻辑的充分把握为前提，笔者将参与塑造东亚地区主义发展路径的因素归纳为4个方面，即东亚地区主义发展的动力、东亚地区主义发展的制约因素、东亚地区主义的发展目标和东亚地区的合作机制。东亚国家间不断增长的经济相互依赖、地区外多重压力、东亚地区认同以及地区内各国谋求权力平衡等汇聚形成了东亚地区主义发展动力，并成为塑造东亚地区主义发展路径的前提和关键。而东亚地区主义发展的制约因素诸如东亚地区核心主导力量的缺失、东亚地区内部凝聚力的缺乏、东亚各国经济发展水平上的巨大差异和美国因素等共同影响了地区主义在发展路径的塑造过程。东亚地区主义发展目标和东亚地区合作机制是东亚地区主义发展动力和制约因素作用的外在结果，但地区主义发展目标设置上的动态变化及地区各国在发展目标上的不同解读也影响到东亚地区主义发展路径的塑造，引领了东亚地区主义发展路径的走向。虽然这些合作机制为地区合作创设了合作平台，规范了东亚地区各国多边合作的模式与途径，但由于这些合作机制自身存在的问题与缺陷，在一定程度上也规范和制约了地区合作机制作用的发挥，使其更多地停留在政府间合作的层面，成为一个在政府主导下的不断加以调整的地区合作进程。

在此基础上，笔者认为，东亚地区主义的发展路径是一种状态的政府间合作，是政府主导下展开的地区合作进程。这一地区主义路径和特点体现在其政府间性和过程性。政府间性主要体现在两个方面：其一，东亚地区化进程并非是简单市场推动的结果，而是在政府主导下基于双边合作的市场推动的地区化进程；其二，政府间合作是东亚地区合作的基本特征。首先，政府间双边谈判与对话是解决地区国家间争端的主渠道。其次，政府间双边 FTA 是地区经济一体化的基本形式。东亚地区合作仍然局限在政府间的双边对话、谈判与合作，东亚各国政府是机制建设和合作议题的倡导者、决策者和核心推动者。过程性主要体现在，无论是东亚地区主义发展的动力，还是东亚地区主义发展的制约因素，以及发展目标上的纠结与地区内合作机制的创设，都能够清楚地展现出一个基本的逻辑，一切的影响因素都处于一个总的过程之中。在地区主义发展的障碍尚未消除的情况下，东亚各国只能选择通过务实的行动，通过政府间渐进式互动与合作，增进地区各国之间的理解与认同，通过不断地扩大地区合作的广度、强化合作的深度，从发展进程当中，实现和维护东亚地区的和平与繁荣。动态的政府间合作这一地区主义发展路径是多重因素交互作用的结果，这些因素共同参与了东亚地区主义发展路径的塑造。其中既有东亚地区主义发展动力的推动和东亚地区主义发展的制约因素的影响，也是东亚地区主义发展目标导向和东亚地区合作机制规范的结果。

笔者认为，既然东亚地区主义沿着一个动态的政府间合作的发展路径发展，而且这也是一个较长历史时期内的基本走向，那么中国政府就应当审时度势，不应再继续囿于原有的地区合作架构，继续局限于东亚地区合作，而是应该参与到更大范围的地区合作框架或全球合作框架之中，通过积极地拓展与地区外国家的合作，广泛建立自由贸易区，谋求更大的经济合作空间和更多的现实利益。

参考文献

一 中文部分

（一）译著

［澳］约翰·芬斯顿主编：《东南亚政府与政治》，张锡镇等译，北京大学出版社2007年版。

［德］乌尔利希·贝克等：《全球政治与全球治理——政治领域的全球化》，张世鹏等编译，中国国际广播出版社2004年版。

［加拿大］阿米塔·阿查亚：《建构安全共同体：东盟与地区秩序》，王正毅、冯怀信译，上海人民出版社2004年版。

［美］安德鲁·莫劳夫奇克：《欧洲的抉择——社会目标和政府权力：从墨西拿到马斯特里赫特》，赵晨、陈志瑞译，社会科学文献出版社2008年版。

［美］奥兰·杨：《世界事务中的治理》，陈玉刚、薄燕译，上海人民出版社2007年版。

［美］保罗·肯尼迪：《战争与和平的大战略》，时殷弘、李庆四译，世界知识出版社2005年版。

［美］本尼迪克特·安德森：《想象的共同体——民族主义的起源与散布》，吴叡人译，上海人民出版社2003年版。

［美］彼得·卡赞斯坦：《地区构成的世界——美国帝权中的亚洲和欧洲》，秦亚青、魏玲译，北京大学出版社2007年版。

［美］彼得·卡赞斯坦、［美］罗伯特·基欧汉、［美］斯蒂夫·克拉斯

纳编:《世界政治理论的探索与争鸣》,秦亚青、苏长和、门洪华、魏玲译,上海世纪出版集团2006年版。

[美]汉斯·J.摩根索:《国家间政治——为权力与和平而斗争》,杨岐鸣等译,商务印书馆1993年版。

[美]肯尼斯·华尔兹:《国际政治理论》,信强译,上海人民出版社2003年版。

[美]莉莎·马丁、[美]贝思·西蒙斯编:《国际制度》,黄仁伟译,上海人民出版社2006年版。

[美]罗伯特·基欧汉、[美]约瑟夫·奈:《权力与相互依赖》(第三版),门洪华译,北京大学出版社2002年版。

[美]罗伯特·基欧汉:《局部全球化世界中的自由主义、权力与治理》,门洪华译,北京大学出版社2004年版。

[美]罗伯特·杰维斯:《国际政治中的知觉与错误知觉》,秦亚青译,世界知识出版社2003年版。

[美]曼纽尔·卡斯特:《认同的力量》(第二版),曹荣湘译,社会科学文献出版社2006年版。

[美]曼瑟尔·奥尔森:《集体行动的逻辑》,陈郁等译,上海人民出版社1995年版。

[美]亚历山大·温特:《国际政治的社会理论》,秦亚青译,上海人民出版社2000年版。

[美]约翰·鲁杰:《多边主义》,苏长和等译,浙江人民出版社2003年版。

[美]约翰·米尔斯海默:《大国政治的悲剧》,王义桅、唐小松译,上海人民出版社2003年版。

[美]詹姆斯·多尔蒂、[美]小罗伯特·普法尔茨格拉夫:《争论中的国际关系理论》(第五版),阎学通、陈寒溪等译,世界知识出版社2003年版。

[美]朱迪斯·戈尔茨坦、[美]罗伯特·基欧汉编:《观念与外交政策

——信念、制度与政治变迁》，刘东国、于军译，北京大学出版社2005年版。

［美］兹比格纽·布热津斯基：《大棋局——美国的首要地位及其地缘战略》，中国国际问题研究所译，上海人民出版社1998年版。

［英］爱德华·卡尔：《20年危机（1919－1939）：国际关系研究导论》，秦亚青译，世界知识出版社2005年版。

［英］安特耶·维纳、［德］托马斯·迪兹主编：《欧洲一体化理论》，朱立群等译，世界知识出版社2009年版。

［英］巴里·布赞、［丹］奥利·维夫：《地区安全复合体与国际安全结构》，潘忠岐等译，上海人民出版社2010年版。

［英］戴维·赫尔德、［英］安东尼·麦克格鲁编：《治理全球化——权力、权威与全球治理》，曹荣相、龙虎等译，社会科学文献出版社2004年版。

［英］赫德利·布尔：《无政府社会——世界政治秩序研究》（第二版），张小明译，世界知识出版社2003年版。

［英］苏珊·斯特兰奇：《国家与市场》（第二版），杨宇光等译，上海世纪出版集团2006年版。

［英］苏珊·斯特兰奇：《权力流散——世界经济中的国家与非国家权威》，肖宏宇、耿协峰译，北京大学出版社2005年版。

［英］约翰·平德主编：《联盟的大厦——欧洲共同体》，潘琪译，辽宁教育出版社1998年版。

（二）著作

蔡建国等：《东亚区域合作——能源、环境与安全》，同济大学出版社2007年版。

曹晓光：《深度解密日本海军》，清华大学出版社2013年版。

曹云华：《东南亚国家联盟：结构、运作与对外关系》，中国经济出版社2011年版。

陈峰君、祁建华：《新地区主义与东亚合作》，中国经济出版社2007

年版。

陈显泗主编:《和谐东亚——东亚安全的必由之路》,时事出版社 2008 年版。

陈奕平:《依赖与抗争——冷战后东盟国家对美国战略》,世界知识出版社 2006 年版。

房乐宪:《欧洲政治一体化:理论与实践》,中国人民大学出版社 2009 年版。

耿协峰:《新地区主义与亚太地区的结构变动》,北京大学出版社 2003 年版。

古小松:《东南亚历史现状前瞻》,世界图书出版公司 2013 年版。

郭定平主编:《东亚共同体建设的理论与实践》,复旦大学出版社 2008 年版。

郭树勇:《建构主义与国际政治》,长征出版社 2001 年版。

韩彩珍:《东北亚地区合作的制度分析》,中国经济出版社 2008 年版。

胡鞍钢、门洪华主编:《中国:东亚一体化新战略》,浙江人民出版社 2005 年版。

胡令远等:《东亚文明:共振与更生》,复旦大学出版社 2013 年版。

《环球时报》策划:《大国心路——中国走向世界的思考》,世界知识出版社 2005 年版。

黄大慧主编:《变化中的东亚与美国——东亚的崛起及其秩序建构》,社会科学文献出版社 2010 年版。

黄大慧主编:《构建和谐东亚:中日韩关系与东亚未来》,社会科学文献出版社 2010 年版。

李巍、王学玉:《欧洲一体化理论与历史文献选读》,山东人民出版社 2005 年版。

李金明:《南海波涛——东南亚国家与南海问题》,江西高校出版社 2005 年版。

李少军:《国际政治学概论》(第二版),上海人民出版社 2005 年版。

李文:《东亚社会的结构与变革》,社会科学文献出版社 2006 年版。

李文:《东亚合作的文化成因》,世界知识出版社 2005 年版。

刘重力:《东亚区域经济一体化进程研究》,南开大学出版社 2017 年版。

陆建人编著:《东盟的今天与明天－－东盟的发展趋势及其在亚太的地位》,经济管理出版社 1999 年版。

罗荣渠:《现代化新论续篇——东亚与中国的现代化进程》,北京大学出版社 1997 年版。

马嬛:《区域主义与发展中国家》,中国社会科学出版社 2002 年版。

倪世雄等:《当代西方国际关系理论》,复旦大学出版社 2006 年版。

潘忠岐主编:《多边治理与国际秩序》,上海人民出版社 2006 年版。

庞中英:《权力与财富——全球化下的经济民族主义与国际关系》,山东人民出版社 2002 年版。

朴钟锦:《韩国政治经济与外交》,知识产权出版社 2013 年版。

祁广谋、钟智翔:《东南亚概论》,世界图书出版公司 2014 年版。

秦亚青:《权力、制度、文化——国际关系理论与方法研究文集》,北京大学出版社 2005 年版。

秦亚青:《理性与国际合作:自由主义国际关系理论研究》,世界知识出版社 2008 年版。

秦亚青主编:《东亚地区合作:2009》,经济科学出版社 2010 年版。

秦亚青主编:《文化与国际社会:建构主义国际关系理论研究》,世界知识出版社 2006 年版。

秦亚青主编:《中国学者看世界:国际秩序卷》,新世界出版社 2007 年版。

容敏德、严江枫主编:《区域合作:欧洲经验与东亚》,中国经济出版社 2007 年版。

沈丁力、任晓主编:《亚洲经济转型与国际秩序》,上海人民出版社 2009 年版。

申险峰:《日本政治经济与外交》,知识产权出版社 2013 年版。

宋玉华等：《开放的地区主义与亚太经济合作组织》，商务印书馆 2001 年版。

苏长和：《全球公共问题与国际合作：一种制度的分析》，上海人民出版社 2009 年版。

孙玉红：《论全球 FTA 网络化》，中国社会科学出版社 2008 年版。

唐国强：《亚太与东亚经济一体化形势与建议》，世界知识出版社 2013 年版。

田野：《国际关系中的制度选择：一种交易成本的视角》，上海人民出版社 2006 年版。

王缉思、倪峰、余万里：《美国在东亚的作用——观点、政策及影响》，时事出版社 2008 年版。

王珂编：《东亚共同体与共同文化认知——中日韩三国学者对话》，人民出版社 2007 年版。

王明国：《全球治理与东亚一体化进程》，世界知识出版社 2015 年版。

王逸舟、谭秀英主编：《中国外交六十年（1949 – 2009）》，中国社会科学出版社 2009 年版。

王珏等：《区域经济一体化：东亚地区的实践》，科学出版社 2015 年版。

王正毅、卡勒、高本诚一郎主编：《亚洲区域合作的政治经济分析：制度建设、安全合作与经济增长》，上海人民出版社 2007 年版。

王志民等：《东亚区域经济合作中的政治因素及中国的对策》，世界知识出版社 2009 年版。

王子昌、郭又新：《国家利益还是地区利益——东盟合作的政治经济学》，世界知识出版社 2005 年版。

韦红：《东南亚五国民族问题研究》，民族出版社 2003 年版。

韦民：《民族主义与地区主义的互动——东盟研究新视角》，北京大学出版社 2005 年版。

吴士存、朱华友主编：《聚焦南海——地缘政治、资源、航道》，中国经济出版社 2009 年版。

肖欢容主编:《和平的地理学——中国学者论东亚地区主义》,中国传媒大学出版社 2005 年版。

肖欢容:《地区主义:理论的历史演进》,北京广播学院出版社 2003 年版。

徐万胜等:《日本国情解读系列·当代日本安全保障》,南开大学出版社 2015 年版。

阎学通、周方银编:《东亚安全合作》,北京大学出版社 2004 年版。

杨栋梁、郑蔚主编:《东亚一体化的进展及其区域合作的路径》,天津人民出版社 2008 年。

杨发喜:《从"协和万邦"到建设和谐世界——中国和平发展道路的历史底蕴与现实追求》,人民出版社 2008 年版。

杨虹:《新地区主义:中国与东亚共同发展》,中国社会科学出版社 2011 年版。

俞新天:《强大的无形力量——文化对当代国际关系的作用》,上海人民出版社 2007 年版。

张立文:《中国和合文化导论》,中共中央党校出版社 2001 年版。

张蕴岭主编:《世界区域化的发展与模式》,世界知识出版社 2004 年版。

张蕴岭、沈铭辉主编:《东亚、亚太区域合作模式与利益博弈》,经济管理出版社 2010 年版。

郑先武:《安全、合作与共同体——东南亚安全区域主义理论与实践》,南京大学出版社 2009 年版。

赵传君主编:《东北亚三大关系研究》,社会科学文献出版社 2006 年版。

赵汀阳:《天下体系——世界制度哲学导论》,江苏教育出版社 2005 年版。

赵杨:《韩国军队发展史》,世界知识出版社 2015 年版。

周方冶主编:《亚洲的发展与变革》,世界知识出版社 2007 年版。

朱锋:《国际关系理论与东亚安全》,中国人民大学出版社 2007 年版。

朱锋、罗伯特·罗斯主编:《中国崛起:理论与政策的视角》,上海人民出版社 2008 年版。

朱立群、王帆主编：《东亚地区合作与中美关系》，世界知识出版社 2006 年版。

朱宁：《胜算——中日地缘战略与东亚重塑》，浙江人民出版社 2007 年版。

庄国土、刘文正：《东亚华人社会的形成和发展：华商网络、移民与一体化趋势》，厦门大学出版社 2009 年版。

（三）论文

安德鲁·莫劳夫奇克：《欧盟宪法的本质——仍需从自由政府间主义来理解》，赵晨译，《欧洲研究》2005 年第 1 期。

陈峰君：《亚太概念辨析》，《当代亚太》1999 年第 7 期。

程敏：《东盟一体化发展中的溢出效应及其影响》，《经济问题探索》2006 年第 5 期。

程晓勇：《地区主义的生成、进化与困境》，《东北大学学报》（社会科学版）2013 年第 3 期。

邓显超：《论中国亚洲地区主义战略的构建及影响因素》，《东南亚研究》2005 年第 2 期。

丁启玉：《新功能主义对发展中国家区域一体化的适用性》，《河南社会科学》2004 年第 4 期。

段霞、羌建新：《东亚安全共同体路径探讨》，《现代国际关系》2007 年第 6 期。

范洪颖：《全球化背景下东亚一体化理论适用问题探讨》，《东南亚研究》2007 年第 3 期。

冯绍雷：《中国可以从欧洲一体化中学到什么？——从地区比较层面的一种思考》，《欧洲研究》2007 年第 6 期。

耿协峰：《新地区主义的核心价值》，《国际经济评论》2004 年第 3—4 期。

耿协峰：《亚太新地区主义的未来发展模式》，《国际经济评论》2002 年第 9—10 期。

耿协峰：《西方国际关系研究中对地区主义的不同理论解释述评》，《欧洲》2001 年第 2 期。

郭树勇：《论区域共识的制度化道路——兼论东亚共识的制度化前景》，《世界经济与政治》2006 年第 5 期。

郭延军：《新区域主义视角下的东亚安全共同体建设》，《世界经济与政治论坛》2006 年第 6 期。

韩爱勇：《东亚地区主义何以走向衰落？》，《外交评论》2015 年第 5 期。

何包钢：《亚洲的大国协调与复合地区主义》，《国外理论动态》2015 年第 2 期。

何方：《地区经济一体化与中国》，《现代国际关系》1997 年第 4 期。

胡晓：《地区主义与东亚地区秩序建构》，《理论月刊》2012 年第 11 期。

黄正柏：《战后欧洲联合中的"政府间主义"及其影响——兼及欧洲一体化与国家主权的关系》，《华中师范大学学报》（人文社会科学版）2000 年第 6 期。

江瑞平：《构建中的东亚共同体：经济基础与政治障碍》，《世界经济与政治》2004 年第 9 期。

金熙德：《日本政治大国战略的内涵与走势》，《当代世界》2007 年第 7 期。

金熙德：《战后日本经济外交的作用及其演变》，《日本学刊》1995 年第 4 期。

Khamsroy Annie（王晓莉）：《东盟共同体：东亚新地区主义的基本范式》，《理论观察》2016 年第 12 期。

李一平：《地区主义与中国——东盟关系的新发展》，《当代亚太》2003 年第 12 期。

刘昌明：《地区主义与东亚秩序的转型趋向》，《东北亚论坛》2007 年第 9 期。

刘德斌：《"软权力"说的由来与发展》，《吉林大学社会科学学报》2004

年第 4 期。

刘胜湘:《中日关系的走向及其对东亚安全的影响》,《当代亚太》2007 年第 10 期。

刘兴华:《地区认同与东亚地区主义》,《现代国际关系》2004 年第 5 期。

刘永涛:《东北亚地区主义语境下的中美关系》,《国际观察》2008 年第 3 期。

刘贞晔:《"东亚共同体"不可能是"开放的地区主义"》,《世界经济与政治》2008 年第 10 期。

卢晨阳:《亚欧会议对东亚地区主义的影响》,《教学与研究》2007 年第 8 期。

卢光盛:《国际关系理论中的地区主义》,《东南亚研究》2005 年第 4 期。

卢光盛:《质疑"新地区主义"》,《上海行政学院学报》2005 年第 5 期。

卢静:《全球治理:地区主义与其治理的视角》,《教学与研究》2008 年第 4 期。

麻陆东:《东盟应对两次金融危机不同态度之原因分析》,《当代世界》2010 年第 2 期。

马必胜:《东亚地区主义的演变:地缘经济的需求与地缘政治的限制》,《国外理论动态》2015 年第 2 期。

门洪华:《东亚秩序建构:一项研究议程》,《当代亚太》2008 年第 5 期。

门洪华:《国家主义、地区主义与全球主义——兼论中国大战略的谋划》,《开放导报》2005 年第 3 期。

聂锦芳:《全球化与东亚的价值观》,《北京大学学报》(哲学社会科学版) 2005 年第 4 期。

牛海彬:《东亚地区主义的建构主义解读》,《现代国际关系》2005 年第 12 期。

潘忠岐:《霸权干涉、大国对抗与东亚地区安全的构建》,《世界经济与政治》2006 年第 6 期。

庞中英:《"东亚合作"向何处去?》,《人民论坛》2012 年 6 月(上)。

庞中英、彭萍萍：《关于地区主义的若干问题》，《当代世界与社会主义》2006年第1期。

庞中英：《东亚地区主义的进展与其问题》，《东南亚研究》2003年第3期。

庞中英：《东盟与东亚：微妙的"东亚地区主义"》，《太平洋学报》2001年第2期。

庞中英：《地区主义与民族主义》，《欧洲》1999年第2期。

秦亚青、魏玲：《结构、进程与权力的社会化——中国与东亚地区合作》，《世界经济与政治》2007年第3期。

秦亚青、亚历山大·温特：《建构主义的发展空间》，《世界经济与政治》2005年第1期。

秦亚青：《东亚共同体建设进程和美国的作用》，《外交评论》2005年第6期。

秦亚青、王燕：《建构共同体的东亚模式》，《外交学院学报》2004年第4期。

任晶晶：《新地区主义视角下的中国东亚区域合作外交》，《东北亚论坛》2007年第1期。

任晶晶：《东亚区域合作语境下的中国外交：一个新地区主义的视角》，《世界经济与政治论坛》2006年第5期。

桑晓旻：《新地区主义及其对东亚安全的影响》，《理论学刊》2004年第9期。

宋志明：《儒学的内在性与东亚价值观的共识》，《社会科学战线》2006年第2期。

苏长和：《周边制度与周边主义——东亚区域治理中的中国途径》，《世界经济与政治》2006年第1期。

苏存：《日本经济战略的调整及影响》，《现代日本经济》1990年第3期。

苏浩：《地区主义与东亚区域合作机制的建立》，《外交学院学报》2003年第1期。

唐小松:《三强共治:东亚区域一体化的必然选择》,《现代国际关系》
　　2008年第2期。
田中青:《试论"东亚共同体"》,《当代亚太》2004年第10期。
王公龙:《新古典现实主义理论的贡献与缺失》,《国际论坛》2006年第
　　4期。
王国平:《东盟与东亚新地区主义》,《当代亚太》2007年第7期。
王明国:《国际制度复杂性与东亚一体化进程》,《当代亚太》2013年第
　　1期。
王萍:《拉美开放的地区主义与中国》,《拉丁美洲研究》2002年第5期。
王秋彬:《谁来引领东亚共同体:历史经验与现实思考》,《史学集刊》
　　2005年第2期。
王庭东:《论东亚新地区主义》,《当代亚太》2003年第1期。
王庭东:《东亚经济地区主义的初步形成及其溢出效应初探》,《东南亚纵
　　横》2003年第3期。
王学东:《新制度主义的欧洲一体化理论述评》,《欧洲研究》2003年第
　　5期。
王学玉、李阳:《东亚地区主义的停滞——以地区性国际社会缺失为视角
　　的分析》,《国际观察》2013年第5期。
王学玉:《国际关系研究的地区主义视角》,《当代世界社会主义问题》
　　2004年第3期。
王学玉:《论地区主义及其对国际关系的影响》,《现代国际关系》2002
　　年第8期。
王学玉:《欧洲一体化:一个进程,多种理论》,《欧洲》2001年第2期。
王正毅:《理解中国转型:战略目标、制度调整与国际力量》,《世界经济
　　与政治》2005年第6期。
韦红:《中国—东盟合作与东亚一体化》,《现代国际关系》2005年第
　　9期。
魏玲:《地区构成的世界——卡赞斯坦的地区主义理论》,《外交评论》

2006 年第 3 期。

吴心伯：《美国与东亚一体化》，《国际问题研究》2007 年第 5 期。

吴志成、李敏：《欧洲一体化观照下的亚洲地区主义》，《南开大学学报》（哲学社会科学版）2004 年第 4 期。

夏立平：《新东亚区域主义发展及其影响》，《当代亚太》2005 年第 6 期。

肖欢容：《泛化的地区主义与东亚共同体的未来》，《世界经济与政治》2008 年第 10 期。

肖欢容：《亚洲地区主义的理论解释》，《亚太经济》2003 年第 6 期。

肖欢容：《地区主义及其当代发展》，《世界经济与政治》2000 年第 2 期。

薛晓梵：《中国对东亚地区主义观念的转变》，《外交评论》2006 年第 6 期。

杨毅、李向阳：《区域治理：地区主义视角下的治理模式》，《云南行政学院学报》2004 年第 2 期。

杨鲁慧：《东北亚大国关系中第三方因素及地区安全共同治理》，《东北亚论坛》2012 年第 4 期。

杨权：《新地区主义范式及其对东亚经济一体化的解释》，《世界经济研究》2005 年第 4 期。

尹应凯：《论多边主义与地区主义的共生现象》，《亚太经济》2001 年第 2 期。

俞新天：《民族、宗教和文化：东亚发展与合作中的重要因素》，《世界经济与政治》2003 年第 2 期。

喻常森：《认知共同体与亚太地区第二轨道外交》，《世界经济与政治》2007 年第 11 期。

苑基荣：《东亚地区主义与美国东亚霸权》，《佳木斯大学社会科学学报》2008 年第 5 期。

查道炯：《中日关系与东亚合作》，《日本学刊》2005 年第 5 期。

张东明：《中日韩三国关系与建立东亚自由贸易区的可行性》，《当代亚太》2006 年第 2 期。

张骥：《90年代以来日本政治大国战略的新发展及对国际关系的影响》，《当代世界与社会主义》1996年第2期。

张继业、郭小兵：《2006年＜美国国家安全战略报告＞评析》，《现代国际关系》2006年第4期。

张金荣：《试析后冷战时期中国加强东亚地区合作的动因》，《当代亚太》2006年第4期。

张立平：《"美国与东亚关系中的文化因素"国际学术讨论会综述》，《美国研究》1996年第4期。

张茂明：《欧洲一体化理论中的政府间主义》，《欧洲》2001年第6期。

张铁军：《中国与东亚共同体建构》，《东北亚论坛》2006年第2期。

张蕴岭：《亚太、东亚合作向何处去》，《世界知识》2017年第22期。

张蕴岭：《中国同东亚的经济一体化与合作》，《当代亚太》2006年第1期。

张蕴岭：《如何认识东亚区域合作发展》，《当代亚太》2005年第8期。

张蕴岭：《探求东亚的区域主义》，《当代亚太》2004年第12期。

赵洪：《日本与东盟发展的现状与前景》，《日本问题研究》2002年第3期。

赵怀普：《欧洲一体化对东亚合作的若干启示》，《外交学院学报》2005年第2期。

郑先武：《"新区域主义"的核心特征》，《国际观察》2007年第5期。

郑先武：《"东亚共同体"愿景的虚幻性析论》，《现代国际关系》2007年第4期。

郑先武：《新区域主义理论：渊源、发展与综合化趋势》，《欧洲研究》2006年第1期。

钟耿涛：《东亚新地区主义——在政治现实主义的土壤中成长》，《东南亚纵横》2006年第6期。

周玉渊：《东亚意识与东亚秩序》，《东南亚研究》2007年第5期。

竺彩华：《全球化的反思与东亚经济一体化的未来》，《国际观察》2017

年第 3 期。

二 英文部分

（一）著作

Alexander Wendt, Social theory of international politics, Peiking university press, 2005.

Amy Warren, Honors Capstone Project, The Evolution of East Asian Regionalism, Spring, 2009.

Andrew Hurrell, Regionalism in world politics: Regional Organization and International Order, NewYork: Oxford University Press, 1995.

Bertrand Fort (eds.), Regional integration in East Asia and Europe: convergence or divergence, Routledge Curzon press, 2008.

Buzan and Waever, Regions and Powers: the structure of international security, Cambridge: Cambridge University Press, 2003.

Christopher M. Dent, Asia – Pacific economic and security co – operation——New regional agendas, Palgrave Macmillan, 2003.

C. M. Dent and D. W. F. Huang, eds., Northeast Asian Regionalism: Learning from the European Experience, London, Routledge Curzon, 2002.

D. Shambaugh and M. Yahuda (eds.), International Relations of Asia, Lanham MD: Rowman & Littlefield Publishers, 2008.

David C. Kang, China Rising: Peace, Power and Order in East Asia, New York: Columbia University Press, 2007.

Edward D. Mansfield and Helen V. Milner (eds.), The Political Economy of Regionalism, New York: Columbia University Press, 1997.

Eero Palmujoki, Regionalism and globalism in southeast Asia, New York: Palgrave, 2001.

Ellen Frost, Asia's New Regionalism, Boulder, CO: Lynne Rienner Publishers, 2008.

Fu – Kuo Liu and Philippe Régnier, Regionalism in East Asia: Paradigm Shifting? London: Routledge Curzon, 2003.

H. Dieter (ed.). The Evolution of Regionalism in Asia, New York: Routledge, 2007.

Hans J. Morgenthau, Politics among nations: The struggle for power and peace, Peiking university press, 2005.

Hidetaka Yoshimatsu, The Political Economy of Regionalism in East Asia: Integrative Explanation for Dynamics and Challenges, New York: Palgrave Macmillan, 2008.

James E. Dougherty, Robert L Pfaltzgraff, Jr., Contending theories of international relations: A comprehensive survey (5th edition), Peiking university press, 2004.

John Ravenhill, APEC and the Construction of Pacific Rim Regionalism, Cambridge: Cambridge University Press, 2001.

Joseph A. Camilleri, Regionalism in the new Asia – Pacific order, Edward Elgar Publishing, 2005.

Kenneth N. Waltz, Theory of international politics, Peiking university press, 2004.

Kevin G. Cai, The politics of economic regionalism: explaining regional economic integration in East Asia, Palgrave Macmillan, 2010.

Kokubun Ryosei, Wang Jisi, The rise of China and a changing east Asian order, Japan Center for International Exchange press, 2004.

Mansfield, Edward D. Helen V. Milner (eds.), The Political Economy of Regionalism, New York, Columbia University Press, 1997.

Michael Yahuada, The international politics of Asia – Pacific, second and revised edition, London and New York: Routledge Curzon press, 2004.

Peter J. Katzenstein and Takashi Shiraishi, Beyond Japan: The Dynamics of East Asian Regionalism, Ithaca, NY: Cornell University Press, 2006.

R. A. Cossa and A. Tanaka (eds.), An East Asian Community and the United States, Honolulu HI: Center for Strategic and International Studies, 2007.

Ralf Emmers, Cooperative security and balance of power in ASEAN and ARF, Routledge Curzon, 2003.

Ronald C. Keith, China as a rising world power and its response to globalization, London and New York: Routledge Curzon press, 2005.

Sophie Boisseau du Rocher and Bertrand Fort (eds.), Paths to regionalisation: comparing experiences in East Asia and Europe (Singapore: Marshall Cavendish Academic, 2005.

T. J. Pempel, Remapping East Asia: The Construction of a Region, Cornell University Press, 2004.

Walter Mattli, The Logic of Regional Integration: Europe and Beyond, Cambridge: Cambridge university press, 1999.

Zhang Yunling, East Asian Regionalism and China, World Affairs Press, 2005.

（二）论文

Andrew Moravcsik, "Preferences and Power in the European Community", Journal of common Market studies, Vol. 31, No. 4, December 1993.

Bahar Rumelili, "Producing collective identity and interacting with difference: the security implications of community – building in Europe and Southeast Asia", University of Minnesota, August 2002.

Benny Teh Cheng Guan, "Regionalism in east Asia: the dynamics of formal and informal processes of regionalization", Graduate school of socio – environmental studies Kanazawa University, Japan, March 2006.

Buzan Barry, "The Southeast Asian Security Complex", Contemporary Southeast Asia, Vol. 10, No. 1, 1988.

Chien – Hong Lee, "International cooperation in the world of sovereign but interdependent nation states: Asia pacific economic cooperation as an international regime", Wester Michigan University Kalamazoo, December 2001.

Dirk Richard Morton, "Becoming a good neighbor in southeast Asia: The case of China's territorial disputes in the south China sea, 1989 – 2006", Old Dominion University, August 2007.

Goh, Evelyn, "Great Powers and Hierarchical Order in Southeast Asia", International Security, Vol. 32, Winter, 2007.

Hidetaka Yoshimatsu, "Political Leadership, Common Norms, and the Development of East Asian Regionalism", The Graduate School of East Asian Studies Yamaguchi University Working Paper Series, Vol. 3, 2004.

Hyun – Seok Yu, "Explaining the emergence of new East Asian regionalism: beyond power and interested – based approaches", Asian Perspective, Vol. 27, No. 1, 2003.

Jessie P. H. Poon, "Regionalism in the Asia Pacific: is geography destiny?" Area, Vol. 33, No. 3, 2001.

Kai He, "Institutionalizing security: institutional realism and multilateral institutions in southeast Asia", Arizona state university, May 2007.

Kim, S. S., "Regionalization and regionalism in East Asia", Journal of East Asia Studies, Vol. 4, 2004.

Kishore Mabbubani, "The Pacific way", Foreign Affairs, Vol. 74, No. 1, January – February 1995.

Kuniko P. Ashizawa, "Building the Asia – Pacific Japanese and U. S. foreign policy toward the creation of regional insititutions, 1988 – 1994", Tufts University, April, 2005.

Lezek Buszynski, "ASEAN's new challenges", Pacific Affairs, Vol. 70, No. 4, Winter 1997 – 98.

Mark Beeson, "Re – thinking Regionalism: Europe and East Asia in Comparative Historical Perspective", This paper was presented at the Oceanic Conference on International Studies, Canberra July 14 – 16, 2004.

Michael G. Kulma, "China & Multilateral institutions: The Decision to join", The City University of New York, 2005.

Min Van Pham, "Neo – Realism, Neo – Liberalism and east Asia regionalism: The case of Vietnam", Master Thesis, University of Oregon, June 2008.

Mi – Kyung Kim, "The logic of regionalism: A comparative study of regionalism in Europe and Asia", Texas A & M University, December 2003.

Nathan R. Deames, "The US – PRC – ASEAN triangle: A transaction analysis of the 'China threat' to US power and influences in Post – cold war southeast Asia", University of south Carolina, 2007.

Paul Bowles, ASEAN, "AFTA and the new regionalism", Pacific Affairs, Vol. 70, No. 2, Summer 1997.

Peter J. Katzenstein, "Regionalism and Asia", New Political Economy, Vol. 5, No. 3, 2000.

Robert O. Keohane and Lisa L. Martin, "The Promise of Institutional Theory", International Security, Vol. 20, No. 1, 1995.

Samuel S. Kim, "Regionalisation and Regionalism in East Asia", Journal of East Asian Studies, Vol. 4, 2004.

Saori N. Katada, "Politics that Constrains: The Logic of Fragmented Regionalism in East Asia", EAI Fellows Program Working Paper Series, No. 21, October 2009.

Stubbs, Richard, "ASEAN Plus Three: Emerging East Asian Regionalism?" Asian Survey, Vol. 42, No. 3, 2002.

Sunhyuk Kim and Philippe C. Schmitter, "The experience of European integration and potential for Northeast Asian integration", Asian Perspective, Vol. 29, No. 2, 2005.

Takashi Terada, "Forming an East Asian Community: A Site for Japan – China Power Struggles", Japanese Studies, Vol. 26, No. 1, May 2006.

Terada, T., "Constructing an East Asian concept and growing regional identity: From EAEG to ASEAN + 3", The Pacific Review, Vol. 16, No. 2, 2003.

Toru OGA, "Open Regionalism and Regional Governance: A Revival of Open Regionalism and Japan's Perspectives on East Asia Summit", Interdisciplinary Information Sciences, Vol. 15, No. 2, 2009.

Tsutomu Kikuchi, "East Asian Regionalism: A Look at the 'ASEAN plus Three' Framework", Japan Review of International Studies, Spring, 2002.

Yasumasa Komori, "The Construction of Regional Institutions in the Asia – Pacific and East Asia: Origins, Motives, and Evolution", University of Pittsburgh, April, 2007.